RE
新形态教材
入眼·入脑·入手
易教·乐学

婴幼儿托育相关专业教材

洪秀敏 / 丛书主编

婴幼儿亲子活动
设计与指导

YINGYOU'ER
QINZI HUODONG
SHEJI YU ZHIDAO

李晓巍 / 本书主编

北京师范大学出版集团
BEIJING NORMAL UNIVERSITY PUBLISHING GROUP
北京师范大学出版社

图书在版编目(CIP)数据

婴幼儿亲子活动设计与指导 / 李晓巍主编. —北京：北京师
范大学出版社，2023.7(2025.7 重印)

ISBN 978-7-303-28752-9

Ⅰ. ①婴…　Ⅱ. ①李…　Ⅲ. ①学前教育－游戏课－教学
设计－高等职业教育－教材　Ⅳ. ①G613.7

中国国家版本馆 CIP 数据核字(2023)第 016014 号

出版发行：北京师范大学出版社 https://www.bnupg.com
　　　　　北京市西城区新街口外大街 12-3 号
　　　　　邮政编码：100088
印　　刷：天津盛辉印刷有限公司
经　　销：全国新华书店
开　　本：889 mm×1194 mm　1/16
印　　张：14
字　　数：320 千字
版　　次：2023 年 7 月第 1 版
印　　次：2025 年 7 月第 4 次印刷
定　　价：42.80 元

策划编辑：罗佩珍　　　　　　　责任编辑：安　健
美术编辑：焦　丽　　　　　　　装帧设计：焦　丽
责任校对：陈　民　　　　　　　责任印制：赵　龙

如何使用本书？

本书结构：本书共设计了十一个模块，分成两大部分。

第一部分即一至六模块为理论学习，主要包括婴幼儿亲子活动概述、理论依据、设计原则、设计步骤、实施与评价以及活动指导，帮助学习者全面了解婴幼儿亲子活动，并培养设计、实施与指导婴幼儿亲子活动的能力。

第二部分即七至十一模块是实践专题，参考《托育机构保育指导大纲（试行）》，分成生活与卫生习惯、动作、语言、认知、情感与社会性五大模块。每一模块都将婴幼儿年龄分为 7～12 个月、13～24 个月、25～36 个月三个阶段，分别介绍婴幼儿在该年龄阶段特定领域的发展特点及教育养育策略，学习者基于此可自行设计、开展与指导亲子活动。

课时分配建议：建议每个模块 2 课时，并对实践性较强的模块辅以相应的实践课时。

学习任务单：明确了每个学习任务的目标、要点、建议、运用与反思。

案例导入：以案例形式展开每个学习任务的内容，增强趣味性与可读性。

扩展阅读：提供相关资源拓展本书内容，在加深学习者对知识的理解的同时，增强可读性。

关键术语：提取书中关键概念加以深度解析，以加深学习者对其的理解。

实践运用：引导学习者思考相关知识在实践中的运用。

典型案例：展示了本书介绍的知识在实践中的应用，为学习者理解知识、了解实践提供资源。

学习效果检测：供学习者检测自己对该模块内容的学习效果。

延伸阅读：提供与模块内容相关的论文或著作，供学习者拓展学习。

如何使用二维码资源？

在本书中附有二维码的地方，扫描二维码，可以获取相关资源（如关于婴幼儿亲子活动的视频资源、文本拓展资源以及学习效果检测题参考答案）。

3 岁以下婴幼儿照护服务是生命全周期服务管理的重要内容，事关婴幼儿健康成长，事关千家万户。党中央、国务院高度重视婴幼儿照护服务发展。党的十九大报告在保障和改善民生的蓝图中将"幼有所育"排在七项民生之首；党的二十大报告指出，要"深入贯彻以人民为中心的发展思想"，在"幼有所育"等方面持续用力，"建立生育支持政策体系"。加快发展普惠托育服务体系，专业人才培养是关键。支撑职业教育高质量发展，专业教材建设是关键。教材建设是育人育才的重要依托，是培养学生职业道德、职业技能、就业创业和继续学习能力的重要载体。职业教育专业教材是职业院校开展教学工作的基础，建设什么样的教材体系，核心教材传授什么内容、倡导什么价值，都直接影响着托育专业职业教育的学科建设和人才培养质量。

2021 年，教育部发布新调整的职业教育专业目录，一体化设计了中职—高职专科—高职本科专业体系，新增或调整了中职、高职专科、高职本科三个学段婴幼儿托育相关专业，亟须建设相关配套专业教材。《"十四五"职业教育规划教材建设实施方案》明确指出要服务民生领域急需紧缺行业发展，加快建设托育等领域专业课程教材。为满足托育相关专业教学与课程建设需求，本套教材以促进学生全面发展、增强综合素质为目标，以打造培根铸魂、启智增慧、适应时代要求、具有较高质量的托育相关专业职业教育教材为重点，力图做到"四个坚持"。

一、坚持德育为先，发挥课程思政与立德树人功能

教材建设的根本问题是培养人的问题。在本套教材编写过程中，编写团队始终坚持正确的政治方向和价值导向，将习近平新时代中国特色社会主义思想特别是关于教材建设的重要论述贯穿于教材建设的各个环节，全面落实课程思政要求，努力贯彻落实立德树人根本任务。编写团队认真贯彻落实党中央、国务院关于发展婴幼儿照护服务的政策精神，将培育和践行社会主义核心价值观融入教材编写的全过程，在价值理念导向、专业知识诠释和实践案例选取过程中，扎根中国大地，站稳中国立场，坚定"四个自信"，努力增强教材铸魂育人功能，注重引导学生增强专业认同感，关爱婴幼儿，热爱托育事业，正确理解 3 岁以下婴幼儿发展特点研究和托育机构保育工作的重要意义，坚定专业信念，并能自觉努力成长为有理想信念、有道德情操、有扎实学识、有仁爱之心的婴幼儿健康成长的启蒙者和引路人。

二、坚持学生为本，遵循学生学习规律与发展需求

本套教材编写坚持以学生为中心的理念，深入研究托育专业人才成长规律和学生认知特点，遵循职业教育学生学习的特点、规律和需求，增强教材对学生专业学习与发展的适切性。在编写过程中，编写团队努力以学习成果为导向设计教材结构和内容，注重托育机构工作场景、典型保育工作

任务、案例分析等模块化课程和项目化学习成果设计，创新教材呈现形式，通过生活化、情境化、动态化、形象化的案例场景，积极开发具有补充性、更新性和延伸性的学习资源，遵循理论知识与实践技能相统一、从简单到复杂、从单一到综合的学习规律与职业成长规律，注重通过通俗易懂的文字论述和丰富的案例材料，最大限度地激发学生学习兴趣和探究行为，满足学生多样化、个性化和实用化的学习需求和专业发展需求，提高他们对婴幼儿托育的专业认知、专业情感、专业态度和专业精神等专业素养。

三、坚持研究为要，反映托育领域最新政策、研究与实践

托育是涉及多学科、综合性强的新专业，可直接参考借鉴的资源不多，教材编写难度大。为此，编写团队：一是注重对国家托育改革创新实践与最新政策的动态关注，认真学习并全面贯彻我国托育服务相关政策与法规的最新要求，在教材编写中力求及时反映托育政策和事业改革发展的新要求、新理念和新规范；二是全面对标托育相关专业简介、保育师和婴幼儿发展引导员等国家职业技能标准，持续追踪婴幼儿发展与托育研究的动态，深入研究婴幼儿生理与心理发展、营养与喂养、学习与发展、卫生与保健、常见病和伤害预防与处理等专业知识与关注最新研究进展，及时吸纳新方法和新成果，尽可能体现出先进性、引领性和科学性；三是为充分体现职业教育的实用性与实践性特点，坚持深入调研了解行业企业和托育机构的现状与需求，跟进了解行业企业发展与院校培养的最新动态，努力反映托育行业的新探索、新实践和新经验。

四、坚持质量为重，建设联合攻关高水平教材编写团队

多主体协同、多元化参与，是确保教材思想方向、保障专业水准、拓展教材形式、提升编写质量等的关键所在。本套教材在编写过程中，充分调动和吸纳了一批儿童早期发展、卫生保健、儿童心理学、学前教育学等方面的高校、科研机构的研究者，职业院校婴幼儿托育相关专业的教师，行业协会、托育机构等多方优质资源，组建了产教融合、校企合作、结构合理、经验丰富、专业能力强的高水平教材编写团队，凝智聚力，联合攻关，统一指导思想、编写理念、编写策略和编写风格，发挥各家所长，分工明确，相互协调配合，同时加强编写、审定和出版各环节的严格把关，确保专业教材的编写质量，力争打造一批培根铸魂、启智增慧，具有时代性、科学性、权威性、前沿性、实用性的托育职业教育专业精品教材。

本套教材的编写得到了北京师范大学出版社的大力支持，在撰写过程中参考和引用了国内外许多研究成果与观点，在此深致谢忱。真诚希望本套丛书能够为托育职业教育、托育培训者和管理者、广大托育机构工作者等提供有益的参考与借鉴。

北京师范大学　洪秀敏

0～3岁是人类大脑发育的关键期，是个体毕生发展的起点。重视早期教育，促进0～3岁婴幼儿身心健康，不仅关系到千家万户的幸福，也关系到整体国民素质的提升。随着人们对早期教育认识的不断加深，让婴幼儿接受优质的照护服务已经成为广大家长日益迫切的需求。

近年来，党和国家高度重视婴幼儿照护服务的发展。党的十九大作出"幼有所育"的重大决策部署后，政府相关部门逐步建立、完善促进婴幼儿照护服务发展的政策法规体系，相继出台多项政策文件。构建普惠、有质量的照护服务体系，提升照护服务质量，助力"幼有所育"迈向"幼有优育"，需要照护服务机构、广大家长和社会共同努力。

照护服务机构开展的婴幼儿亲子活动是实现"幼有优育"的有效途径。亲子活动，即以血缘关系为基础，家长和婴幼儿共同参与的活动，是婴幼儿生活中必不可少的一部分，也是照护服务机构开展的重要活动之一。照护服务机构组织开展的亲子活动涵盖婴幼儿教育和家长指导两个方面，强调家长与婴幼儿在平等的情感沟通的基础上展开互动。家长与婴幼儿共同参与亲子活动，不仅能有效地促进婴幼儿动作、语言、认知和社会性等各方面的发展，还能帮助家长深入了解婴幼儿，转变教养观念，提升教养能力，建立良好的亲子关系，形成幸福和谐的家庭氛围，也能促使家庭与照护服务机构形成教育合力，共同促进婴幼儿发展。

《婴幼儿亲子活动设计与指导》以习近平新时代中国特色社会主义思想为指导，注重贯彻落实党的二十大精神，根据《国务院办公厅关于促进3岁以下婴幼儿照护服务发展的指导意见》《托育机构保育指导大纲（试行）》《托育机构管理规范（试行）》等文件，对婴幼儿亲子活动的内容、设计、实施与评价等进行了较为系统的阐述。希望学习者通过对本书的学习，能理解婴幼儿亲子活动的相关理论基础，掌握设计、实施与指导婴幼儿亲子活动的基本方法。为实现这一目标，本书共设计了十一个模块，分成两大部分。第一部分即一至六模块为理论学习，主要包括婴幼儿亲子活动概述、理论依据、设计原则、设计步骤、实施与评价以及活动指导，帮助学习者全面了解婴幼儿亲子活动并发展设计、实施与指导亲子活动的能力。第二部分即七至十一模块是实践专题，参考《托育机构保育指导大纲（试行）》，分成生活与卫生习惯、动作、语言、认知、情感与社会性五大模块，每一模块都将婴幼儿年龄分为7～12个月、13～24个月、25～36个月三个阶段，分别介绍婴幼儿在该年龄阶段特定领域的发展特点及教育养育策略，学习者基于此可自行设计、开展与指导亲子活动。

本书既可以作为职业院校早期教育专业、婴幼儿托育服务与管理专业学生的课程用书，也可以作为家长的育儿手册和婴幼儿照护服务机构实践活动方案设计指南，属于"产教融合"和"岗课赛证"一体化教材。具体来说，本书有以下几个特点。

第一，强调理论知识的基础性和系统性。本书对婴幼儿亲子活动设计与指导的基础知识进行了详细阐述，每个模块的结构脉络清晰，层层深入，使学习者对婴幼儿亲子活动设计与指导的基本问题与内容形成尽可能全面而系统的认识。

第二，注重理论联系实际，强调知识的实用性。本书在系统讲述相关理论知识的同时，注重与实践结合，在各模块融入婴幼儿亲子活动的鲜活案例，为运用理论知识提供参考，引导学习者深入分析与思考，养成开展亲子活动的兴趣，培养设计与实施亲子活动的能力。

第三，强调将亲子活动与家长指导相结合。婴幼儿照护服务机构组织的亲子活动不同于自然发生的亲子活动，不仅能促进婴幼儿各方面的发展、密切亲子关系，还注重对家长进行家庭教育指导。本书基于这一特点，在设计活动时强调分别针对婴幼儿和家长的目标，且分年龄段、分领域指出家庭教育指导的重点。

第四，引导学习者进行思考与拓展。本书每个模块后面，都设有"学习效果检测"，为学习者提供运用所学知识的机会。另外，针对学习内容，本书紧跟时代潮流，以二维码资源和"延伸阅读"等形式提供了视频、文字等多种学习材料，增强了可读性和趣味性，无形中增加了本书的"厚度"。学习者可以利用上述资源进一步探索与拓展。

由于婴幼儿亲子活动设计与指导的理论与实践还在不断发展与积累之中，受编者对于该领域的理解与教材编写水平的限制，书中难免有不足之处，恳请广大读者批评指正！

最后，诚挚感谢北京师范大学出版社罗佩珍老师为本书的撰写和出版所做的大量工作，感谢北京市扉渡托育中心（安贞店）为本书提供亲子活动视频，感兴趣的读者可以扫描下方二维码观看活动实录，也可以在书中相应位置扫码完成学习效果检测题。最后，衷心感谢在撰写此书过程中给予帮助的所有朋友们！

编　者

扫一扫，看视频

目 录

学习模块一
婴幼儿亲子活动概述

　　"婴幼儿亲子活动"这个词，你一定不陌生吧？你能想到的亲子活动有哪些类型呢？这些亲子活动有什么特点和价值？在本学习模块中，你可以从自己的理解出发，在了解亲子活动相关概念的基础上，结合自身感受和生活经验，加强对婴幼儿亲子活动类别、特点及价值的理解。只有对婴幼儿亲子活动有较全面、正确的理解，才能在实践中设计和实施适宜的亲子活动，促进婴幼儿身心健康发展，为家长提供指导和支持。

学习导图

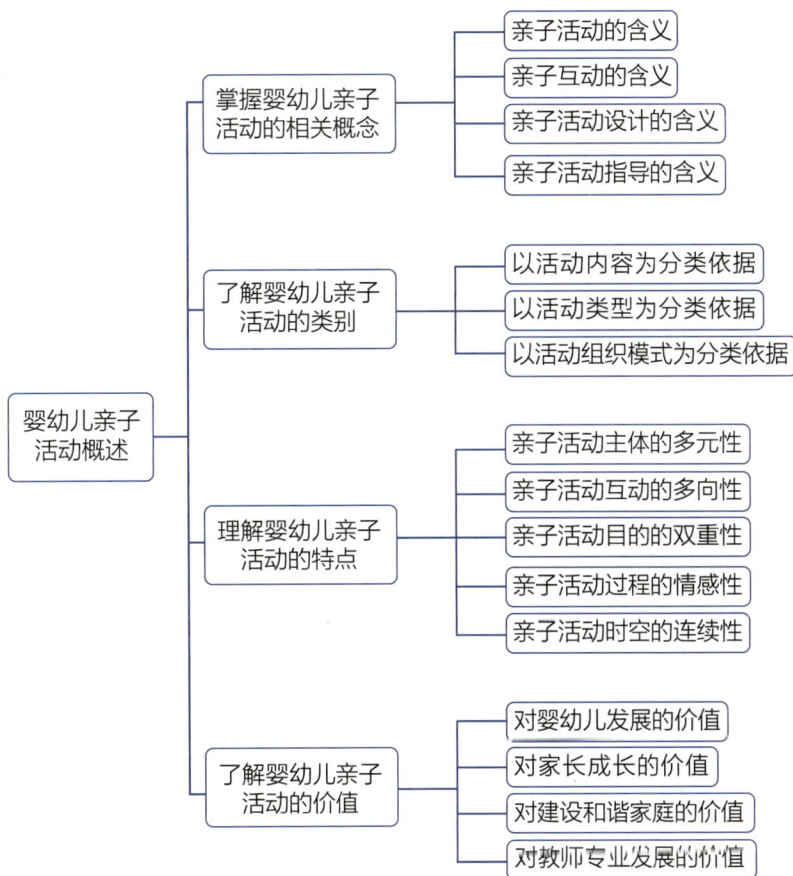

学习初体验

　　想一想：你了解的亲子活动有哪些？这些活动有什么价值？如果你是一家婴幼儿照护服务机构（以下简称照护服务机构）的教师，需要结合婴幼儿的学习与发展特点开展一系列亲子活动，你会如何进行设计呢？请与同学交流看法。学习完本模块后，请再次进行分析。

学习任务 1
掌握婴幼儿亲子活动的相关概念

学习任务单

学习目标	通过完成本学习任务，你应该能够： ①掌握亲子活动、亲子互动、亲子活动设计、亲子活动指导等相关概念。 ②区分广义和狭义的亲子活动。
学习要点	本学习任务的重点、难点： ①掌握亲子活动的相关概念。 ②区分亲子活动、亲子互动等概念，并了解相关概念之间的联系。
学习建议	学习前： ①完成本模块的学习初体验活动。 ②在网上查找一个亲子活动视频。 学习中： ①理解亲子活动的相关概念。 ②完成本学习任务的相关活动。 学习后： ①完成本学习任务的相关检测题。 ②观察身边的亲子活动，思考如何进行亲子活动设计与指导。
学习运用	你觉得在哪些工作情境中可以运用到本学习任务所学内容？
学习反思	请记录你在学习过程中的思考。

案例导入

在"拼五官"亲子活动中，教师请家长和婴幼儿一起用超轻黏土捏出五官的样子，并拼贴在纸盘上（图1-1）。有的家长在一旁玩手机，不管婴幼儿做成什么样子，都不给予任何帮助和指导；有的家长在婴幼儿遇到困难时，拿出镜子耐心引导："宝宝，你看看自己的嘴巴是什么样子的"；有的家长认为婴幼儿无法独自完成这一任务，直接上手，而婴幼儿只在一旁看着……

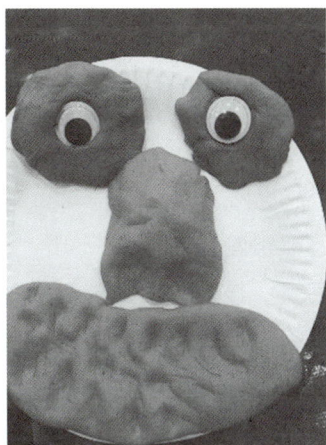

图1-1 "拼五官"活动成果

在亲子活动过程中，不同的家庭有着不同的亲子互动方式，不同的亲子互动方式决定着亲子关系质量。进行亲子活动设计与指导可以在一定程度上加强亲子互动，改善亲子关系，促进婴幼儿发展。

一、亲子活动的含义

父母是孩子的第一任教师，家庭是孩子的第一所学校。广义的亲子活动指以血缘关系为基础，家长和婴幼儿共同参与的活动，这类活动涉及家庭生活与教育的方方面面。在亲子活动中，婴幼儿学会了如何生存、如何学习、如何成长。

狭义的亲子活动指在照护服务机构中，由专业教师组织，家长与婴幼儿共同参加的，既促进婴幼儿发展又进行家庭教育指导的一种集体性活动（图1-2）。[1]狭义的亲子活动注重婴幼儿和家长之间的情感沟通，通过教师、家长和婴幼儿三方互相配合与协调开展活动，提高家长科学育儿的能力，促进婴幼儿的长远发展。

图1-2 照护服务机构
开展亲子活动

二、亲子互动的含义

互动即相互作用，是人与人之间的心理交互作用或行为的相互影响，是一个人的行为引起另一个人的行为或价值观改变的任何过程。[2]亲子互动，即父母与婴幼儿之间的交往行为，是亲子双方运用行为、言语、表情等方式进行表达和相互影响，以引起对方心理、行为、情感或价值观改变的过程（图1-3）。[3]亲子互动有利于亲子关系的建立与稳固，是婴幼儿生活中最重要的社会性活动。在亲子互动过程中，亲子

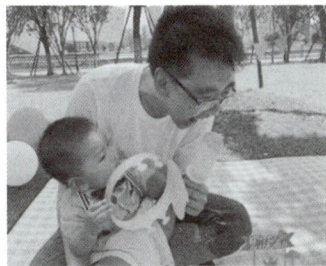

图1-3 亲子互动

---

① 梁羽佳、张颖：《我国幼儿园亲子活动研究现状的文献综述》，载《科教导刊》，2018（30）。

② 转引自李敏：《亲子互动行为现状及问题研究》，硕士学位论文，陕西师范大学，2013。

③ 转引自沈九凤：《0—3岁婴幼儿亲子阅读中亲子互动的研究》，硕士学位论文，广西师范大学，2020。

之间可能会形成特定的交往模式，这种模式会对婴幼儿的心理和行为发展产生影响。

扩展阅读

静止脸(still face)实验

在该实验中，一开始母亲先跟婴儿正常互动，带着慈爱柔和的表情和婴儿聊天，此时婴儿表现得非常愉悦。

接着，研究者要求母亲换成扑克脸，对婴儿的任何反应都保持冷漠。看到母亲这副表情，婴儿立刻呆住了，他试图用刚才的举动来让母亲回应自己。当无论他采用什么方式，母亲都面无表情时，婴儿开始焦虑，把头转到一边来转移自己的痛苦，接下来又把手放到嘴里吮吸以缓解不安。过了一会儿，他发现母亲依然没有改变，于是彻底崩溃，放声大哭起来。

这时，母亲赶紧用正常的慈爱表情安抚婴儿，随后婴儿心情逐渐平复，又变得愉快起来。

学习笔记

三、亲子活动设计的含义

亲子活动设计指围绕一定的教育目标，选择适宜的内容和方式，思考并构建出组织婴幼儿与家长共同参与活动的科学方案的过程。亲子活动设计一般包括确定目标、设计内容与流程、撰写方案等步骤，具体内容会在本书学习模块四中进行介绍。本书中的亲子活动设计遵循0～3岁婴幼儿学习与发展特点、阶段性发展目标与规律，以不同主题为脉络组织活动要素，形成教育方案，促进婴幼儿身心健康发展，提升家长科学育儿能力。

四、亲子活动指导的含义

亲子活动指导指在亲子活动时，教师运用语言讲解、动作示范、树立榜样等策略面向全体或个别家长示范或解释适宜教养行为的过程。亲子活动指导是教师与家长动态互动的过程，教师以亲子互动行为或婴幼儿行为为基准，有意识地运用多种方式对家长实施直接或间接的影响，旨在引导、帮助家长树立正确的育儿观念，获得科学育儿知识和技能，以促进婴幼儿的健康成长。

学习效果检测

参考答案

1. 试论述广义和狭义的亲子活动的区别。(论述题)

2. 某照护服务机构想组织一次亲子活动，请你为这次亲子活动设计宣传语，以吸引广大家长积极参与。(综合题)

学习任务 2
了解婴幼儿亲子活动的类别

学习任务单

学习目标	通过完成本学习任务，你应该能够： ①了解亲子活动的不同分类方式。 ②了解不同分类方式下不同类别的亲子活动。 ③依据不同的标准对亲子活动进行分类。
学习要点	本学习任务的重点、难点： ①亲子活动不同的分类方式及类别。 ②运用不同的标准对亲子活动进行分类。
学习建议	学习前： ①回顾亲子活动的相关概念。 ②预习亲子活动类别的知识。 ③尝试对网上查找到的亲子活动的视频进行分类。 学习中： ①了解亲子活动的各种分类标准和类别。 ②完成本学习任务的相关活动。 学习后： ①完成本学习任务的相关检测题。 ②观察身边的亲子活动，思考如何根据不同的分类标准划分类别。
学习运用	你觉得在哪些工作情境中可以运用到本学习任务所学内容？
学习反思	请记录你在学习过程中的思考。

📚 案例导入

　　牛牛妈妈能想到的最好的亲子活动就是亲子阅读，于是她买了很多绘本，还特地学习亲子阅读技巧，每天晚上都和牛牛一起阅读。直到牛牛妈妈带牛牛去参加照护服务机构的亲子活动，看到安排表上多种多样的活动：亲子游戏活动、亲子制作活动、亲子探索活动……她才意识到原来亲子活动可以这么丰富多彩。

　　你了解的亲子活动有哪些？它们属于哪种类型的亲子活动呢？学习本部分内容后，希望你能够了解不同类型的亲子活动及其功能。

一、以活动内容为分类依据

（一）生活与卫生习惯亲子活动

　　生活与卫生习惯亲子活动涉及的内容有生活技能和生活卫生习惯两个方面。活动目的旨在培养婴幼儿盥洗、如厕、穿脱衣服等生活技能和良好的生活习惯。

（二）动作发展亲子活动

　　动作发展亲子活动的主要内容指向基本的大运动技能和良好的精细动作（图1-4）。活动目的旨在通过丰富的游戏和活动，激发婴幼儿的兴趣，训练婴幼儿的基本动作，提高婴幼儿动作的协调性、灵活性。

（三）语言发展亲子活动

　　语言发展亲子活动的内容主要包括帮助婴幼儿理解语言、运用语言和提高阅读兴趣，如听说活动、讲述活动、早期阅读等。在此类活动中，家长和婴幼儿处于一个丰富的语言环境中，婴幼儿能获得多样的倾听、理解和模仿语言的机会。

图1-4　动作发展亲子活动

（四）认知发展亲子活动

　　认知发展亲子活动旨在培养婴幼儿的好奇心、认知能力和想象力等，通过提供多种材质和不同外观的材料，激发婴幼儿调动多种感官进行感知。家长积极支持和鼓励婴幼儿主动探索，使婴幼儿与环境充分互动，丰富其认知和记忆经验。图1-5所示为认知发展亲子活动中，幼儿完成的手工作品。

（五）情感与社会性发展亲子活动

　　情感与社会性发展亲子活动旨在培养婴幼儿的安全感、情绪理解和

图1-5　手工作品

表达能力、社会交往能力。在此类活动中，通过与家长进行愉快的交流互动，婴幼儿体验交往的乐趣，建立亲子间的信任和稳定的情感联结，并获得安全感。

二、以活动类型为分类依据

（一）亲子游戏活动

亲子游戏活动指家长和婴幼儿之间进行的游戏活动。游戏是婴幼儿最基本的活动形式，也是其学习的基本方式。亲子游戏作为游戏的一种，涵盖内容广泛，包括各类亲子互动游戏，如“夹皮球”等体育类游戏、“猜猜我是谁”等语言类游戏、“画五官”等美术类游戏、“一起摇摆”等音乐类游戏等。

（二）亲子阅读活动

亲子阅读活动，即家长和婴幼儿以朗读、讲解、游戏、讨论等多种形式，围绕共同的读物进行互动交流的活动（图 1-6）。在这一过程中，家长支持婴幼儿体验阅读的乐趣、积累阅读的经验，通过提问、指读、有感情朗读等各种生动有趣的方式分享读物，逐渐培养婴幼儿自主阅读的能力。

（三）亲子制作活动

亲子制作活动指家长和婴幼儿共同参与、合作完成物品的制作活动。活动过程中，婴幼儿手部精细动作得到发展，制作完成后，婴幼儿还可以体验成就感。

（四）亲子探索活动

亲子探索活动是家长和婴幼儿围绕某一主题，通过观察、触摸和实验等方式展开探究的活动。婴幼儿对外部世界十分好奇，愿意积极通过各种方式和途径了解周围的事物和环境。 亲子探索活动可以为婴幼儿提供自主探索的机会，能充分保护和满足婴幼儿的好奇心与求知欲。

（五）亲子生活活动

亲子生活活动是家长和婴幼儿一起开展的为自我服务的活动。其目的是锻炼和发展婴幼儿各种生活自理能力，帮助婴幼儿逐渐形成健康的生活习惯和积极的交往行为。

三、以活动组织模式为分类依据

（一）模块式亲子活动

在模块式亲子活动中，教师将一次亲子活动过程分成多个 5～20 分钟的时间段，每个时间段内开展不同的活动，可能在一次亲子活动中包含问好、亲子

名人名言

小孩子是生来好动的，以游戏为生命的。要知多运动，多强健；多游戏，多快乐；多经验，多学识，多思想。所以做父母的不得不注意小孩子的动作和游戏。

——陈鹤琴

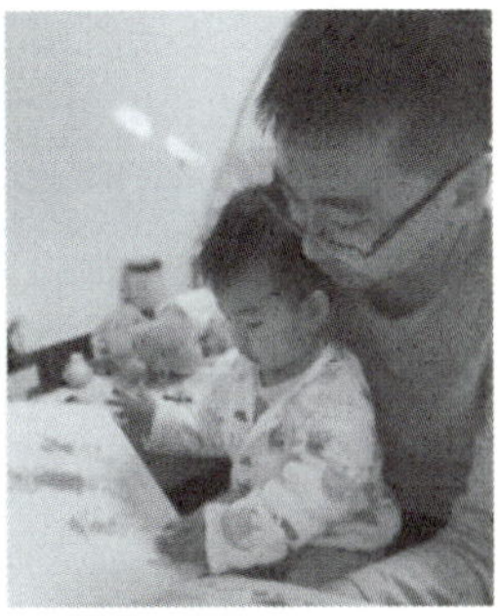

图 1-6　亲子阅读活动

实践运用

请你回忆或者问一问你的父母，你童年时期和他们一起参与的亲子活动有哪些？你认为这些活动对你可能有什么影响？

学习笔记

游戏、亲子阅读、结束活动等多个不同环节。

📑 典型案例

在一次模块式亲子活动中，陈老师是这样安排的：

9:00—9:05（5分钟）问好时间：教师通过游戏的方式教婴幼儿问好。教师带领婴幼儿和家长进行走线游戏，起到热身的作用。

9:06—9:20（15分钟）：教师组织家长支持婴幼儿进行感官和精细动作训练游戏。

9:21—9:35（15分钟）：教师组织婴幼儿和家长结对坐在活动区内，进行亲子阅读活动。

9:36—9:40（5分钟）：教师带领婴幼儿和家长做亲子韵律操和亲子音乐游戏，结束本次亲子活动。

✏️ 学习笔记

（二）主题式亲子活动

在主题式亲子活动中，教师要在活动开始前确定本次活动的主题，围绕主题组织、开展相关活动。活动主题可以根据节日和时令等拟定，如自然探索主题、感受春节文化主题、母亲节主题等。

（三）自主式亲子活动

在自主式亲子活动中，教师为家长和婴幼儿准备三种或以上的亲子活动，方便家长和婴幼儿根据自己的喜好和偏爱去选择不同的活动。

🐘 学习效果检测

1. 请选择合适的选项填空。（选择题）

属于生活与卫生习惯亲子活动的有＿＿＿＿；

属于动作发展亲子活动的有＿＿＿＿；

属于语言发展亲子活动的有＿＿＿＿；

属于认知发展亲子活动的有＿＿＿＿；

属于情感与社会性发展亲子活动的有＿＿＿＿。

亲子游戏活动包括＿＿＿＿；

亲子阅读活动包括＿＿＿＿；

亲子制作活动包括＿＿＿＿；

亲子探索活动包括＿＿＿＿；

亲子生活活动包括＿＿＿＿。

A. 家长和婴幼儿来回抛接球

B. 家长和婴幼儿一起观察月相的变化

参考答案

C. 家长帮助婴幼儿学习自己穿衣

D. 家长和婴幼儿一起阅读绘本

E. 家长和婴幼儿一起跟着音乐律动

F. 家长和婴幼儿一起玩水、玩沙

G. 家长和婴幼儿一起用矿泉水瓶制作笔筒

H. 家长帮助婴幼儿学习刷牙

I. 家长和婴幼儿一起欣赏简单的古诗词

J. 家长和婴幼儿一起感受羽毛、棉布等不同材料

K. 家长和婴幼儿一起制作贺卡

L. 家长和婴幼儿一起用超轻黏土捏出人的五官形状

2. 如果你是一位照护服务机构的教师，在春节即将来临之际，你想以年文化为主题设计亲子活动，请问如果以活动组织模式为分类依据，这属于什么类别的亲子活动？你想设计什么活动？（综合题）

3. 婴幼儿亲子活动的分类依据有哪些？（简答题）

4. 请想一想，除了上文讲到的分类依据，还能以什么为依据划分亲子活动的类别？（简答题）

学习任务 3
理解婴幼儿亲子活动的特点

学习任务单

学习目标	通过完成本学习任务，你应该能够： ①理解亲子活动主体的多元性、互动的多向性、目的的双重性、过程的情感性及时空的连续性等特点。 ②认识到亲子活动对于家长和婴幼儿的积极作用。 ③根据其特点对亲子活动进行分析。
学习要点	本学习任务的重点、难点： ①理解亲子活动的特点。 ②根据其特点分析亲子活动。
学习建议	学习前： ①回顾亲子活动的概念和类别。 ②预习关于亲子活动特点的知识。 ③查阅与亲子活动特点相关的其他书籍。 学习中： ①理解亲子活动的特点。 ②完成本学习任务的相关活动。 学习后： ①完成本学习任务的相关检测题。 ②观察身边的亲子活动，分析是否体现出了这些特点。
学习运用	你觉得在哪些工作情境中可以运用到本学习任务所学内容？
学习反思	请记录你在学习过程中的思考。

案例导入

3岁的倩倩和妈妈一起来参加早教活动。在自由活动时间，倩倩选择了打桩游戏，她从碗里拿出一张画着骨头的小卡片，在卡片上涂上胶水，并把它粘在了画有小狗图案的方框里……教师观察到，在倩倩进行这一系列动作时，她妈妈只是在一旁看着，很少去干预倩倩的动作，没有与倩倩进行任何互动。教师找时机介入其中，围绕活动主题问倩倩一些问题：哪个小动物爱吃小虫子？小兔子吃了几根萝卜呢？倩倩都开心地做出了回应。随后，教师便退出了活动互动的现场，把它交给了亲子双方。

案例中的幼儿能够理解活动意图，进行独立探索，因此家长选择在一旁看着该幼儿操作。教师在合适的时机就如何围绕活动与幼儿展开互动给家长提供示范，引导家长注意亲子活动的目的不仅在于完成粘贴任务，还在于让幼儿感受分类和数的概念，了解常识信息，更在于活动过程中亲子双方的互动。

一、亲子活动主体的多元性

亲子活动具有主体多元性的特点，教师、婴幼儿和家长都是参与活动的重要主体（图1-7）。其中教师是亲子活动的设计者、组织者、观察者和指导者；婴幼儿是亲子活动中重要的学习者和参与者，他们在与他人和材料的互动中用自己的方式建构经验，获得发展；家长不仅是婴幼儿活动的支持者和合作者，也是育儿理念和育儿方式的学习者。

图1-7 参加亲子活动的
多元主体

典型案例

苦恼的张老师[1]

张老师所在的亲子班，幼儿年龄都在15～18个月。在开班第一天的点名活动中，张老师要求叫到名字的幼儿到面前来和教师拥抱一下。可无论张老师多么热情地叫幼儿的名字，向幼儿招手，大部分幼儿并不愿意走到她面前，家长在后面一个劲儿地动员也无济于事。接下来的活动中，幼儿们对教师的提问和要求都反应淡漠，整个亲子活动过程好像都是张老师一个人在自导自演。在活动后的反思中，张老师非常苦恼："给这么小的孩子上课太没有成就感了，我上了半天，全是我一个人的表演……"

[1] 王敏：《0—3岁婴幼儿亲子活动指导案例浅析》，载《时代教育》，2012（20）。

让张老师苦恼的原因不在于幼儿太小不能与教师互动，而在于张老师没有认识到家长也是亲子活动的主体，是活动的支持者和参与者。当幼儿不敢或不愿上前与教师拥抱时，教师可以引导家长带着宝宝上来，共同向教师问好，逐渐建立起幼儿与教师的亲近感。

✏ 学习笔记

二、亲子活动互动的多向性

亲子活动的主体多元性决定了其互动多向性。在活动中，教师与家长、教师与婴幼儿、家长与婴幼儿、婴幼儿之间、家长之间都可以产生相互影响。

教师通过创设环境、设计并组织亲子活动，激发婴幼儿和家长参与活动的兴趣，激发家长与婴幼儿和教师互动的积极性。家长在与教师互动中获得适宜的育儿观念和方法，并将这些观念和方法运用到和婴幼儿相处的过程中。此外，家长和婴幼儿的活动情况、反馈和评价可以帮助教师不断改进和修正活动内容及指导方式，推动亲子活动不断完善。

三、亲子活动目的的双重性

婴幼儿亲子活动目的的双重性是指目标指向婴幼儿和家长两个维度，亲子活动不仅是婴幼儿游戏和学习的活动，也是家长学习育儿的活动。因此，教师在设计亲子活动时，活动目标可分成婴幼儿发展目标和家长指导目标。

在设置婴幼儿发展目标时，教师要考虑0～3岁婴幼儿的年龄特点、发展水平和个体差异等，根据最近发展区理论，选择既符合婴幼儿当下发展实际，又能让其"跳一跳"达到的教育目标。

在设置家长指导目标时，教师要根据家长育儿需要，设置适合家长操作与观察的目标，鼓励家长参与亲子活动，引领家长科学育儿，让亲子间通过互动建立亲密关系。

📖 关键术语

最近发展区

最近发展区理论由苏联教育家维果茨基提出。他认为学习者的发展有两种水平：一种是学习者的现有水平，指独立活动时其所能达到的解决问题的水平；另一种是学习者可能的发展水平，也就是通过教学其可实现的潜力。两者之间的差异就是最近发展区（图1-8）。教学应着眼于学习者的最近发展区，为他们提供带有难度的内容，调动其积极性，发挥其潜能，进而达到下一发展阶段的水平，然后在此基础上超越其最近发展区进行下一个发展区的发展。

图 1-8　最近发展区

四、亲子活动过程的情感性

亲子活动能够促进亲子关系的发展，密切亲子之间的情感联系。在亲子活动过程中，父母与婴幼儿暂时结成了横向的合作关系，这种关系以共同生活中积累起来的亲子感情为基础，带有明显的亲情性质，具体表现为活动中有较多的身体接触与视线交流以及无拘束的笑。图 1-9 为母子互动。

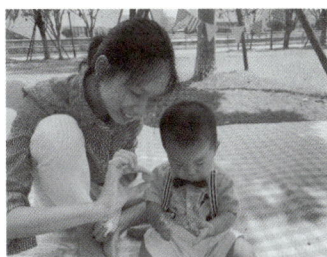

图 1-9　母子互动

父母在参与亲子活动时，会有喜悦和成就感，暂时忘却育儿烦恼。亲子活动可以强化婴幼儿与父母之间的情感联系。

五、亲子活动时空的连续性

婴幼儿亲子活动在时间和空间上具有连续性。每次活动中，专业的教师将适宜的育儿理念和育儿方法传授给家长。活动结束后回到家庭场景中，家长根据教师的示范与指导，将学习到的亲子互动方式延伸到日常生活的亲子活动中，从而保证照护服务机构和家庭在活动上的一致性，携手实现亲子活动在时间和空间上的连续性。

学习效果检测

1. 请判断下列说法的正误。（判断题）

（1）亲子活动的核心是婴幼儿，因此只需要关注婴幼儿发展即可。
（　　）

（2）教师设置家长指导目标应适合家长操作与观察。（　　　）

（3）教师设置婴幼儿发展目标时可在符合婴幼儿当下发展情况的同时具有一定的挑战性。（　　　）

（4）家长在照护服务机构中学到的育儿技巧并不适合在家庭场景中使用。（　　）

参考答案

2. 阅读以下案例,分析案例体现了婴幼儿亲子活动的哪些特点。(案例分析题)

　　8 个月大的牛牛和妈妈一起参与"宝宝爬爬乐"活动。在活动开始前,张老师先简要向家长介绍爬行对宝宝发展的重要性;在活动过程中,张老师示范锻炼宝宝爬行的常见工具与方法,并带领宝宝做一些关于爬行的小游戏;在自由活动环节,妈妈独自带着牛牛爬行,张老师进行巡回个别指导,并解答家长的疑问。整个活动过程中,牛牛"咯咯"地笑个不停,妈妈看到牛牛的爬行动作也感到莫大的欣慰。活动结束后回到家里,牛牛妈妈用在照护服务机构学到的方法对牛牛进行指导,帮助牛牛继续练习爬行。

学习任务 4
了解婴幼儿亲子活动的价值

学习任务单

学习目标	通过完成本学习任务，你应该能够： ①了解亲子活动对婴幼儿、家长、家庭和教师的价值。 ②将亲子活动的价值体现在亲子活动的设计与指导中。
学习要点	本学习任务的重点、难点： ①了解亲子活动的价值。 ②知道如何在亲子活动的设计与指导中体现亲子活动的价值。
学习建议	学习前： ①回顾亲子活动的概念、类别和特点。 ②预习关于亲子活动价值的知识。 ③查阅与亲子活动价值相关的其他书籍。 学习中： ①了解亲子活动的价值。 ②完成本学习任务的相关活动。 学习后： ①完成本学习任务的相关检测题。 ②观察周围的亲子活动，思考其是否实现了亲子活动的价值。
学习运用	你觉得在哪些工作情境中可以运用到本学习任务所学内容？
学习反思	请记录你在学习过程中的思考。

案例导入

　　和同龄伙伴相比，乐乐好像特别胆小。肖老师尝试用各种方式鼓励她，但效果都不佳。在一次拼图亲子活动中，肖老师发现乐乐爸爸多次斥责乐乐"你做得不对！"，甚至直接拿过乐乐手中的拼图自己三下五除二完成任务，而乐乐只能眼巴巴地在一旁看着。看到这一幕的肖老师终于明白了乐乐为什么总是畏畏缩缩的。活动结束后，肖老师和乐乐爸爸就亲子互动方式进行了沟通，她建议乐乐爸爸多鼓励乐乐，尽量让孩子先独自尝试。

　　很多家长没有接受过专业的育儿指导，在与婴幼儿互动的过程中经常出现不适宜的行为。专业的教师在观察亲子活动过程后，能够为家长提供育儿建议。

一、对婴幼儿发展的价值

（一）促进婴幼儿的动作发展

　　家长和婴幼儿共同参加与动作发展有关的亲子活动，可以激发婴幼儿运动的兴趣和参与活动的意愿。在家长的帮助下，婴幼儿能够在挑战性活动中提高对身体掌控的能力，发展动作技能。

（二）促进婴幼儿的语言发展

　　婴幼儿时期是语言学习的关键期，家长应为婴幼儿创设自由、宽松的语言交往环境。在亲子活动过程中，家长与婴幼儿合作共同完成任务，这与婴幼儿独自游戏或同伴游戏相比，渗入了更多的言语交往，为婴幼儿提供模仿学习和表达交流的机会，便于婴幼儿感受言语交往的乐趣，促进语言发展。

（三）促进婴幼儿的认知发展

　　在亲子活动过程中，家长对婴幼儿的行为做出积极反应，鼓励和引导婴幼儿练习和发展新技能，这对婴幼儿的认知发展起到了基础性的引导作用。相比婴幼儿独自游戏或同伴游戏，婴幼儿在与家长进行游戏的过程中能获得更多的知识和经验，有利于丰富想象力和创造力，开拓思维。

（四）促进婴幼儿的社会性发展

　　婴幼儿与同龄伙伴活动时，通常是独自游戏或平行游戏。在亲子活动中，有了家长的引导与帮助，婴幼儿能够很好地承担合作者的角色。家长与婴幼儿的亲子活动虽然比较简单，但足以让婴幼儿习得等待、秩序、重复等基础的社会交往规则。此外，积极的亲子互动还有助于亲子之间安全依恋关系的形成，为婴幼儿人际交往兴趣的形成与人际交往策略的发展奠定基础。

二、对家长成长的价值

亲子活动为教师和家长提供了一个沟通交流的平台，在教师的指导下，家长能够树立正确的育儿观念，更新教育方法和技能，了解婴幼儿成长的特点。此外，在亲子活动中，家长能够直接观察自己的孩子在同龄人群体中的表现，合理看待和正确评价孩子的发展。总体来说，亲子活动有利于家长深入了解孩子，转变教养观念，提升教养能力。

📑 典型案例

参与亲子活动有用吗？

可可妈妈每次和可可一起参加亲子活动的时候，都格外留心，仔细观察教师是怎么引导孩子一起做活动的。回家以后，可可妈妈不仅会模仿教师的语言和行为，还会思考亲子活动的设计原理，然后上网查找相关资料，尝试将这些理念贯穿到对可可平时的教育中。

一段时间后，可可妈妈发现她逐渐能理解可可一些行为背后体现出的心理发展特点，与可可的冲突变少了，亲子互动更加顺畅了，亲子关系更为密切了。

三、对建设和谐家庭的价值

家长和婴幼儿在亲子活动中共同参与、互相配合，获得愉悦体验，有利于增进家长和婴幼儿之间的情感交流，建立良好的亲子关系，形成幸福和谐的家庭氛围。图 1-10 为亲子阅读场景。

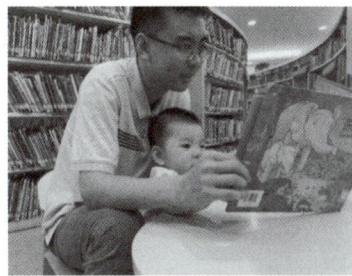

图 1-10 亲子阅读场景

四、对教师专业发展的价值

教师通过观察亲子活动中家长和婴幼儿的互动，能清楚地了解婴幼儿的个体发展特点与需要，以及家长的教育观念和互动方式，便于及时调整自身的指导行为，更好地做到因材施教。此外，教师通过事后对活动的反思，有利于发现问题，不断完善活动的设计和实施，从而实现专业成长。

✦ 实践运用

实践活动反思的步骤①

如果你是一位照护服务机构的教师，在实践活动结束后你会如何对活动进行反思，以便及时调整自身的行为，促进专业成长呢？

以下列出的反思阶段的步骤供你参考：

第一，意识到问题的存在。当实践活动并未达到预期的成效时，不管这种预期是教师自我的心理期许还是某些外化的指标，教师会本能地意识到问题的存在。

第二，问题的厘清和确认。教师通过对自身理论水平及具体实践活动中的教育目标的确定、内容的选取、教育情境的创设、材料的投放、活动的组织及婴幼儿的反应等进行自我省察，或与他人交流，从而厘清和确定具体问题。

第三，问题的重新建构和模拟。教师立足于主体之外进行反省，对问题进行能动的解析，试图找出相应的解决办法。

第四，尝试解决。教师通过更正、完善自我的行为意识，重构自我的经验观念，改进教育活动的设计，加强活动组织与实施，等等，找出解决问题的相关方法。

第五，能动验证。教师通过实践积极检验其所采用的方法是否有效。

🐘 学习效果检测

参考答案

1. 亲子活动对哪些活动主体有价值。(　　　)（单选题）

    A. 婴幼儿

    B. 家长

    C. 教师

    D. 以上都有

2. 亲子活动对于婴幼儿有哪些价值？（简答题）

3. 判断下面的说法是否正确并说明原因。（判断、简答题）

亲子活动对于婴幼儿发展的价值通过婴幼儿与同伴一起活动也可以实现。

4. 如果你是学习任务 3 典型案例"苦恼的张老师"中的张老师，活动结束后，你将如何进行反思？（简答题）

---

① 李贵仁、吴琼、杜欣荣：《幼儿园教师反思：渊源、过程和趋势》，载《教育探索》，2016（1）。

延伸阅读

1. 史爱芬.幼儿园亲子活动主体定位、互动现状及其改进［J］.内蒙古师范大学学报（教育科学版），2013（4）：33-35.

文章详细论述了家长和教师在亲子活动中的定位，帮助我们理解亲子活动主体多元性的特点。

2. 贾森·布格.阅读力：未来小公民的阅读培养计划［M］.肖琦，译.北京：中信出版社，2018.

书中提出了 15 个亲子阅读技巧，教会家长通过互动式阅读的方式，改变婴幼儿的思维方式，并帮助婴幼儿养成良好的阅读习惯。

3. 钱志亮，曾云骁，钱李果.祖孙乐亲子益智健脑手指操［M］.北京：北京师范大学出版社，2015.

书中通过图例、文字介绍和视频，演示适合亲子一起做的手指操游戏，促进婴幼儿手部精细动作发展，增加家庭游戏趣味性。

学习模块二
婴幼儿亲子活动的理论依据

"理论"这个词,你应该不陌生吧?回忆我们学过的儿童心理学,你能想到哪些与婴幼儿亲子活动相关的理论呢?这些理论的主要内容是什么?对婴幼儿亲子活动有什么启示呢?在本学习模块中,你可以先掌握依恋理论、最近发展区理论、观察学习理论以及多元智能理论的主要内容,然后思考如何将这些理论运用于婴幼儿亲子活动设计与指导中。只有深刻理解这些理论,才能熟练地将其运用在亲子活动设计中,指导家长使用科学方法与婴幼儿互动,促进婴幼儿身心健康发展。

学习导图

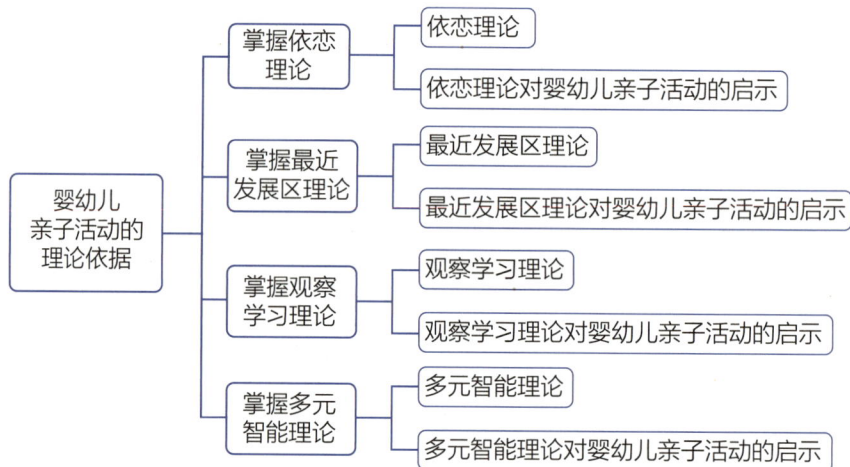

婴幼儿亲子活动的理论依据
- 掌握依恋理论
  - 依恋理论
  - 依恋理论对婴幼儿亲子活动的启示
- 掌握最近发展区理论
  - 最近发展区理论
  - 最近发展区理论对婴幼儿亲子活动的启示
- 掌握观察学习理论
  - 观察学习理论
  - 观察学习理论对婴幼儿亲子活动的启示
- 掌握多元智能理论
  - 多元智能理论
  - 多元智能理论对婴幼儿亲子活动的启示

学习初体验

到照护服务机构观摩 3~5 个婴幼儿亲子活动,思考这些活动设计背后的理论基础是什么,并与同学交流你的看法。完成本模块的学习后再与同学进行交流和讨论,思考你的看法发生了哪些改变。

学习任务 1
掌握依恋理论

学习任务单

学习目标	通过完成本学习任务，你应该能够： ①了解依恋的产生与发展。 ②熟悉依恋的四种类型。 ③理解亲子活动质量对婴幼儿依恋的影响。 ④将依恋理论运用于亲子活动的设计与指导当中，帮助婴幼儿建立安全型依恋关系。
学习要点	本学习任务的重点、难点： ①掌握依恋理论的发展和类型。 ②将依恋理论运用于亲子活动的设计与指导当中。
学习建议	为了更好地完成本学习任务，你可以： ①查阅与依恋理论相关的其他书籍，深入理解依恋理论。 ②参与本学习任务的相关互动活动，如回忆童年时期。 ③完成本学习任务的相关检测题。 ④到照护服务机构观察亲子活动，思考如何将依恋理论运用于亲子活动的设计与指导中。
学习运用	你觉得在哪些工作情境中可以运用到本学习任务所学内容？
学习反思	请记录你在学习过程中的思考。

📚 案例导入

嘟嘟妈妈正在客厅里整理东西，2个月大的嘟嘟突然放声大哭了起来。妈妈来到他的房间，温柔地把他从摇篮车里抱起来，轻轻摇晃，同时轻声和他说话。没多久，嘟嘟便在妈妈的怀里停止了哭泣。但当妈妈把他放回摇篮车时，他又开始号啕大哭，妈妈再次将他抱起来。

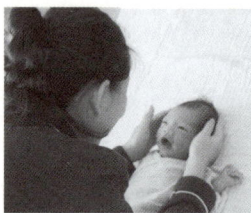

图 2-1　妈妈回应孩子

在生活或影视作品中，你是否见过这样的场景呢？婴幼儿哭泣，父母回应，婴幼儿根据父母的回应再次做出反应，父母再次回应（图 2-1）。这些看似不太重要的行为在生活中经常发生。实际上，这对婴幼儿和父母以及其他人之间的关系发挥着重要作用。

一、依恋理论

约翰·鲍尔比（图 2-2）提出，依恋是婴幼儿最早形成的人际关系，它是指婴幼儿与主要抚养者之间形成的强烈、持久、亲密的情感联结。对婴幼儿而言，依恋对象主要是母亲，也可以是父亲、祖辈等。

图 2-2　约翰·鲍尔比
（1907—1990）

（一）依恋的产生与发展

依恋是婴幼儿在与母亲或其他抚养者互动的过程中慢慢建立起来的。依恋的发展可以划分为以下四个阶段：

1. 前依恋期（从出生到 3 个月）：无差别的社会反应阶段

在这一时期，婴儿对所有人的反应几乎一样。他们喜欢注视人脸，在听到人声或见到人的面孔后会露出笑容。同时，所有人对婴儿的影响都是一样的，他们与婴儿的接触，如拥抱、抚摸、温柔说话、微笑，都能使婴儿开心、兴奋，感到愉快和满足。这一阶段，虽然婴儿能辨认出母亲的声音和气味，但是母亲还没有成为婴儿特定的依恋对象，他们不介意被陌生人抱起。

2. 依恋关系建立期（3～6 个月）：有差别的社会反应阶段

在这一阶段，婴儿开始辨别熟悉的人（如父母）和不熟悉的人。例如，在人群中，婴儿能认出父母。面对熟悉的人，婴儿会开心、微笑、咿咿呀呀，愿意亲近；面对陌生人，婴儿会害怕、恐惧，不愿靠近，也就是"认生"。不过，尽管此时的婴儿能从人群中找出父母，但不会介意和父母暂时分离。

3. 依恋关系明确期（6 个月～2 岁）：特殊的情感联结阶段

在这一阶段，婴幼儿与依恋对象的情感联结真正建立，明显的依恋行为开始出现。从六七个月开始，婴儿对母亲的存在更加关切，特别愿意和母亲在一起，和母亲在一起就很高兴，而当母亲离开时会焦躁不安，这种现象称为分离焦虑。当母亲回来时，婴幼儿会马上平静下来。此时，如果出现陌生人，婴幼儿会显得谨慎、恐惧，甚至哭泣、大喊大叫，表现出怯生、无所适从。

4. 目标调整的伙伴关系阶段（2岁之后）

在这一时期，幼儿开始理解母亲的情感、需要、愿望，并据此调节自己的情绪和行为。例如，母亲需要上班。虽然幼儿非常不愿意让母亲离开，但母亲和幼儿进行解释之后，幼儿会理解母亲有工作需要完成，不能不去上班，于是愿意自己玩耍。

🔍 扩展阅读

恒河猴实验

美国发展心理学家亨利·哈洛用恒河猴进行了一项实验。幼猴一出生就被从母猴身边带走，关在铁笼里。在接下来的165天里，它由两个"代理母亲"抚养：一个由铁丝制成，身上安装了奶瓶；另一个用绒布包裹而成，身上不装奶瓶。实验者分别统计幼猴每天与铁丝"母猴"和绒布"母猴"待在一起的时间，发现幼猴几乎整天与绒布"母猴"待在一起，歇息或恐惧的时候都是趴在绒布"母猴"身上，只有饥饿的时候才到铁丝"母猴"那儿吃奶（图2-3）。可见，幼猴不仅需要食物，而且需要与母亲进行亲密的身体接触，哈洛称之为"接触安慰"。后来，关于人类的研究也支持了这一观点，即母亲与婴幼儿之间的肌肤接触增进了依恋关系。

图 2-3 选择"猴妈妈"

（二）依恋的类型

发展心理学家安斯沃斯根据婴幼儿在陌生情境中的不同反应，将婴幼儿的依恋分为四种类型。

🔍 扩展阅读

陌生情境实验

安斯沃斯设计了一个被广泛应用于测量婴幼儿对其父母依恋类型的实验。让婴幼儿、母亲和一个陌生人同处于一个房间里，由于房间（实验室）和陌生人对婴幼儿来说都是陌生的，所以称为陌生情境（图2-4）。该实验包含八个连续的情境，主要模拟了：①自然情境中有玩具时，母亲和孩子的互动（观察孩子是否将母亲当作探索的安全基地）；②母亲暂时离开后，陌生人和孩子交流（观察婴幼儿是否产生不安和焦虑）；③陌生人离开，母亲回来，和孩子打招呼，安慰他，并尝试和孩子玩玩具，让孩子开心（观察不安的婴幼儿是否会从当前情况下获得安慰，重新开始玩耍）。实验者根据婴幼儿在这些情境中的反应（探索行为、对陌生人和分离的反应，尤其是和母亲重聚时的反应），判断其依恋类型。

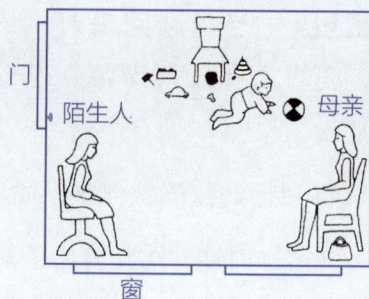

图 2-4　陌生情境实验室设置图

学习笔记

1. 安全型依恋

在陌生情境中，安全型依恋的婴幼儿与母亲在一起时，能够安静、愉悦地玩玩具，独立自主地探索环境，偶尔回到母亲的身边。当陌生人进入时，母亲在场使得婴幼儿感到安全，因而其对陌生人的反应也较为积极。当母亲离开时，婴幼儿明显表现出不安、紧张、焦虑，想寻找母亲。当母亲回来时，婴幼儿会马上到母亲身边并寻求接触，得到母亲的安慰之后很快安静下来，继续玩玩具。

2. 回避型依恋

这类婴幼儿与母亲在一起时并不寻求接近母亲。母亲离开后，他们似乎并不难过；母亲回来时，对母亲表现得十分冷淡，或者只是短暂地接近一下便很快走开了。这类婴幼儿接受陌生人的安慰与接受母亲的安慰没有很大区别。实际上，这类婴幼儿对母亲没有形成特别的依恋。

3. 矛盾型依恋

在陌生情境中，刚开始时，婴幼儿紧紧挨着母亲，几乎不去探索环境。母亲离开后，他们情绪激动，极力反抗挣扎，大哭大闹。母亲回来后，他们表现出矛盾的反应：一方面期待与母亲亲近；另一方面又踢又打，对母亲的离去表示十分生气。此外，即使母亲在场，他们对陌生人也显得相当戒备。

4. 混乱型依恋

这类婴幼儿混合了回避型和矛盾型的依恋模式：当母亲离开时，他们会跑到门前哭泣；当母亲回来时，他们会跑到母亲身边却不看她，或最初显得很平静，后来却愤怒地哭泣起来。有时还会表现出怪异的行为，如表情茫然、不知所措。他们的混乱行为意味着他们可能是最没有安全依恋的婴幼儿。

想一想

请回忆或者问问你的父母，在你的童年时期，妈妈离开和回来时你的反应分别是怎样的呢？

二、依恋理论对婴幼儿亲子活动的启示

依恋理论对当代婴幼儿养育实践产生了极大的影响，对当前婴幼儿亲子活动也有一定的启示。在亲子活动中，父母应该如何做呢？

第一，及时满足婴幼儿的合理需求。亲子活动质量在很大程度上取决于父母对婴幼儿需求信号的敏感性和反应性。如果父母能够敏锐地察觉孩子的合理需求，并且满足他们，长此以往，有利于父母和孩子之间建立安全型依恋。如果父母对孩子的需求置之不理，冷漠忽视，孩子就会对父母丧失安全感与信任感。不少父母在陪伴孩子时与其互动较少，常玩手机、与他人聊天，这些行为都不利于安全型依恋关系的建立。在亲子活动中，父母应增强与孩子的有效互动，以适当的方式快速且积极地回应孩子的需求，让孩子感受到父母享受与他们在一起的时光。

第二，保持科学一致的互动方式。有些父母由于情绪等原因经常变化互动方式，开心时与孩子嬉戏打闹、不高兴时就迁怒于孩子。这可能导致孩子由于父母育儿行为经常变化而不知所措，心理秩序紊乱，情绪失控，产生不安全感或无组织、无定向的依恋。父母应学习科学的养育技能，并且在亲子互动时保持连贯性和一致性，让孩子体验到爱与温暖，不用担心父母不定时"变脸"，相信可供依赖的重要他人不会不可预测地抛弃他们，在自己需要的时候能得到必要的保护。这样，婴幼儿便会逐渐形成自我认同感，能毫无后顾之忧地自由探索。

第三，先处理情绪再处理问题。当婴幼儿遇到问题时，有些父母急着处理问题而忽视孩子的情绪，容易导致孩子萌发不安全感。父母应先用语言或动作认可孩子的情绪（图2-5），再和孩子讨论解决办法。例如，发现孩子难过，父母先拥抱孩子，轻轻拍孩子的后背，对孩子说："宝宝有点伤心，是吗？"帮助孩子表达情绪，再询问："发生什么事了？"让孩子倾诉事情的经过。这时，父母应注意倾听，让孩子感觉父母很在乎自己的感受，接纳自己的负面情绪。接着，引导和鼓励孩子想办法解决问题。由于孩子年龄较小，经验或者语言表达能力有限，父母可以耐心地为孩子提供问题解决线索，鼓励孩子选择其中一种或几种解决办法。如果婴幼儿经常在父母充满包容和爱意的引导下解决问题，他们更容易形成安全型依恋，更善于与他人相处。

图 2-5 爸爸认可孩子情绪

🔍扩展阅读

怎样让宝贝放妈妈去上班①

　　果果妈妈最近遇上了一个难题，1岁半的女儿总是让她没法安心上班。说来也怪，以前妈妈上班时，果果都会亲亲妈妈的脸颊，然后说"妈妈再见"。但最近几周，一看到妈妈提着包去门口换鞋，果果就开始大哭起来，搂着妈妈的脖子不让她走。看到可爱的女儿如此伤心，果果妈妈也十分为难，一方面要赶时间去上班，另一方面也很心疼女儿（图2-6）。果果妈妈也曾尝试过背着果果偷偷出门，但是关门后屋里传来的哭声更让她心疼。

图2-6　孩子"不放"妈妈上班

💬 文本资源

怎样让宝贝放妈妈去上班

　　其实，果果妈妈面临的问题并不是个别现象，许多家长有过类似的经历。为什么会出现这种现象呢？如何解决呢？想要了解更多，可扫描二维码阅读。

🐘 学习效果检测

💬 参考答案

　　1. 请根据依恋的不同发展阶段在横线上填上对应的年龄段。（填空题）

　　　　（1）无差别的社会反应阶段：_____。

　　　　（2）特殊的情感联结阶段：_____。

　　　　（3）目标调整的伙伴关系阶段：_____。

　　　　（4）有差别的社会反应阶段：_____。

　　2. 在哪个阶段之后，安全型依恋的婴幼儿把他们的依恋对象作为探索的安全基地？（　　）（单选题）

　　　　A. 无差别的社会反应阶段　　　　B. 特殊的情感联结阶段

　　　　C. 目标调整的伙伴关系阶段　　　　D. 有差别的社会反应阶段

　　3. 婴幼儿出现分离焦虑之前，必须获得哪项能力或达到哪个发展阶段？（　　）（单选题）

　　　　A. 有差别的社会反应阶段

　　　　B. 获得客体永久性

　　　　C. 将依恋对象作为探索的安全基地

　　　　D. 体验到尴尬和害羞

---

① 王梦柯、李晓巍：《怎样让宝贝放妈妈去上班》，载《中国教育报》，2016-10-23（2），收入本书时有改动。

4.请在下列句子的横线处填上依恋的类型。(填空题)

(1)_____依恋的婴幼儿在不安时会主动接近母亲并寻求身体接触。

(2)_____依恋的婴幼儿,即使母亲主动引起他/她的注意,他/她也不愿意理睬母亲。

(3)_____依恋的婴幼儿在接近或回避母亲时会有矛盾的表现。

(4)_____依恋的婴幼儿,可能会对母亲生气,当母亲想和他/她进行身体接触时,他/她会抗拒。

5.如果你是一个2岁孩子的家长,准备把孩子送去照护服务机构。在送孩子去机构前,你会做哪些准备帮助他/她缓解分离焦虑呢?请具体谈一谈。(简答题)

学习任务 2
掌握最近发展区理论

学习任务单

学习目标	通过完成本学习任务，你应该能够： ①掌握最近发展区和脚手架的概念。 ②知道如何提供脚手架促进婴幼儿发展。 ③将最近发展区理论运用于婴幼儿亲子活动的设计与指导当中。
学习要点	本学习任务的重点、难点： ①掌握最近发展区和脚手架的概念。 ②将最近发展区理论运用于婴幼儿亲子活动的设计与指导当中。
学习建议	为了更好地完成本学习任务，你可以： ①查阅与最近发展区理论相关的其他资料。 ②结合自身经历和身边案例深入理解最近发展区和脚手架的概念。 ③完成本学习任务的相关检测题。 ④到照护服务机构观察亲子活动，思考如何将最近发展区理论运用于亲子活动的设计与指导中。
学习运用	你觉得在哪些工作情境中可以运用到本学习任务所学内容？
学习反思	请记录你在学习过程中的思考。

📚 案例导入

安安妈妈削完胡萝卜的皮，拿出砧板和刀准备切胡萝卜。这时，3 岁的安安说："妈妈，我也想切胡萝卜。"妈妈说："嗯……好吧。"于是，安安左手拿着胡萝卜，右手拿着塑料刀，开始切胡萝卜。可是好像切不动。安安妈妈看到之后说："安安，要不妈妈先把胡萝卜切薄一点，你再切好不好？"安安说："好。"于是，安安妈妈把胡萝卜切成薄片状，再让安安接着切成条状（图 2-7）。

图 2-7　安安切胡萝卜

安安一开始切不动胡萝卜，他的妈妈把胡萝卜切成薄片状，再让他切成条状。你知道哪个心理学理论可以用来解释安安妈妈的这个育儿策略吗？学习以下内容，相信你能找到答案。

一、最近发展区理论

（一）最近发展区的概念

维果茨基（图 2-8）认为婴幼儿的发展有两种水平：一种是婴幼儿已有的发展水平，即婴幼儿不需要他人帮助，能够独立解决问题的水平；另一种是婴幼儿可能达到的发展水平，即婴幼儿需要他人帮助才能解决问题的水平。这两种水平之间的差距就是最近发展区。

图 2-8　列夫·维果茨基
（1896—1934）

（二）脚手架的概念及应用

由他人提供的协助或支持被称为脚手架。"脚手架"这一术语得名于建筑施工中的支架，其在搭建建筑物结构时起支撑作用，在建筑物建好之后便要移走。通过脚手架的支撑作用，即支架作用，成人可以把儿童的发展水平从当前水平提升到一个新的更高水平。

1. 以中介物为主的脚手架

在亲子活动中，成人可以把某种物体作为中介物，帮助婴幼儿独立完成任务。①

📝 学习笔记

> **📖典型案例**
>
> **亲子活动的脚手架**
>
> 吴老师正在筹备下周的班级亲子活动。她想限制每次在活动区（如积木区）玩耍的幼儿人数。如果想让 2～3 岁幼儿自己记住每次只能有 4 个人带自己的爸爸妈妈进入这个区域，恐怕不太可行，因为这个年龄段的幼儿还无法有意义地数数。同时，吴老师不想让家长来告诉孩子这个区域目前有多少

---

① 毛齐明：《维果茨基与教育》，127～134 页，太原，山西人民出版社，2019。

个幼儿，因为她想培养幼儿的自主性，尽量减少父母的主导性。

为了让幼儿了解不同区域的人数，她在每个区域的入口旁放了一个小箱子和一个奶粉罐，箱子内放了4张画有钥匙的图片。在亲子活动开始前，吴老师讲解入区规则并且进行示范。她进入积木区前，拿起一张画有钥匙的图片放进奶粉罐内，并且让3名幼儿也这样做。当所有的钥匙图片都被放入奶粉罐之后，她告诉全部幼儿，这时不能再有人进入积木区了。

借助画有钥匙的图片，吴老师提供了可触及的中介物来帮助幼儿记住某些限制，这就形成了脚手架。有了这个脚手架，幼儿能够掌控自己的行为，无须教师或家长直接告诉他们应该怎么做。也就是说，这个脚手架落在他们的最近发展区之内了。

2. 以语言为主的脚手架

在亲子活动中，成人可以通过有效提问来启发婴幼儿进一步思考和探索。

📄 典型案例

和爸爸对话

19个月大的敦敦在家中和爸爸对话。

爸爸：敦敦，这个公园里有什么呀？

敦敦：有秋千。

爸爸：对，有秋千。还有什么呢？

敦敦：（摇摇头）

爸爸：有滑梯吗？

敦敦：（边笑边点头）

爸爸：公园里还有什么呀？

敦敦：（摇摇头）

爸爸：跷……

敦敦：跷跷板！

爸爸：对！跷跷板！

在这个案例中，在抛开情境（案例中的爸爸和女儿坐在家里，距离公园有一段距离）的情况下，通过爸爸的有效提问，敦敦不仅学会了回忆特定事物，还学会了在自己想不出来的时候依靠爸爸提供的线索提取记忆，并且懂得了根据提问陈述已经知道的事实。

3. 以动作为主的脚手架

在以活动为主的亲子活动中，有时没有明确的中介在主体之间传递，但是这种互动本身就是一种脚手架。

妈妈领舞

吃完晚饭，冬冬一家三口到广场散步。广场上有许多人在跳舞，冬冬的妈妈也加入其中。2 岁的冬冬看到妈妈跳舞，也跟着踉踉跄跄地手舞足蹈。冬冬妈妈见状，拉着冬冬一起跳了起来。慢慢地，冬冬的动作越来越有模有样了。

在这个过程中，冬冬只是在参与中学习，没有正规的知识传递过程。冬冬跨越最近发展区的脚手架来源于妈妈的带领。

二、最近发展区理论对婴幼儿亲子活动的启示

维果茨基的最近发展区理论对于教育教学具有重要影响。这一理论对婴幼儿亲子活动有怎样的启示呢？

第一，提供必要的支持。根据最近发展区理论，婴幼儿的发展主要通过与成人或更有经验的同伴的社会交往来获得。在亲子活动中，婴幼儿主要通过与成人的交往互动获得成长。一方面，在与成人合作进行活动的过程中，婴幼儿通过观察成人，捕获活动中的知识经验，掌握有关工具的使用方法，理解活动中的社会关系和规则；另一方面，成人通过和婴幼儿共同完成某项活动，为婴幼儿参与该活动提供必要的外部支持。逐渐地，婴幼儿在没有成人指导、帮助的情况下也能独立完成某项活动。因此，成人应着眼于婴幼儿的最近发展区，当其无法独立解决问题时，通过多种方法为婴幼儿提供脚手架。例如，引导婴幼儿注意关键信息、提供工具、启发引导、亲自演示、示范问题解决策略等，以此调动婴幼儿的积极性，发挥其潜能，帮助其超越已有发展水平，达到更高的发展水平。当婴幼儿能独立完成某项活动之后，成人应逐渐减少外部支持，直到最后完全撤离脚手架。

第二，正确处理成人视角与婴幼儿兴趣的关系。成人为婴幼儿提供支架时，应从婴幼儿的兴趣着手，使所提供的脚手架能激发婴幼儿的兴趣。不过，从婴幼儿的兴趣出发提供脚手架，并不意味着任何时候都迁就婴幼儿的已有经验。否则，便会使活动内容仅仅停留于婴幼儿的现有发展水平，无法帮助他们发展到更高水平。布鲁纳在论述语言学习时曾指出：当婴幼儿学习语言时，父母会展现出成熟的说话方式，而不是让所有句子都降低到儿语的程度。父母会根据具体情境调整支持的多寡，会重复重要且有意义的字词句，通过手势，并借助婴幼儿所表达的意义来回应其言语。一个孩子指着动物园里的老虎，发出"儿~"的声音，爸爸回应："对，那是一只老虎。你看见老虎了吗？有三只老虎呢！"孩子跟着说："老虎。"爸爸重复强调"老虎"这个词，让孩子慢慢地习得老虎这个名词概念，并且学会用语言表达。

实践运用

试举例说明在婴幼儿亲子活动中如何把握脚手架的分寸。

第三，把握提供脚手架的分寸。对婴幼儿来说：脚手架给予不足，他们就不知道如何解决问题，难以跨越其最近发展区；脚手架提供过多，会造成婴幼儿无须自己付出努力，没有得到锻炼，难以获得发展。因此，在提供脚手架时，成人应通过观察、提问等方式，了解婴幼儿的最近发展区，然后有针对性地提供适当的脚手架。①

学习效果检测

参考答案

1. 根据你对最近发展区的理解，画出理论模型图。（简答题）

2. 可以将什么学习内容（材料）作为脚手架支持婴幼儿发展？请举例说明。（简答题）

3. 琪琪第一次玩拼图，她把拼图从盒子里倒出来之后感到无从下手。如果你是琪琪的爸爸，你会怎么做呢？（简答题）

---

①　毛齐明：《维果茨基与教育》，134～136页，太原，山西人民出版社，2019。

学习任务 3
掌握观察学习理论

学习任务单

学习目标	通过完成本学习任务，你应该能够： ①掌握观察学习理论。 ②理解示范和树立榜样的重要性。 ③将观察学习理论运用于婴幼儿亲子活动的设计与指导当中。
学习要点	本学习任务的重点、难点： ①掌握观察学习理论的含义。 ②将观察学习理论运用于婴幼儿亲子活动的设计与指导当中。
学习建议	为了更好地完成本学习任务，你可以： ①查阅该理论其他相关资料，深入理解观察学习理论。 ②完成本学习任务的相关检测题。 ③到照护服务机构观察亲子活动，思考如何将观察学习理论运用于亲子活动的设计与指导中。
学习运用	你觉得在哪些工作情境中可以运用到本学习任务所学内容？
学习反思	请记录你在学习过程中的思考。

📚 **案例导入**

图 2-9　安安拖地

　　有一天，安安妈妈在拖地。安安说："妈妈，我也想拖地。"安安妈妈说："好啊，你来帮忙吧。"于是，安安开始拖地（图 2-9）。安安妈妈惊喜地发现，安安拖地的顺序跟自己的一模一样，从阳台到客厅再到厨房，而且经过他的小马桶时还会把小马桶移开，拖完那块地，再把小马桶放回原处，经过地垫时也会和自己一样把垫子翻起来再拖。

　　安安拖地的顺序为什么和他妈妈的一样呢？你知道哪个心理学理论可以用来解释安安的行为吗？学习以下内容，相信你能找到答案。

一、观察学习理论

　　观察学习指通过观察并模仿他人而进行的学习。被观察的对象称为榜样。观察学习理论的提出者班杜拉（图 2-10）认为，婴幼儿可以通过观察，无须亲自经历，无须接受强化，特别是直接强化，便可以达到学习的目的。

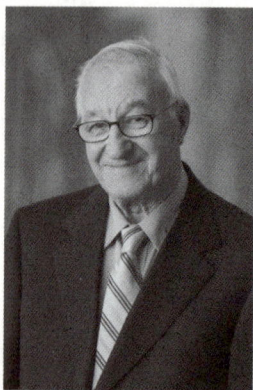

图 2-10　阿尔伯特·班杜拉
（1925—2021）

🔍 **扩展阅读**

BOBO 玩偶实验

　　班杜拉选取三组等量的儿童作为实验被试。首先，让三组儿童共同观看一段成人踢打充气娃娃的视频。第一组儿童看到成人因为这种行为受到奖励，第二组儿童没有看到成人受到任何奖励或惩罚，第三组儿童看到成人受到惩罚。接着，实验者将三组儿童分别带到与视频中布局相同的屋子里，观察三组儿童玩充气娃娃（BOBO 玩偶）的情形。结果发现，第一组儿童最具攻击性，第二组儿童攻击性适中，第三组儿童表现出的攻击性行为最少。

　　这个实验说明强化和惩罚对行为习得的重要性。那么，是不是第三组儿童没有学会攻击性行为呢？接下来的实验证明，不仅强化和惩罚会影响行为的习得，观察也是学习某种行为的重要方式。

　　在这之后，班杜拉将三组儿童重新带到与视频中布局相同的屋子中，告知他们踢打 BOBO 玩偶将获得奖励。结果显示，三组儿童对 BOBO 玩偶采取的攻击性行为几乎没有区别，都表现出较高的攻击性行为。这说明第三组儿童之前之所以没有表现出攻击性行为，是因为没有引起行为的刺激物。

✏️ **学习笔记**

　　观察学习包括注意、保持、再现和动机四个子过程。

（一）注意阶段

　　婴幼儿注意并知觉榜样情境的各个方面。换句话说，婴幼儿注意到了榜样行为。榜样和婴幼儿的几个特征决定了观察学习的程度：婴幼儿比较容易观察那些与他们自身相似的或者被认为是优秀的榜样。有依赖性的、自身概念水平较低或焦虑的婴幼儿更容易模仿榜样行为。强化的可能性或外在的期望影响婴幼儿决定观察谁、观察什么。

（二）保持阶段

婴幼儿记住从榜样情境了解的行为，以表象和言语形式在记忆中将它们进行表征、编码以及存储，也就是我们常说的"记住某种行为"。

（三）再现阶段

婴幼儿模仿和练习观察到的榜样行为，将自己学习到的行为表现出来。①②

（四）动机阶段

婴幼儿因表现所观察到的行为而受到激励。婴幼儿之所以模仿榜样的行为，是因为他们认为这样做能增加自身得到强化的机会。婴幼儿的模仿动机存在三种来源：①直接强化，指婴幼儿直接受到强化。例如，婴幼儿模仿父母正确使用勺子而受到父母表扬。②替代强化，指婴幼儿因看到榜样受强化而受到的强化。例如，教师在亲子活动中表扬一个3岁幼儿乐于助人，团体中其他幼儿也将表现出助人行为。③自我强化，社会向个体传递某一行为标准，当个体的行为表现符合甚至超过这一标准时，他就对自己的行为进行自我奖励。婴幼儿会观察自己的行为，并根据自己的标准对行为做出判断，由此强化或惩罚自己。例如，一个3岁幼儿为自己学会穿鞋而感到高兴，另一个幼儿可能由于自己还无法独立穿鞋而感到着急和难过。幼儿虽然观察学习了某种行为，但不一定表现出来，这和他们的动机有关。③

二、观察学习理论对婴幼儿亲子活动的启示

观察学习理论可以直接运用于教育教学实践，对婴幼儿亲子活动有许多新的启示。

第一，为婴幼儿示范。通过观察他人的行为而获得新技能是日常生活中常见的学习方式。在亲子活动过程中，婴幼儿或多或少地会遇到自己无法独立解决的问题，这时，家长可以通过示范的方式向婴幼儿演示解决问题的方法。婴幼儿观察家长解决问题的过程，目睹这些问题解决策略所产生的结果，从而习得新技能。

①　Bandura A，*Social Foundations of Thought and Action*，Englewood Cliffs，Prentice-Hall，1986.

②　陈琦、刘儒德：《教育心理学》3版，84～90页，北京，高等教育出版社，2020。

③　[美]罗伯特·斯莱文：《教育心理学：理论与实践》10版，吕红梅、姚梅林等译，126～127页，北京，人民邮电出版社，2016。

想一想

回忆一下，你有哪些行为是通过观察学习而学会的呢？

学习笔记

第二，为婴幼儿树立榜样。家长的言谈举止、行为习惯，包括无意识的偶然行为都在深刻地影响着婴幼儿。几天、几周、几个月，甚至几年之后，婴幼儿很有可能表现出通过观察家长所习得的行为。因此，家长应注意自身的言谈举止，尤其是在亲子活动中注意以身作则，这样才能帮助婴幼儿养成良好的行为习惯。

第三，合理使用强化手段。一方面，家长在亲子活动中应以奖励为主，惩罚为辅。惩罚手段使用不当，容易给婴幼儿带来挫败感，而挫败感的消极影响远大于积极作用。婴幼儿受挫之后，一般会表现出不自信、紧张、具有攻击性等特征。另一方面，家长给婴幼儿奖励时优先使用精神奖励。一提到奖励，很多人便想到物质奖励，其实，婴幼儿的年龄较小，家长通过微笑、竖大拇指、言语鼓舞等对婴幼儿进行肯定和鼓励，也能帮助他们从小建立良好的行为规范。

第四，解释奖惩的原因。由于婴幼儿的自我意识尚未完全发展起来，对事情缺乏判断能力，所以无论婴幼儿模仿的行为是否恰当，家长都应该用婴幼儿能理解的方式与他们积极沟通。这样不仅能强化或抑制婴幼儿的某些行为，还可以让他们接纳家长的建议、信服家长，与家长建立良好的关系。

学习效果检测

1. 什么是观察学习？（简答题）

2. 如何将观察学习理论应用于亲子活动设计与指导中？请举例说明。（简答题）

3. 阅读以下案例，你怎么看待毛毛爸爸的这种行为，这种行为可能对毛毛造成什么影响？毛毛爸爸应该怎么做呢？（案例分析题）

照护服务机构组织亲子游戏活动，其中一个游戏是"我自己穿衣服"。规则是：孩子在终点，家长在起点，哨声响起时，家长拿起衣服跑向终点，让孩子自己穿好后，家长背起孩子迅速跑回起点，先到者为胜。然而，毛毛爸爸拿着衣服跑向终点之后，迅速帮毛毛穿衣服，而不是让毛毛自己动手。毛毛在爸爸的帮助下穿好衣服之后惊讶地看着爸爸。旁边的娜娜指着毛毛爸爸对老师说："老师，你看毛毛的爸爸帮毛毛穿衣服……"

参考答案

学习任务 4
掌握多元智能理论

学习任务单

学习目标	通过完成本学习任务，你应该能够： ①掌握多元智能理论。 ②学会关注婴幼儿多方面的发展，重视婴幼儿的强项智能，在其强项领域和较弱领域之间建立联系。 ③将多元智能理论运用于婴幼儿亲子活动的设计与指导当中。
学习要点	本学习任务的重点、难点： ①掌握多元智能理论。 ②将多元智能理论运用于婴幼儿亲子活动的设计与指导当中。
学习建议	为了更好地完成本学习任务，你可以： ①结合自身成长经历及身边案例理解多元智能理论。 ②完成本学习任务的相关检测题。 ③到照护服务机构观察亲子活动，思考如何将多元智能理论运用于亲子活动的设计与指导中。
学习运用	你觉得在哪些工作情境中可以运用到本学习任务所学内容？
学习反思	请记录你在学习过程中的思考。

案例导入

小杰刚刚进入照护服务机构，在班里经常一个人摆弄玩具，不愿意与其他小朋友交流。怎样才能帮助小杰尽快建立良好的同伴关系，融入集体呢？

经过一段时间的观察，吴老师发现，小杰很喜欢运动，而且跑步很快，可以利用他的这个优势帮助小杰与同伴建立良好的关系。于是，吴老师组织了"寻宝""看谁跑得快""一起来玩球"等游戏。为了能参加自己喜欢的游戏，小杰尝试主动与其他小朋友交流，虽然他还有点畏缩。在游戏过程中，吴老师适当陪伴并给小杰加油助威。游戏结束后，吴老师继续鼓励小杰，并给他最喜欢的小贴纸，以此作为奖励。小杰笑着主动和身边的小朋友说："你看，这是老师给我的小贴纸。"

吴老师看到自己的尝试有了效果，感到非常开心。于是，接下来几周变换游戏形式，继续创造机会让小杰与其他小朋友一起玩耍。慢慢地，小杰学会了与同伴交流，朋友越来越多了。

在这个案例中，小杰在什么方面比较擅长，在什么方面比较薄弱呢？你知道心理学哪个理论可以用来解释吴老师采取的"以强带弱"策略吗？学习以下内容，相信你能找到答案。

一、多元智能理论

霍华德·加德纳（图 2-11）提出了多元智能理论。 他认为，不存在单纯的某种智能和达到目标的唯一办法，每个人都会用自己的方式发掘各自的大脑资源。这种为达到目的而发挥的各种个人才智是个体独特的智能，它造就了人与人之间的不同。人有八种智能，即视觉空间智能、人际交往智能、自我认识（内省）智能、身体运动智能、语言智能、数理逻辑智能、自然观察智能和音乐智能（图 2-12）。每种智能都独立存在，遵循着不同的发展历程，并与相应的脑区相联系（表 2-1）。[①]

图 2-11 霍华德·加德纳
（1943— ）

图 2-12 多元智能展示图

---

① 陈琦、刘儒德：《教育心理学》3 版，46～48 页，北京，高等教育出版社，2020。

表 2-1　加德纳的多元智能①②③

智能领域	说明	对应脑区	代表性职业或作用
视觉空间智能	能准确识别视觉空间关系，对所知觉到的进行转换，并能够在原始材料消失后重新创造视觉体验。	右半球、后顶叶-枕叶	画家、雕刻家、建筑师、航海家、博物学家和军事战略家
人际交往智能	与人相处和交往的能力，表现为觉察和体验他人情绪、情感、气质、意图和需求的能力，并据此做出适当反应的能力。	额叶	教师、律师、推销员、临床治疗学家、公关人员、谈话类节目主持人、管理者和政治家
自我认识（内省）智能	认识、洞察和反省自身的能力，并在正确的自我意识和自我评价的基础上形成自尊、自律和自制的能力。	额叶	几乎对生活所有方面取得成功都有作用
身体运动智能	能够通过熟练地支配身体去表达或者完成某种任务，能够有技巧地运用器材。	大脑运动带、丘脑、基底神经节和小脑	舞蹈家、运动员
语言智能	对词语的意思、发音、语言结构以及语言的多种用途敏感。	左半球、颞叶和额叶	诗人、小说家、记者
数理逻辑智能	能在抽象的符号系统中进行运算和关系推理；在评价他人观点时，思维逻辑化、系统化。	左顶叶和颞枕联合区，左半球负责词语命名，右半球负责空间组织，额叶负责计划和目标设置	数学家、科学家、律师、工程师和侦探
自然观察智能	认识物质世界的相似和相异性及动物、植物和自然环境其他事物（如云、岩石等）的能力。	左顶叶（区分生物和非生物）	猎人、农民、生物学家、人类学家或者解剖学家
音乐智能	对音调和旋律敏感，能够将音调与音乐片段合成大的乐章，能够理解音乐中的情感因素。	右前颞叶、额叶	作曲家、指挥家、歌唱家、演奏家、乐器制造者和乐器调音师

①　［美］David R Shaffer & Katherine Kipp：《发展心理学：儿童与青少年》9 版，邹泓等译，299 页，北京，中国轻工业出版社，2016。

②　［美］罗伯特·斯莱文：《教育心理学：理论与实践》10 版，吕红梅、姚梅林等译，100 页，北京，人民邮电出版社，2016。

③　陈琦、刘儒德：《教育心理学》3 版，46～47 页，北京，高等教育出版社，2020。

学习笔记

每个人生来就拥有以上八种智能，其程度由先天和后天两个因素决定。每个人智能的强项和弱项是人类个体的重要差别之一，即智能结构各不相同。这既与先天遗传因素有关，也与后天环境和所受教育有关。即使是同卵双胞胎，成长环境只要有微小的差异，其智能结构也会存在差异。人类个体所处文化和时代背景以及所受的教育，对于这些智能的评价、开发、利用都起重要作用，因此教育应该是多元化的，以个人为中心的。①

在多元智能理论的基础上，加德纳提出了一种新的教育观——"以个人为中心的教育"，强调人与人的差别主要在于人与人所具有的智力组合不同，不同的人具有不同的认知强项和对应的认知风格。逻辑思维很重要，推理也很重要，但它们不是唯一的思维方式。我们必须承认并开发各式各样的智力和智力组合，必须对每个婴幼儿的认知特点都给予充分理解并使之得到最好的发展。③

二、多元智能理论对婴幼儿亲子活动的启示

多元智能理论在国内外教育改革的理论和实践中产生了广泛的积极影响，对婴幼儿亲子活动有以下启示。

第一，关注婴幼儿多方面的发展。婴幼儿在某个方面表现得优或劣不代表他/她在其他领域也会有类似表现。例如，有些婴幼儿在语言方面发展较为迟缓，但在音乐方面可能很有潜能；有些婴幼儿对数理逻辑可能不敏感，但对绘画可能饶有兴趣。成人不能只是重视婴幼儿某方面的才能，尤其不能片面地关注婴幼儿的语言言语智能和数理逻辑智能，而应该全方位、多方面地了解婴幼儿的智能结构。

第二，培养婴幼儿的强项智能。加德纳研究发现，大多数婴幼儿至少有一种智能是其强项，并至少有一种智能是其弱项，发展强项有助于婴幼儿其他智能表现得更好。因此，成人应该在全方位了解婴幼儿智能结构的基础上，识别婴幼儿的智能强项领域，并加以鼓励和培养。

第三，建立婴幼儿强项智能与其他智能之间的联系。成人引导婴幼儿利用其强项领域的经验参与其他智能领域的活动，即"搭建桥梁"。婴幼儿乐于在强项领域探索，并自我感觉良好。这种成功体验会使婴幼儿有信心进入较困难的领域。因此，成人可以将婴幼儿在其强项领域的学习风格和体验通过不同途径引入较困难领域，引导婴幼儿多方面发展。例如，如果一个孩子非常喜欢音乐，

---

①　沈致隆：《多元智能理论之父加德纳》，75 页，太原，山西人民出版社，2018。

②　孙云晓等：《用心教养：孙云晓与中外心理学名家的对话》，85 页，杭州，浙江人民出版社，2014。

③　［美］霍华德·加德纳：《多元智能新视野（纪念版）》，沈致隆译，27～28 页，杭州，浙江人民出版社，2017。

但是对绘本阅读不感兴趣，那么，成人可以尝试将音乐融入绘本阅读当中，以音乐激发孩子对绘本阅读的兴趣。

学习效果检测

1. 根据加德纳的多元智能理论，智能包含哪些种类？（简答题）

2. 如何将多元智能理论应用于亲子活动设计与指导中？请举例说明。（简答题）

3. 阅读以下案例，如果你是小敏的爸爸或妈妈，你会采取什么措施促进小敏的智能发展呢？（案例分析题）

小敏3岁了，她平时很喜欢听爸爸妈妈讲故事，有时候还喜欢自己编故事。可是，她对数数这类游戏不太感兴趣，反应不是很积极。

参考答案

延伸阅读

1. DAVID R SHAFFER, KATHERINE KIPP. 发展心理学：儿童与青少年［M］. 9 版. 邹泓，等译. 北京：中国轻工业出版社，2016.

我们是什么样的人？为什么我们成为现在的自己？我们可能有很多困惑。这本口语化、易读性较强的书解答了我们在成长过程中的许多疑问，让我们感觉生命是如此奇妙。

2. 陈琦，刘儒德. 教育心理学［M］. 3 版. 北京：高等教育出版社，2020.

该书系统介绍了教育心理学的基本知识和研究成果，并结合大量案例阐释了这些知识在教学实践中的应用，具有很强的实践性和操作性。

3. 李晓巍. 学前儿童发展与教育［M］. 上海：华东师范大学出版社，2018.

该书主要介绍了学前儿童心理发展特点。丰富的案例、彩图和视频资源，通俗易懂，能帮助学习者将心理学专业知识与学前儿童的实际表现联系起来，深入理解知识，解决实际问题。

学习模块三
婴幼儿亲子活动的设计原则

　　不知你在设计婴幼儿亲子活动时是否思考过：如何才能更好地实现活动目标？怎样提升婴幼儿和家长参与活动的积极性？有哪些关键的事项是设计活动之前就必须了然于心的呢？由于婴幼儿身心发育远未成熟，针对婴幼儿开展的亲子活动大多以亲子游戏的方式进行，教师通过巧妙的活动设计让婴幼儿的运动能力、认知能力、语言能力、情感及社会交往能力均得到不同程度的提高。科学设计并合理组织婴幼儿亲子活动，不仅可以有效增进亲子感情，还能帮助家长改善育儿观念，促进婴幼儿身心健康发展。

学习导图

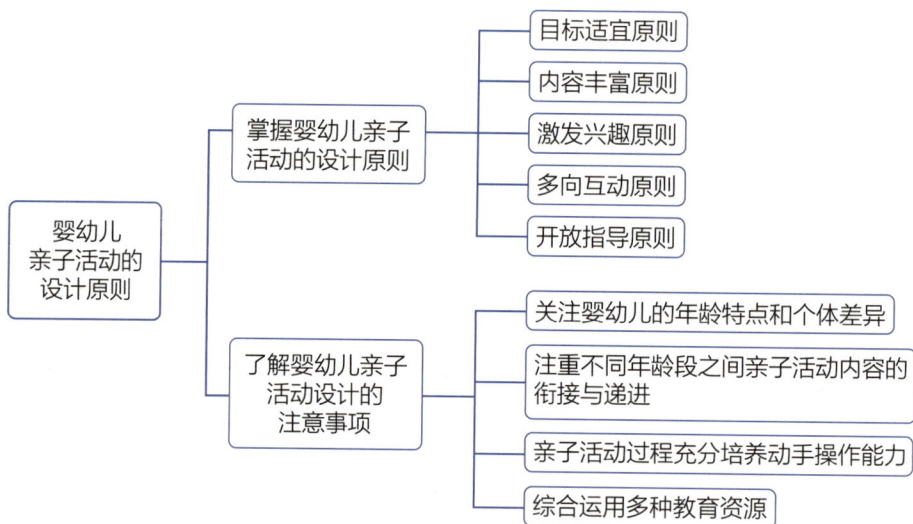

婴幼儿亲子活动的设计原则
- 掌握婴幼儿亲子活动的设计原则
  - 目标适宜原则
  - 内容丰富原则
  - 激发兴趣原则
  - 多向互动原则
  - 开放指导原则
- 了解婴幼儿亲子活动设计的注意事项
  - 关注婴幼儿的年龄特点和个体差异
  - 注重不同年龄段之间亲子活动内容的衔接与递进
  - 亲子活动过程充分培养动手操作能力
  - 综合运用多种教育资源

学习初体验

　　到照护服务机构观摩婴幼儿亲子活动时，收集一份亲子活动设计方案，分析该方案体现的设计原则并在现有知识经验的基础上提出改进建议。完成本模块的学习后再进行反思和改进。

学习任务 1
掌握婴幼儿亲子活动的设计原则

学习任务单

学习目标	通过完成本学习任务，你应该能够： ①了解婴幼儿亲子活动设计应遵循的原则。 ②按照科学的设计原则进行婴幼儿亲子活动方案的设计。
学习要点	本学习任务的重点、难点： 　　在设计婴幼儿亲子活动方案时体现目标适宜、内容丰富、激发兴趣、多向互动等原则。
学习建议	学习前： ①预习婴幼儿亲子活动设计原则的相关知识并查阅其他相关书籍。 ②收集照护服务机构教师的亲子活动设计方案，与教师交流对活动设计方案的心得。 学习中： 　　结合实际方案理解婴幼儿亲子活动设计的原则。 学习后： ①完成本学习任务的相关检测题。 ②尝试分析某个婴幼儿亲子活动设计方案体现的原则。 ③针对某个具体的婴幼儿亲子活动设计方案提出可行的改进建议。
学习运用	你觉得在哪些工作情境中可以运用到本学习任务所学内容？
学习反思	请记录你在学习过程中的思考。

案例导入

　　某照护服务机构的一名教师设计了"小鱼水中游"的亲子活动。她想让幼儿了解"洗洁精的表面活性剂能使小鱼纸片在水中快速游动"的原理，因此她设计的教师语言是："洗洁精含有表面活性剂，它可以破坏水表面的张力，所以小鱼会在水里游起来。后放入水中的小鱼不会游泳，是因为水表面张力已经被破坏了。"在实际活动过程中，当教师向幼儿讲解这个原理时，幼儿似乎兴致不高，都自顾自地摆弄手里的材料，于是教师草草结束了这一环节。这一环节进行得并不顺利，因为教师设计活动时对活动目标的适宜性，以及如何解释这一原理更适宜幼儿接受考虑得较少。那么，亲子活动设计应遵循哪些原则呢？

　　婴幼儿亲子活动设计是对一次活动的具体行动计划，是教师进行教育指导的指南，是教师为取得良好活动效果而进行的一项必要的准备工作。婴幼儿亲子活动设计的好坏，是亲子活动是否有成效的关键所在。针对婴幼儿的发展目标和家长的育儿需求，教师在设计亲子活动的过程中应凸显以下原则。

一、目标适宜原则

　　目标适宜原则指教师要根据不同阶段婴幼儿的年龄特点和能力发展水平，确定活动目标，并安排与目标相配套的活动内容。婴幼儿年龄越小，个体间差异越大，其具体表现越不一样。因此，在设计亲子活动时，教师应综合考虑婴幼儿的现有水平和最近发展区，确定活动目标和内容。活动目标和内容既要贴合婴幼儿实际发展水平，又具有一定的挑战性，让婴幼儿在经过尝试和努力后能成功解决问题。

典型案例

《我们的形状小镇》绘本阅读活动目标设计

初始目标

1. 培养婴幼儿的语言能力。

2. 激发婴幼儿的想象力。

解析：《我们的形状小镇》是一本认知类绘本，婴幼儿在阅读过程中可以感知并体验圆形、方形、三角形等不同的形状，发展初步的形状认知能力。但是教师在制定目标时过于笼统，而且没有在正确分析婴幼儿认知发展特点的基础上提出适宜的活动目标，无法科学地开展活动。因此，教师可以将此次活动目标调整为：

1. 婴幼儿在看一看、摸一摸、想一想中初步感知、发现圆形、方形、三角形等简单形状的特征，如圆圆的圆形像太阳、尖尖的三角形像小狗的耳朵等。

2. 婴幼儿在引导下能尝试完成形状拼板活动，能完成简单形状的正确对应。

3. 婴幼儿对生活中各种形状的事物感兴趣，看到圆形、方形或其他形状的物体能用手指或用语言和成人进行对话交流。

二、内容丰富原则

婴幼儿身心发展是一个整体，各个发展领域之间相互促进，相互影响，呈现出多元的、全方位的、综合的发展过程。成人在设计亲子活动时，既要考虑到婴幼儿某一方面发展的需要，有一定的针对性和侧重点，又要关注婴幼儿整体发展的需要，避免活动的单一性和片面性，尽量给予婴幼儿在身体发育、动作、语言、认知、情感与社会性发展等多方面的丰富刺激，促使婴幼儿获得全面和谐的发展。

● 相关链接

遵循婴幼儿成长特点和规律，促进婴幼儿在身体发育、动作、语言、认知、情感与社会性等方面的全面发展。
——《国务院办公厅关于促进3岁以下婴幼儿照护服务发展的指导意见》

> **典型案例**
>
> ### "帮妈妈晒袜子"活动环节设计
>
> 第一步：找出颜色、大小一致的袜子。
>
> 第二步：练习用示指和拇指捏夹子。
>
> 第三步：用夹子将袜子夹到绳子上晒，并学唱儿歌《晒袜子》。
>
> 第四步：分清爸爸、妈妈、宝宝的袜子，学做家务。
>
> 教师设计的"帮妈妈晒袜子"亲子活动较好地体现了内容丰富原则，它包含了认知、动作、语言、社会性活动等。"找出颜色、大小一致的袜子"发展孩子的观察和认知能力；"捏夹子"发展孩子的精细动作；"晒袜子"发展孩子的动手能力，"学唱儿歌"发展孩子的语言表达能力；"学做家务"培养孩子热爱劳动、体谅父母的良好社会品质。

三、激发兴趣原则

杜威认为，兴趣是儿童内发的冲动，是求知的动力，兴趣能保证注意、带来努力，并进一步引起思考和发展。[①] 兴趣是激发婴幼儿主动学习的重要因素。在好奇心和兴趣的驱动下，婴幼儿能通过多种感官对与活动主题相关的事物进行初步接触和感知。激发兴趣原则指教师通过创设有趣的活动情境，如展示新异玩教具、开展亲子游戏、提供动手操作材料的机会等方式，调动婴幼儿已有的生活经验，让婴幼儿产生强烈的好奇心，激发他们对活动主题的兴趣。

---

① ［美］杜威：《学校与社会 明日之学校》，赵祥麟、任钟印、吴志宏译，205页，北京，人民教育出版社，2004。

图 3-1　教师与幼儿一起游戏

另外，婴幼儿具有好奇、好动、喜欢玩游戏的心理特点，他们年龄较小，注意力持续时间较短。因此，教师在设计亲子活动时，应充分考虑如何调动婴幼儿的多种感官和已有经验，通过言语激励、物质奖励、亲子游戏等增强活动的趣味性和娱乐性，运用各种直观活动手段和生动形象的语言调动婴幼儿及家长参与活动的主动性和积极性，并保持对活动过程持续的兴趣（图 3-1）。

四、多向互动原则

在亲子活动中，家长、婴幼儿与教师共同构成了亲子活动的三大主体。教师在设计亲子活动时，应尽量增加三方互动的机会，既关注自己与婴幼儿、家长之间的互动，又重视亲子之间、婴幼儿同伴之间的互动。

首先，教师要重视与婴幼儿和家长的互动。在与婴幼儿互动的过程中，教师应做到如下两点：一方面，要善于观察他们的需求，根据其表现及时调整自己的活动安排，并给予适宜的指导；另一方面，要给予婴幼儿适时、适度的回应，激发婴幼儿对活动的兴趣，启发婴幼儿进一步思考和探究。在与家长的互动中，教师要努力让家长理解活动的目标、内容和途径，并指导家长带领孩子一起活动。同时，教师要积极了解家长在育儿中遇到的问题，引导家长在活动中分享育儿经验，对其育儿实践给予指导。

其次，教师应关注亲子之间的互动（图 3-2）。父母是孩子的第一任教师，也是最了解孩子发展情况的人，亲子之间的良好互动可以直接促进孩子的健康发展。教师在活动中关注并指导亲子互动可以使家长发挥应有的作用，有效实施亲代对子代的教育。

图 3-2　家长与幼儿
　　　之间的互动

最后，教师要关注婴幼儿之间的互动。同伴是婴幼儿成长过程中的重要他人，同伴交往既给婴幼儿提供了交往机会，也提供了相互模仿和学习的机会。在活动中关注同伴之间的互动并加以引导，能有效发挥同伴群体的重要作用。

五、开放指导原则

开放指导原则是指亲子活动既具有开放性，又具有对家长的指导性。

亲子活动作为一种教育活动，要灵活考虑多方面因素，确保活动的开展具有一定的开放性，符合多样化的需求。首先，亲子活动设计应体现人员的开放性，调动婴幼儿、家长、教师等多方主体的共同参与。其次，亲子活动应体现空间的开放性。亲子活动不受时间、地点的限制，可以根据季节、天气的不同，灵活安排在室内或户外进行。最后，亲子活动设计要体现方式的开放性，根据婴幼儿和家长的实际需求灵活变化组织形式，如集体活动、小组活动、家庭活动等。

这里的指导指亲子活动的设计要有目的、有计划、有组织地面对家长开展科学育儿的具体指导。家长的教育观念和教养行为直接影响婴幼儿的成长与发展。因此，教师在设计婴幼儿亲子活动时，须重点突出对家长的指导，帮助家长更新育儿观念，获取科学的育儿知识，掌握科学的教养方法和技能，提高科学育儿的能力。教师可以通过现场的讲解和示范对家长进行指导，也可以在谈话交流中向家长传递育儿方法。在开展活动的过程中，教师应尽力满足大多数家长的共同需求，在活动之后可以对个别家长进行具体指导。

📖 **典型案例**

13～18 月龄幼儿亲子活动"推大龙球"

活动目标:练习双手配合能力和推球行走技能，锻炼腿部力量。

家长指导目标:掌握引导孩子推球行走的方法，了解活动延伸的方式。

活动准备:每人 1 个触觉球。

家长指导:

1. 宝宝拿到球之后，家长先观察宝宝的行为：是动手推球，还是玩别的？会不会推球？动作是否正确？观察之后，针对宝宝的行为进行引导。

2. 刚开始推球的时候，如果宝宝力量不够，家长要稍用力协助宝宝把球滚动起来；球推动起来之后，家长稍微帮助宝宝控制球滚动的速度，一开始不要太快。

3. 宝宝能自如地双手交替推球行走后，家长可以引导其滚球倒退走。

4. 回到家中，家长可以利用一些生活用品引导宝宝推物向前走，如大圆桶、纸箱等。一般圆的、与手齐高的物体比较容易推。

5. 宝宝能推物行走之后，家长可以结合生活情境引导其端着东西走。

科学的婴幼儿亲子活动设计必须恪守以婴幼儿为本的设计理念，遵循目标适宜、内容丰富、激发兴趣、多向互动、开放指导的原则，保证婴幼儿和家长在活动中充分发挥主体性、积极性，教师真正做到为婴幼儿的身心健康发展服务。

学习效果检测

1. 按照（　　　）原则，亲子活动设计要有目的、有计划、有组织地面对家长开展科学育儿的具体指导。（单选题）

A. 目标适宜　　　　　　　　B. 开放指导

C. 多向互动　　　　　　　　D. 激发兴趣

2. 请阅读下面的案例，分析教师在设计亲子活动时遵循了哪些原则。（案例分析题）

社会活动"我是小司机"（2～3岁）

活动目标	幼儿	①积极参与活动，感受活动带来的快乐。②加深对简单的交通规则的感知与认识，培养一定的规则意识。	
	家长	①充分利用家庭、社区等各种教育资源，丰富幼儿经验，满足幼儿对交通工具的好奇心和探索欲望。②加强对幼儿进行自我保护意识和能力的培养。	
活动准备		①知识经验准备：幼儿初步了解一定的交通安全知识。②教具准备：儿童电动汽车、红绿灯标志、音乐。	
活动依据		2～3岁的幼儿在生活中、活动中、平时的游戏中，都表现出较强的自我意识和较弱的规则意识。游戏是培养幼儿建立一定的规则意识的最好学习方式。这个阶段的幼儿对常见的交通工具已有一定的了解和认识，能独立操作简单的玩具车。因此，设计本次活动的主要目的是通过游戏，让幼儿在感受快乐的同时，逐步养成一定的规则意识，并对交通规则有一定的了解。	
活动流程		热身运动—练习玩儿童电动汽车—学玩"红绿灯"游戏—小结—放松运动：开火车。	
活动过程		指导幼儿	指引家长
		1. 热身运动让幼儿跟着音乐一起做"看样学样"的动作（点头、伸手臂、转体、踢腿、跳跃等），教师用提问的方式引出活动主题：①你们是怎么来到这里的？②小司机是怎么开车的？可以这样转（两手相互转）、模仿手扶方向盘……2. 练习玩儿童电动汽车幼儿自由学习玩儿童电动汽车技能（教师放音乐）。	家长和幼儿一起做。家长跟幼儿一起说一说，家长可以给予提示，尽量让幼儿自己说出来，做出来。家长在旁关注幼儿的安全，必要时给予适当的协助。

续表

	指导幼儿	指引家长
活动 过程	注意事项： ①不要相互碰撞，保持适当距离。 ②幼儿能够大胆尝试，积极参与。 3. 学玩"红绿灯"游戏（放音乐） ①引导幼儿观察游戏场地，发现有红灯和绿灯，让幼儿了解红绿灯的作用。 ②教师手持"红绿灯"，幼儿看交通标志玩游戏。 4. 小结 宝宝们都是好司机，我们都会遵守交通规则。爸爸妈妈在开车的时候也要遵守交通规则哟！ 5. 放松运动：开火车 小司机们，请把小汽车开回车库。这里有一列火车，我们坐着火车（一个跟着一个拉着前面幼儿的衣服学坐小火车）回家啰！	家长提醒幼儿不要和前面的"车"靠太近了，注意看红绿灯。 家长融入活动中，和幼儿一起开火车，感受活动带来的快乐。
活动 延伸	①跟孩子外出时，指引孩子一起关注马路上其他的交通标志以及它们都有什么作用。 ②在家里可以跟孩子一起玩交通游戏，可与孩子进行角色互换，让孩子手持交通标志或者扮演交通警察，使其在掌握交通规则的同时感受游戏的快乐与亲情的温馨。	

3. 扫描二维码观看亲子活动视频，分析这一亲子活动是否符合婴幼儿亲子活动设计的各项原则。（案例分析题）

视频资源

认识职业

学习任务 2
了解婴幼儿亲子活动设计的注意事项

学习任务单

学习目标	**通过完成本学习任务,你应该能够:** 　了解婴幼儿亲子活动设计的注意事项。
学习要点	**本学习任务的重点、难点:** 　将婴幼儿亲子活动设计的注意事项应用于亲子活动设计之中。
学习建议	**学习前:** 　与有经验的教师交流婴幼儿亲子活动设计经验,了解他们在设计中遇到的问题和解决办法。 **学习中:** 　①结合案例理解婴幼儿亲子活动设计的注意事项。 　②积极与教师、同学交流自己在设计婴幼儿亲子活动方案时的思考与困惑。例如:你认为在设计婴幼儿亲子活动方案时应注意哪些问题? **学习后:** 　①完成本学习任务的相关检测题。 　②对你设计的婴幼儿亲子活动设计方案进行修改与完善。 　③尝试撰写一份婴幼儿亲子活动设计方案,并在课堂上与教师、同学交流自己的设计思路与困惑。
学习运用	你觉得在哪些工作情境中可以运用到本学习任务所学内容?
学习反思	请记录你在学习过程中的思考。

案例导入

在某照护服务机构组织的一次亲子活动中，教师向幼儿讲解游戏材料的操作方法，接着给大家分发材料，有的幼儿拿到材料后马上开始操作起来。在这次活动中，几位家长坐在凳子上聊着与活动内容无关的话题，并没有和孩子一起参与活动。教师在活动结束后反思了自己的设计方案，发现活动环节没有给家长提供体验活动的机会。

婴幼儿亲子活动设计对教师的专业能力有较高的要求。一方面，教师要坚持以婴幼儿为活动主体，关注婴幼儿的年龄特点和个体差异，同时要注重不同年龄段之间活动内容的衔接与递进；另一方面，活动过程中引导婴幼儿动手操作，并综合运用多种教育资源，促进婴幼儿与家长共同进步。

一、关注婴幼儿的年龄特点和个体差异

婴幼儿发展具有阶段性和个体差异性。一方面，婴幼儿在不同年龄阶段会表现出不同的、本质性的心理特征，也会有不同的一般性发展表现；另一方面，对于每个婴幼儿而言，其发展的速度、发展的优势领域、最终达到的发展水平，具有一定的个体差异性。教师在设计亲子活动时，要充分考虑婴幼儿的年龄特点和个体差异，设计适合其发展的活动，为他们提供与其兴趣爱好、能力特点相匹配的支持和经验，最大限度地促进婴幼儿的学习和发展。

典型案例

2～3岁幼儿"送小动物回家"亲子活动设计

活动目标：

1. 学会二指对捏、放物入孔的动作。

2. 能识别不同的动物图案，完成图案匹配，并将动物木块成功放入凹槽内。

准备材料：

动物嵌套板。

活动实施：

手部力量较强的幼儿能顺利完成二指对捏的动作，将木块上的动物图案与凹槽底部的动物图案进行匹配，同时配合手腕动作准确地将动物木块放入凹槽内。手部力量较弱的幼儿在练习二指对捏动作的基础上，能将木块上的动物图案与凹槽底部的动物图案进行正确匹配即可，对于他们能否将动物木块准确地放入凹槽内不做硬性要求，如有需要，家长可以进行协助。

二、注重不同年龄段之间亲子活动内容的衔接与递进

婴幼儿身心发展是一个连续的过程，先前的较低级的发展是后来较高级的发展的前提和基础。例如，婴幼儿语言发展的顺序性体现为"先听懂、后会说"，即理解语言发生、发展在先，语言表达发生、发展在后。因此，在设计亲子活动时，教师应遵循婴幼儿心理发展的顺序，由易到难，由简单到复杂，循序渐进，使得后续经验能在先前经验的基础上得到加深与拓展。再如，关于运动游戏发展目标，25～30个月的幼儿可以尝试"蹦床跳"，31～36个月的幼儿可以挑战"行进跳"。

三、亲子活动过程充分培养动手操作能力

婴幼儿以直觉行动思维为主，表现为在动作中进行思维，离开所接触的事物，离开动作便没有思维。此外，婴幼儿在不同年龄阶段会有不同的主导活动。

例如：0～1岁婴儿的主导活动是在成人的悉心照料下进行吃、喝、睡、排泄等生命活动。1～3岁的幼儿多以实际操作物体为主导活动，主要通过操作、摆弄周围环境中的事物来探究、了解这个世界，满足其理解、影响周围环境的需要（图3-3）。因此，教师在设计亲子活动时要突出婴幼儿的主体性，灵活采用动静结合的方式，让婴幼儿在与材料和环境的充分互动中得到发展。

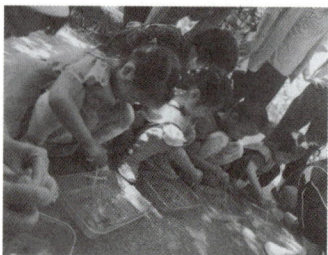

图 3-3　幼儿在活动中进行操作

四、综合运用多种教育资源

在婴幼儿亲子活动设计过程中，教师要充分利用各种人力、物力资源，与家长、社区等携手为婴幼儿提供健康、快乐的成长环境，以保证亲子活动的适宜性、可行性、趣味性，促进婴幼儿发展。

一方面，教师可以积极鼓励家长提供活动设计思路与建议、相应的活动材料，并邀请家长当活动助教。此外，教师要善于挖掘社区可利用的活动资源，如社区中的生活设施资源、空间场地等。

另一方面，教师要关注并有效利用取材方便、经济实惠的自然资源，从自然中选材，为活动设计提供充足的材料。婴幼儿对大自然充满浓厚的兴趣和探索欲望，他们热衷于源于自然的活动内容。玩水、玩沙、玩泥巴、喂小鱼、欣赏真实的花草树木等贴近婴幼儿生活经验的游戏能真正调动起婴幼儿的兴趣。例如，教师可以提前收集不同大小、形状、颜色的树叶进行环境创设，并在正式活动中提供充足的树叶供幼儿和家长进行手工制作、表演等游戏活动（图3-4）。

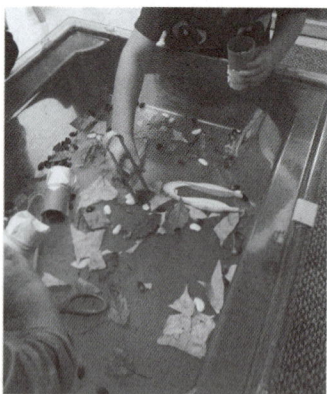

图 3-4　利用树叶开展活动

📄 **典型案例**

2～3岁幼儿体育游戏"堆小山"活动过程

一、练习玩"沙子"

教师提出要求：玩沙子时注意不要扬沙，当沙子不小心进入眼睛时不要用手去擦拭眼睛，要及时告诉教师或家长。

二、学玩"堆小山"的游戏（放音乐）

游戏介绍：

有一只小骆驼最喜欢在沙漠里玩，它还特别喜欢用沙子做出各种各样的造型，比如堆一座小山，在小山上挖一个洞。（教师做示范并提醒幼儿和家长，如果沙子较干可以加一些水。）

玩沙是幼儿很感兴趣的活动。玩沙不仅锻炼了幼儿手的精细动作和肌肉的力量，而且对增强幼儿的身体抵抗力很有帮助。

🐘 学习效果检测

1. 教师在设计亲子活动时，可以利用哪些资源？（简答题）

2. 想一想，亲子活动中活动情境和活动材料的真实化是否有必要？请表明你的观点并说明理由。（简答题）

3. 针对本学习任务中"案例导入"的问题，思考如何增加家长参与活动过程的机会？（案例分析题）

参考答案

🐘 延伸阅读

1. 陈雅芳.0～3岁儿童亲子活动设计与指导［M］.上海：复旦大学出版社，2014.

本书探讨了亲子活动的概念、特点、价值以及亲子活动的设计与指导等基本问题，并分年龄阶段详细阐述了具体的设计与指导方案及如何进行家长指导，既具有一定的理论性，又呈现了大量的实践和具体操作，可读性较强。

2. 王磊.基于"发展适宜性实践"理念的0岁～3岁亲子活动评介［J］.早期教育（教科研版），2013（Z1）：76-79.

文章借助文献研究，提出了基于"发展适宜性实践"理念的高质量亲子活动设计与实施应遵循的一系列具体原则，涉及3岁前儿童的年龄特征、个体差异、家庭文化以及教师有效教学等方面的内容。

学习模块四
婴幼儿亲子活动的设计步骤

要想高效、优质地完成一项活动，必然要遵循一定的步骤。想想看，如果让你来设计一个亲子活动，你会先做什么，后做什么呢？在设计过程中，你会尤其注意什么问题呢？在本模块中，你将了解婴幼儿亲子活动是如何一步步设计出来的。你需要结合设计教育活动的相关经验，理解每一个环节中出现的基本概念以及需要注意的原则或事项。相信你在学习本模块内容后，能够设计出一个完整的亲子活动。

学习导图

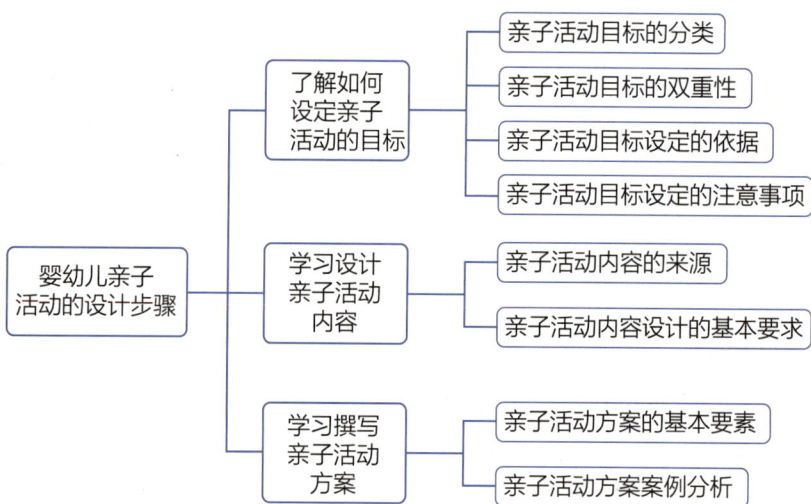

婴幼儿亲子活动的设计步骤
- 了解如何设定亲子活动的目标
  - 亲子活动目标的分类
  - 亲子活动目标的双重性
  - 亲子活动目标设定的依据
  - 亲子活动目标设定的注意事项
- 学习设计亲子活动内容
  - 亲子活动内容的来源
  - 亲子活动内容设计的基本要求
- 学习撰写亲子活动方案
  - 亲子活动方案的基本要素
  - 亲子活动方案案例分析

学习初体验

请根据前几个模块学习的内容和以往的知识经验设计一个亲子活动，并在小组范围内进行分享和相互点评。看看你设计的亲子活动有哪些亮点和不足，出现这些不足的原因是什么？学习完本模块后再次分析，之前的设计忽略了哪些事项？造成了什么问题？

学习任务 1
了解如何设定亲子活动的目标

学习任务单

学习目标	通过完成本学习任务，你应该能够： ①了解亲子活动目标的分类。 ②知道亲子活动目标的双重性。 ③明确亲子活动目标设定的依据。 ④把握亲子活动目标设定的注意事项。
学习要点	本学习任务的重点、难点： ①明确亲子活动目标设定的依据。 ②把握亲子活动目标设定的注意事项。
学习建议	学习前： ①完成本模块的学习初体验活动。 ②查阅我国各级政府颁布的关于婴幼儿照护的相关政策法规，了解婴幼儿发展领域及发展进程。 学习中： 　结合实践经验理解本学习任务中的相关知识点，重点了解目标设定的依据和注意事项。 学习后： ①完成本学习任务的相关检测题。 ②尝试根据本任务所学内容设计亲子活动目标。
学习运用	你觉得在哪些工作情境中可以运用到本学习任务所学内容？
学习反思	请记录你在学习过程中的思考。

案例导入

亲子活动结束后，安安爸爸想进一步了解本次活动的目的，以便在日常生活中帮助孩子巩固和加强。于是，安安爸爸上前询问张老师。张老师回答："今天让宝宝练习了按和捏，您平时在家也可以让孩子多按一按、捏一捏生活中的物品，这对孩子的动作发展很有帮助。"听了张老师的回答，安安爸爸感觉对本次亲子活动的理解更深了，也明白了在家里该如何支持和引导孩子。

此时，明明妈妈也上前和辅助教学的李老师交流了起来。当问起今天宝宝学了什么时，李老师简单回答："宝宝今天玩了捡豆子和喂豆子的游戏。"明明妈妈听了以后，有点似懂非懂，只好带着宝宝回家了。

想想看，为什么同一个亲子活动，两位教师的回答却不一样呢？哪一种回答对家长更有帮助呢？到底什么才是婴幼儿学习的目标呢？是游戏还是游戏背后的意图？显而易见，游戏背后的意图才是亲子活动的灵魂，这正是亲子活动的目标。教师了解亲子活动目标的设计十分必要。

一、亲子活动目标的分类

亲子活动其实是一种教育性活动，亲子活动目标本质上是教育活动目标。教育活动目标是对教育活动所能达到的教育效果的预设。由此类推，亲子活动目标就是对此次亲子活动能达到何种效果的期盼。一般来说，教师普遍采用布鲁姆对教育目标的分类方法，将目标分为认知目标、动作技能目标和情感目标。

（一）认知目标

认知指的是个体获取知识和应用知识的思维过程，这些思维过程包括注意、记忆、想象、观察等。认知目标是对个体获得哪些知识概念，以及应用知识的水平和程度的预设。例如，幼儿知道文具的基本用途、能够辨别三角形和正方形等。

（二）动作技能目标

动作技能目标针对的是婴幼儿操作性行为，与婴幼儿粗大动作和精细动作的发展密切相关。例如，幼儿模仿妈妈搅拌果汁、独自盖上杯盖、搭高三层积木等。

（三）情感目标

情感目标指的是关于情感态度的目标，包括对人、事、物的兴趣、态度和价值倾向等。例如，幼儿喜欢妈妈陪伴阅读绘本、对同伴交往感兴趣等。

表 4-1 是各类教育目标的表述方式，教师可参考这些词汇进行目标设计，便于各类目标间的区分。

表 4-1 各类教育目标的表述方式

教育目标	表述方式
认知目标	懂得、说出、复述、比较、区分、归类、应用、解决等
动作技能目标	模仿、尝试、做出、按、捏、揉、压、跑、跳、蹲等
情感目标	愿意、乐意、喜欢、感受、体验、展现……品质等

○ 扩展阅读

"认知"至上，还是全面发展？

不少家长希望宝宝能早早开始认字、背古诗、学英语，"赢在起跑线上"。不难发现，认字、背诵和学英语属于认知范畴，相比之下，家长们对动作技能、情感目标不太重视。这是不是意味着认知发展最重要呢？

其实不是的，真正能让宝宝终身受益的是全面发展。一个品格优良、身体健康、认知水平良好的个体才能收获幸福的一生。只强调单方面的能力无法促进婴幼儿完整的成长与进步，还有可能造成不良后果。认知、动作技能和情感目标之于个体的成长都十分重要。教师在设计亲子活动目标时，需要综合设计多方面的活动目标，促进婴幼儿全面发展。

二、亲子活动目标的双重性

亲子活动参与对象的多元性决定了亲子活动目标的双重性。亲子活动虽然是一种教育活动，但与我们所熟悉的一般活动不同。顾名思义，亲子活动，即家长和婴幼儿的互动。也就是说，除婴幼儿之外，家长也是亲子活动的重要主体。要提升亲子活动质量，促进婴幼儿发展，家长自身的教育意识和水平十分关键。这意味着，教师在设计亲子活动时，要考虑的教育对象包括家长和婴幼儿（图 4-1）。

面向家长，亲子活动应致力于传授科学先进的育儿理念，带领其了解实用有效的育儿技巧，提升家长的育儿能力。面向婴幼儿，亲子活动应充分促进婴幼儿的全面发展，包括生活与卫生习惯、身体与动作、语言、认知、情感与社会性等多领域、全方位的成长与进步。

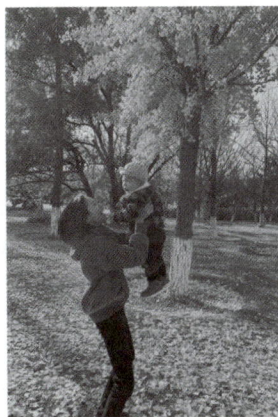

图 4-1 亲子活动的双主体

三、亲子活动目标设定的依据

（一）符合当代社会的要求和期待

婴幼儿是国家的公民，是社会的一分子，婴幼儿的发展和学习应符合当代社会发展的要求和期待。亲子活动的目的在于培养和发展婴幼儿，至于应将婴幼儿培养成什么样的人，应紧紧围绕社会的要求和期待来进行思考。

一方面，我国教育政策和法律法规明确了我国教育的根本目的，即培养德、智、体、美、劳全面发展的社会主义建设者和接班人。基于此，教师在设定亲子活动目标时需围绕我国的教育方针，紧贴社会主义办学方向。另一方面，社会发展对人才提出了新要求，未来人才应具有创造力、领导力、沟通能力和批判性思维等素养。为帮助婴幼儿打下扎实的身心基础，教师在设定亲子活动目标时应思考社会对个体的新要求和新期待，将其渗透于活动目标中。

（二）契合婴幼儿发展领域的关键经验

教育的宗旨是促进人全面、完整的发展。亲子活动作为一种教育活动，是为了促进婴幼儿各领域的发展。各领域都有一些需要重点发展的经验和能力，它们对婴幼儿的发展具有关键性作用，通常被称为关键经验或核心能力。例如，国家卫生健康委员会颁布的《托育机构保育指导大纲（试行）》中明确指出：在动作领域，应教导婴幼儿掌握基本的大运动技能，达到良好的精细动作发育水平；在认知领域，应帮助婴幼儿逐步发展注意、观察、记忆、思维等认知能力……

每个领域的关键经验都如此丰富多样，该如何明确婴幼儿现阶段应学习和发展什么呢？这需要教师掌握婴幼儿在各领域的发展进程，了解婴幼儿的身心发展规律，从而判断婴幼儿当前的发展情况和未来将要达到的发展水平，以此确定活动目标。

扩展阅读

要想准确把握婴幼儿在各领域的发展规律和特点，可以详细阅读婴幼儿心理发展的相关书籍或婴幼儿心理测量工具。《托育机构保育指导大纲（试行）》从营养与喂养、睡眠、生活与卫生习惯、动作、语言、认知、情感与社会性七个方面，分别对7～12个月、13～24个月、25～36个月三个年龄段的婴幼儿提出了发展目标、保育要点和指导建议，这对你了解如何照护婴幼儿会有所帮助。以下是节选内容，可扫描二维码阅读全文。想一想，还有哪些资料可以作为了解婴幼儿发展的参考文献呢？和同学们进行交流，并试着小组合作找出相关资料。

托育机构保育指导大纲（试行）（节选）

三、生活与卫生习惯

（一）目标

1. 学习盥洗、如厕、穿脱衣服等生活技能；

2. 逐步养成良好的生活卫生习惯。

文本资源

托育机构保育指导大纲（试行）

（二）保育要点

1.7~12个月

（1）及时更换尿布，保持臀部和身体干爽清洁。

（2）生活照护过程中，注重与婴儿互动交流。

（3）识别及回应婴儿哭闹、四肢活动等表达的需求。

2.13~24个月

（1）鼓励幼儿及时表达大小便需求，形成一定的排便规律，逐渐学会自己坐便盆。

（2）协助和引导幼儿自己洗手、穿脱衣服等。

（3）引导和帮助幼儿学会咳嗽和打喷嚏的方法。

（三）符合婴幼儿和家长的兴趣和需求

兴趣是最好的老师，以儿童的兴趣为着眼点的教育活动往往能取得极佳的教育效果，这尤其适用于婴幼儿亲子活动。维果茨基指出，3岁以前的儿童是按照自己的大纲来学习的。的确，婴幼儿受限于注意力、认知水平和自我调节能力的发展，难以像年龄较大的儿童一样完全遵循教师设定的活动程序。因此，婴幼儿的学习往往受自身兴趣驱动，表现出随机性和自发性的特点。在此背景下，教师平时应多观察婴幼儿的兴趣点，将其融入亲子活动目标的设定当中。

同时，教师在设定亲子活动目标时，也应关注家长的养育需求。家长是亲子活动的教育对象之一，提升家长的养育素养是亲子活动的目标之一，但一味地将所有养育理念和技巧传授给家长并非明智之举。家长不是专业的教育者，如果要他们掌握系统繁杂的教育理念和技能，这对于他们来说是一种压力与负担。因此，在与家长的交流互动中，教师可留意家长对哪方面的育儿信息和技巧感兴趣或有需求，从而有针对性地开展亲子活动，让家长进行更深入和持续的学习。满足家长育儿兴趣和需求的亲子活动能提升家长的学习热情，强化家长的学习效果（图4-2）。

图4-2 有趣的亲子游戏

四、亲子活动目标设定的注意事项

（一）目标应是具体、可操作的，避免过于笼统和抽象

亲子活动目标相当于路标，指引着亲子活动的走向，提醒着教师应该关注家长和婴幼儿的哪些行为，该如何评估家长和婴幼儿的反应，该如何引导家长和婴幼儿参与活动……作为路标，亲子活动目标的重要性不言而喻。

但试想一下，如果路标缺乏明确、清晰的指路信息，导致人们看了路标后

学习笔记

不知道该往哪里走，它如何发挥重要的指引作用呢？亲子活动目标也是这样，活动目标如果过于笼统和抽象，让人摸不着头脑，围绕目标开展的亲子活动也会是混乱无序的。要想让目标发挥真正的引领作用，让亲子活动有效、有序地进行，活动目标应是具体、可操作的。

典型案例

目标 1：婴幼儿能够分类。

目标 2：在教师和家长的共同引导下，婴幼儿能根据颜色和形状对物体进行分类。

想一想，在这两个目标中，哪一个更能引领教师开展亲子活动呢？

显而易见，目标 1 较笼统，目标 2 更为具体清晰。如果围绕目标 1 开展亲子活动，教师有可能会手忙脚乱，不知道该如何带领婴幼儿进行分类活动，使得分类的对象或方式过于繁杂和混乱，影响婴幼儿最终的学习效果。

在目标 2 的引导下，教师能有意识地带领婴幼儿关注物体的颜色或形状，有针对性地指导婴幼儿进行分类，并基于此反复进行练习和游戏。

学习笔记

（二）目标应符合婴幼儿和家长的现有水平，且具有挑战性

如前所述，亲子活动目标是对活动最终能达到的教育效果的预期。如果预期过高，远远超出了婴幼儿和家长的现有水平，他们很有可能无法完成亲子活动，还会因此丧失信心，最终既无法达到目标，又影响了他们的情绪体验。如果预期过低，婴幼儿和家长轻而易举就能达到目标，过于简单的活动可能会让参与者觉得没有挑战性，影响他们的参与兴趣和投入度，尽管最终达到了目标，但只是停留在原有水平上，没有实现个人的进步和提升。

简言之，过高或过低的活动目标都是不适合的，好的活动目标应该是既符合婴幼儿和家长的现有水平，又具有一定的挑战性。这样的亲子活动目标需要在婴幼儿和家长的最近发展区内确定。着眼于最近发展区的亲子活动目标，对婴幼儿来说虽然具有一定难度，但可以在成人的引导下，通过努力而达到，最终激发婴幼儿的潜能。

参考答案

学习效果检测

1. 亲子活动目标可以分为：认知目标、_____和_____。（填空题）

2. 以下哪个活动目标是认知性目标？（   ）（单选题）

   A. 感受到涂鸦的乐趣

   B. 能够正确使用画笔画出直线

C. 能够双脚跳 1～2 次

D. 认识红色和蓝色

3. 亲子活动既帮助家长提升养育素养也促进婴幼儿的发展，这体现了亲子活动目标的

_____。（填空题）

4. 以下活动目标存在哪些问题，如何改进？（简答题）

（1）婴幼儿能够搭积木。

（2）18 个月大的幼儿能自主穿脱裤子。

5. 请你查阅婴幼儿心理发展和教育的相关资料，设定针对 1～2 岁幼儿情感和社会性领域亲子活动的目标。（综合题）

学习任务 2
学习设计亲子活动内容

学习任务单

学习目标	通过完成本学习任务，你应该能够： ①知道亲子活动内容的来源。 ②了解亲子活动内容设计的基本要求。
学习要点	本学习任务的重点、难点： 了解亲子活动内容设计的基本要求。
学习建议	学习前： ①回顾并和同学分享日常生活中观察到的亲子活动。 ②查阅亲子游戏的相关书籍，了解基本的亲子游戏类型和主要内容。 学习中： 结合已有知识和经验理解亲子活动内容的来源和设计要求。 学习后： ①完成本学习任务的相关检测题。 ②和小组成员进行讨论，并根据活动主题或活动材料设计亲子活动内容。
学习运用	你觉得在哪些工作情境中可以运用到本学习任务所学内容？
学习反思	请记录你在学习过程中的思考。

📚 案例导入

简老师在为下周的亲子活动做准备，她刚完成整个准备过程的第一步：设计亲子活动目标。在确定活动目标之后，简老师首先翻阅亲子游戏的相关书籍，浏览其中的亲子游戏，寻找灵感。然后，她想起最近亲子园在举办"动物"系列的主题活动。于是，她尝试联系"动物"主题，设计一些与动物有关的亲子游戏。最后，简老师梳理了亲子园内的游戏材料，看看有哪些材料与她设计的活动目标有联系，围绕着这些活动材料构想了一些亲子游戏。

简老师为了确定亲子活动内容，做了不少尝试和探索，这并不简单。完成本学习任务后，你也可以设计出丰富、有意义的亲子活动内容。

一、亲子活动内容的来源

（一）根据活动主题设计活动内容

活动主题是亲子活动的中心话题，决定了亲子活动将围绕什么来开展。活动主题既可以是生活中的具体事物，如动物、植物、食物、家具、交通工具等，也可以是人的日常行为，如运动、购物、送快递、去医院等，还可以是人的情感品质，如爱、尊重、关心、勇敢、好奇等。活动主题明确了活动开展的方向，活动主题确定以后，亲子活动内容的选择范围就大大缩小了。

如果在确定目标之前明确了活动主题，教师就可以直接围绕活动主题构思活动内容。当然，如果在目标设定之前并没有明确活动主题，就需要先确定活动主题。这时，教师可以思考一下，亲子活动目标可能与哪些人、事或物相关，将能与活动目标相结合的内容作为本次亲子活动的主题选择范围。

🛰 实践运用

【情境 1】假设活动目标是练习抓握行为，活动主题是动物。那么，如何利用动物玩具来让婴幼儿练习抓握行为呢？

这时活动内容可以是让婴幼儿送动物玩具回家，"送"的过程就是婴幼儿反复抓握动物玩具的过程。

【情境 2】假设活动目标是初步感知大和小，那么，什么样的主题可以让婴幼儿自然连贯地接触大和小的概念呢？

"送快递"是一个合适的主题，可以让婴幼儿接触大小不一的快递，在搬运快递的过程中感知不同物体的大和小。

💡 想一想

例如，活动目标是"认识身体部位"，现有绘本或玩具中有哪些是和身体部位有关的呢？

又如，活动目标是"能够用名词回答简单的问句"，哪些绘本的画面或情节适合成人进行简单的提问呢？联系生活事件，成人可以利用哪些玩具发起简单的提问呢？

请找出这类绘本或玩具，选择并围绕其中几个设计相应的亲子活动。

（二）根据活动材料设计活动内容

活动材料是亲子活动过程中使用的游戏材料。亲子活动场地的资源是有限的，有时候设计好了亲子活动，却发现找不到相应的活动材料，影响亲子活动的正常开展。在这种情况下，教师不妨考虑因地制宜，根据现有的活动材料设计亲子活动内容。在确定好目标之后，教师可以思考或梳理有哪些可用的游戏材料，如何利用这些游戏材料设计活动内容，使此次亲子活动能达到目标。

二、亲子活动内容设计的基本要求

（一）目的性

亲子活动内容的设计要紧紧围绕活动目标。亲子活动内容服务于活动目标，脱离活动目标设计活动内容是本末倒置的，最终只能"吃力不讨好"。因此，在设计活动内容的过程中，要以活动目标引领活动内容，不断自我追问："该活动环节是否与目标有关？""该活动环节是否能促进目标的实现？"

（二）适宜性

亲子活动内容要符合婴幼儿的现有水平和发展需求。婴幼儿处于发展的初级阶段，身体素质、认知能力、情绪能力、社交能力等处于基础水平。在设计亲子活动内容时，教师应充分认识和考虑婴幼儿的现有能力和特点，避免设计难度过高的游戏活动。同时要注意，难度过低的游戏也是不适宜的。亲子活动本质上是为了满足婴幼儿的发展需求，提升婴幼儿的能力水平，过于简单的游戏活动只是让婴幼儿反复练习和巩固已获得的概念和技能，无法促进婴幼儿发展。因此，亲子活动的设计要以婴幼儿当前的能力水平为基础，融入具有挑战性的活动内容，以实现婴幼儿的发展目标。

（三）游戏性

游戏是符合婴幼儿心理特征和发展需求的学习方式，亲子活动内容应遵循游戏精神，即有趣、愉悦、自由和自主。充满游戏性的活动是有趣的，能大大提高婴幼儿参与的积极性（图 4-3）。而且，在这样的活动中，婴幼儿能够充分发挥主体性，自由主动地去探索、去创造、去成长，这样的学习才是有效果的。相比之下，一板一眼的活动只是让婴幼儿和家长按部就班地完成，但他们并没有全身心地投入和参与，缺乏积

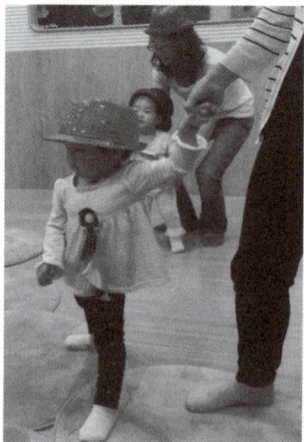

图 4-3　亲子随着音乐舞动

极的情感体验，就难以有实质性的成长与进步。因此，亲子活动内容的形式应以亲子游戏为主，活动内容应充分考虑婴幼儿主体性的发挥，尊重婴幼儿的想法和兴趣。

（四）互动性

亲子互动是亲子活动的主体和关键部分，是家长为婴幼儿提供引导和支持的过程，是婴幼儿向更高级的能力水平迈进的过程。因此，亲子活动要注重设计亲子间的互动，提高互动的频率，提升互动的质量（图 4-4）。

图 4-4 游戏中的亲子互动

缺乏成人的引导，婴幼儿的独自玩耍是无目的的、随机的，他们的游戏水平大多受限于当前能力，最终的游戏效果往往是对现有能力的巩固，而非提升。在成人有目的、有策略地指引下，婴幼儿能够激发自身的潜力，表现出更高水平的心理特征，从而达到发展的目的。此外，亲子互动还是增强亲子依恋关系的重要方式。在高质量的亲子互动中，婴幼儿和家长都能感受到彼此间的信任、依赖与关爱，沉浸在彼此间的互动关系中，对彼此的感情愈加浓厚。

> **学习笔记**

> 🔍 **扩展阅读**
>
> **高质量的亲子互动**
>
> 亲子互动对于婴幼儿发展的重要性不言而喻。要想发挥亲子互动的教育价值，并不是双方你一来我一往就可以的，高质量的亲子互动才能切实达到教育目的。一般的、消极的亲子互动对于婴幼儿的成长没有太大助益。
>
> 什么样的亲子互动才是高质量的呢？高敏感、高回应的亲子互动才是积极有效的。高敏感和高回应意味着家长对婴幼儿的需求十分敏感，能及时捕捉婴幼儿发出的信号，从婴幼儿的一言一行中明确他们的需要和期待，并进行及时、温暖和有效的回应。

（五）生活性

亲子活动内容应立足婴幼儿的日常生活，丰富和提升他们的生活经验，促进他们的学习和发展。婴幼儿的认知水平较低，他们只能加工处理与日常生活紧密联系的事物，脱离实际生活的事物对于他们来说过于复杂、难以理解，也难以激发他们的兴趣。如果活动内容与日常生活无关、过于抽象，会导致婴幼儿难以从活动中汲取"养分"，也难以获得进步。其实，婴幼儿阶段作为人生的开端，正是打基础的阶段，这时婴幼儿无须也无法掌握高深的学科知识。增长生活经验，从生活经验中理解和提炼抽象概念，形成对周围世界和自我的初步认知；在生活中练习各类技能，习得与周围世界相处的模式与方法，正是婴幼儿学习和发展的过程（图 4-5）。

图 4-5　包饺子主题亲子活动

学习效果检测

1. 亲子活动内容的来源有_____和_____。（填空题）

2. 以下活动内容违背了哪些原则？请简述其存在的问题。（简答题）

（1）活动目标为"对同伴交往感兴趣"，活动内容为"亲子共读绘本《我爱爸爸》"。

（2）带领 2 岁幼儿学习认字。

（3）和婴幼儿玩"发送电子邮件"相关的游戏。

（4）为了让婴幼儿能够背诵简单的儿歌，带着婴幼儿一遍一遍地反复念儿歌。

3. 请以"能够识别生活中的圆形"为活动目标，设计一个亲子游戏。（综合题）

参考答案

学习任务 3
学习撰写亲子活动方案

学习任务单

学习目标	通过完成本学习任务，你应该能够： ①了解亲子活动方案的基本要素。 ②能够撰写完整的亲子活动方案。
学习要点	本学习任务的重点、难点： 　学习撰写亲子活动方案。
学习建议	学习前： ①回顾以往教育活动方案，熟悉其基本要素和撰写程序。 ②构思亲子活动，为撰写亲子活动方案做好充足的准备。 学习中： ①理解和把握亲子活动方案的基本要素。 ②仔细阅读亲子活动方案案例，并在小组内进行交流和讨论。 学习后： ①完成本学习任务的相关检测题。 ②尝试撰写一份亲子活动方案。
学习运用	你觉得在哪些工作情境中可以运用到本学习任务所学内容？
学习反思	请记录你在学习过程中的思考。

📚 案例导入

　　刘园长计划组织一场亲子活动展示会，让教师们互相观摩，了解什么才是好的亲子活动，以便交流经验，相互学习。想到平时陆老师教学表现优异，刘园长便安排陆老师来进行展示。陆老师由于最近事务繁重，在接到展示任务后只能利用空闲时间构思活动目标和内容，没能进一步梳理形成活动方案。

　　没想到的是，陆老师在展示会上开展的亲子活动效果一般，大家心里纷纷打起了问号："陆老师平时带活动那么优秀，怎么今天掉链子了呢？"刘园长也很疑惑，但转念一想，这本就是一次交流学习的会议，失误也是学习的机会，不如让陆老师现场反思一下为什么活动效果不尽如人意，大家也可以一起探讨其中的问题。

　　讨论之后发现，是因为这次时间紧、任务重，陆老师没有提前撰写活动方案，以往她都会花不少时间仔细打磨活动方案。

　　亲子活动方案并非可有可无，其对于活动实施有着重要意义，有益于厘清思路、明确活动流程、把控细节。

一、亲子活动方案的基本要素

　　教师在明确亲子活动目标、构思亲子活动内容之后，接下来就要着手撰写活动方案了。亲子活动方案详细描述了亲子活动的所有要素，包括活动目标、活动材料、活动内容等，是亲子活动的行动手册。完整、清晰的亲子活动方案让教师在开展亲子活动时有章可循，保证亲子活动的有效性和有序性。

　　一般来说，亲子活动方案应包含以下几种基本要素：活动名称、适宜月龄、活动目标、活动准备、活动过程和活动延伸等，见表 4-2。

表 4-2　亲子活动方案基本要素

活动名称 （对整个活动的概述和命名）	适宜月龄 （本次亲子活动适合哪个月龄段婴幼儿）	
活动目标	本次亲子活动预期达到的目标内容，应包含针对两类教育对象的活动目标： 【家长指导目标】 家长了解哪些育儿信息、学会哪些育儿技巧等。 【婴幼儿发展目标】 对婴幼儿认知、动作技能和情感态度发展的期盼。	
活动准备	对如何准备活动环境、使用何种活动材料的详细说明。	

续表

活动过程	对整个亲子活动流程的详细说明，包括导入部分、基本部分和结束部分。
活动延伸	教师根据此次亲子活动目标设计的家长可以在日常生活中开展的亲子活动，与活动目标紧密联系，进一步提高活动目标的实现效果。

二、亲子活动方案案例分析

表4-3是亲子活动方案的案例，一起来看看这个活动方案的书写是否规范、设计是否合理。

表4-3　亲子活动方案案例

活动名称：一一对应	适宜月龄：24～30个月
活动目标	【家长指导目标】 ①了解24～30月龄幼儿一一对应能力的初级水平，即能够进行用途对应和关联对应。 ②了解24～30月龄幼儿的一一对应能力体现为何种游戏行为，能够通过观察幼儿的言行，分析和判断幼儿的一一对应能力。 ③跟随教师引导幼儿，且能在日常生活中自主指导和支持幼儿发展一一对应能力。 【婴幼儿发展目标】 ①知道并能用行为演示或用语言表达物品的用途。 ②能够根据日常生活物品的关系对其进行配对。 ③愿意并乐于运用对应/匹配思维去理解生活中的人和物。
活动准备	①动物模型（兔子妈妈/兔子宝宝、小狗妈妈/小狗宝宝）。 ②食物、水杯、雨伞、帽子和纸巾。 ③食物（大胡萝卜、小胡萝卜、大骨头、小骨头）和座椅卡片。 ④小熊很忙系列绘本《公园欢乐日》（图4-6）。 图4-6　绘本《公园欢乐日》
活动过程	【导入部分】 ①与家长进行活动前的交流，简述活动目标和内容，让家长对本次亲子活动建立初步的认识，以便更好地跟随教师的引导开展亲子游戏，有目的地进行学习。 ②情境引入：教师带领家长和幼儿一起观察和认识动物玩偶，即兔子妈妈和兔子宝宝，小狗妈妈和小狗宝宝。随后，教师用语言引导家长和幼儿进入游戏情境："这些小动物今天要开车去公园玩，我们跟它们一起去吧。"

活动过程	【基本部分】 **游戏 1：去公园要准备什么？** 教师带领家长和幼儿为小动物们的出行置办物品，如水杯、食物、帽子、雨伞、纸巾等。在置办的过程中让幼儿思考和表达物品的用途。 引导语如下： "今天小动物们要去公园玩啦，兔子妈妈觉得今天太阳太大，担心去公园太晒了，小朋友们帮忙想想办法吧，兔子妈妈该怎么办呢？" "小狗妈妈担心今天会下雨，如果下雨了，该怎么办呢？" "兔子宝宝和小狗宝宝玩一会儿后又饿又渴，我们要给兔子宝宝和小狗宝宝准备什么呢？" "兔子宝宝和小狗宝宝吃完水果后，嘴巴脏脏的，怎么办呀？" **游戏 2：出发啦！** 教师带领家长和幼儿进入上车的情境，如"小动物们都准备好了，可以上车出发了"。随后开始选择座位，通过选择座位让幼儿感受——对应的关系。 引导语如下： "妈妈想和宝宝坐在一起，谁是小狗/兔子妈妈，谁是小狗/兔子宝宝呢？" "每个小动物都坐在一个座位上。谁坐胡萝卜座位（兔子）？谁坐骨头座位（小狗）呢？" "兔子宝宝比较小，要坐一个小胡萝卜座位，哪个是小胡萝卜座位呢？" **游戏 3：公园玩耍** 教师带领家长和幼儿阅读有关公园的绘本，如小熊很忙系列的《公园欢乐日》。教师带领幼儿感受公园的风景和游戏项目，在感受的过程中利用对应/匹配思维带领幼儿感知公园中的人和物。 引导语如下： "小动物们在玩跷跷板，每一个座位上都坐着一个小动物。" 【结束部分】 总结与交流：教师就本次亲子活动的内容进行简单的总结，与家长就活动中的体验或疑惑进行交流。
活动延伸	【课后拓展】 家长可以通过以下活动提升幼儿的——对应能力： ①积极带领幼儿认识日常生活物品，了解、体验其用途。 ②通过给家人发水果、送鞋子等活动让幼儿体验——对应的思维方式。 ③有意识地引导幼儿认识日常生活中人物间的对应/匹配关系，如颜色对应、大小对应、形状对应等。

"一一对应"活动囊括了活动方案的基本要素，每个基本要素的呈现均合理规范，清晰翔实。一一对应是初级的认知思维，是婴幼儿对周围世界进行抽象概括的基础，对于婴幼儿高级认知思维的发展很重要。总体来看，该活动方案目标明确、内容适宜、详略得当、层次分明、思路清晰。第一，活动目标明确具体，直接对应具体的亲子活动，且与大部分幼儿的发展水平相匹配，大部分幼儿能完成目标。第二，活动准备部分翔实清晰，活动材料丰富。第三，活动过程以游戏情境为基础，层层展开，自然流畅。第四，活动延伸部分立足于家庭生活，针对性较强、可行性较高。

学习效果检测

1. 亲子活动方案包括哪些基本要素？（简答题）

2. 亲子活动目标包括哪两类？（简答题）

3. 假设亲子活动目标为"能够识别自己的基本情绪，如高兴和难过"，可以设计哪些家庭延伸活动呢？请设计 2～3 个延伸活动。（综合题）

4. 请自主构思一个亲子活动，并撰写亲子活动方案。（综合题）

参考答案

延伸阅读

1. 文颐，杨秀蓉，杨春华. 0～3 岁婴儿早期教育亲子指导课程教学设计方案［M］. 北京：科学出版社，2018.

该书既收录了各领域（认知、语言、动作和社会性）的优秀活动方案，还收录了整合各领域核心经验的综合性优秀活动方案。

2. 焦敏，李群芳. 小活动　大智慧：0～3 岁婴幼儿活动 150 例［M］. 北京：北京师范大学出版社，2019.

该书包含婴幼儿情感与社会性活动、动作发展及其活动、感官活动、语言及早期文学活动、艺术创作活动、认知及数学活动六大领域婴幼儿活动 150 个，对家长、教育工作者的婴幼儿教育实践有较高的参考价值。

3. 冯洪荣. 婴幼儿游戏指导：1～2 岁［M］. 北京：北京师范大学出版社，2014.

4. 冯洪荣. 婴幼儿游戏指导：2～3 岁［M］. 北京：北京师范大学出版社，2014.

该套丛书是北京市一线早教教师多年教育实践的成果，包括面向托育服务机构和家庭的 1～3 岁婴幼儿游戏设计及指导，涵盖 1～1.5 岁、1.5～2 岁、2～2.5 岁、2.5～3 岁四个年龄阶段的运动类游戏、语言游戏、益智游戏、社会性游戏、艺术类游戏近 400 个。

学习模块五
婴幼儿亲子活动的实施与评价

实施亲子活动就是对照着活动方案一字一句地落实吗？实施过程中需要注意哪些细节？另外，要想最大化地发挥亲子活动的教育效果，应该怎么办呢？实际上，没有任何一个亲子活动设计是完美的，都需要不断地改进和完善，而改进和完善的前提是有效评价，所以评价是实现教育目标必不可少的环节。在本模块中，你将学习如何根据活动方案实施亲子活动，以及如何全面客观地评价亲子活动，以更好地达到教育目标。

学习导图

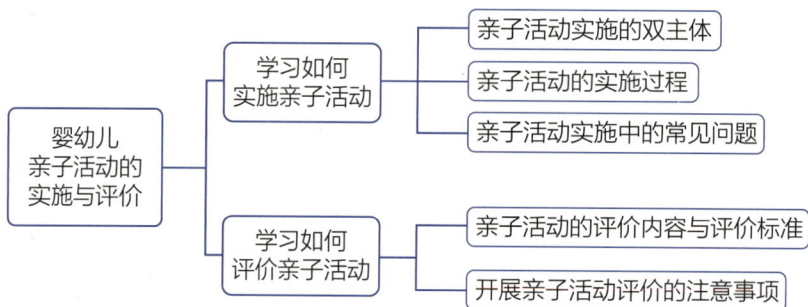

婴幼儿亲子活动的实施与评价
- 学习如何实施亲子活动
  - 亲子活动实施的双主体
  - 亲子活动的实施过程
  - 亲子活动实施中的常见问题
- 学习如何评价亲子活动
  - 亲子活动的评价内容与评价标准
  - 开展亲子活动评价的注意事项

学习初体验

寻找当地的照护服务机构，观察该机构亲子活动的实施情况；或者前往附近的公共场所，寻找合适的观察对象（婴幼儿及其家长），对其亲子活动情况进行观察。请记录你的观察结果并对亲子活动进行点评，可以与同学进行交流和分享。学习完本模块后再来看看最初的记录和点评。

学习任务 1
学习如何实施亲子活动

学习任务单

学习目标	通过完成本学习任务，你应该能够： ①知道亲子活动实施的双主体。 ②把握亲子活动的实施过程。 ③了解亲子活动实施中的常见问题。
学习要点	本学习任务的重点、难点： 把握亲子活动的实施过程。
学习建议	学习前： ①有意识地观察日常生活中遇到的亲子活动。 ②与同学交流在教育活动实施过程中遇到的难题和困惑。 学习中： 结合知识和经验理解亲子活动的实施过程。 学习后： ①完成本学习任务的相关检测题。 ②尝试实施亲子活动。
学习运用	你觉得在哪些工作情境中可以运用到本学习任务所学内容？
学习反思	请记录你在学习过程中的思考。

案例导入

在一次主题为"认识大小"的亲子活动中，教师提前准备了大球、小球等游戏材料。亲子活动正式开始时，教师引导家长和婴幼儿互动。教师首先发起互动，与婴幼儿来回滚球玩耍，并在滚球的过程中用语言描述行为，如"宝宝在滚一个大球/小球"。随后让家长与婴幼儿进行互动，并鼓励家长展开更丰富的球类游戏，如踢球、拍球等，在游戏过程中使用语言描述行为，强调球的大小属性。反复几次游戏后，教师使用了新的互动方式。教师给婴幼儿发出指令，如"宝宝，踢一个大球过来"，旨在通过观察婴幼儿的反应判断其是否掌握了大和小的概念，从而对游戏内容进行调整。

以上描述的是亲子活动的实施场景。在活动过程中，教师通过有效地引导家长，帮助家长快速掌握活动的内容和方式。家长在教师的支持下与孩子开展了有趣、有益的亲子游戏，并在游戏过程中感受到愉悦和幸福。在本学习任务中，你将深入学习如何实施亲子活动，确保其活动目标的实现。

一、亲子活动实施的双主体

（一）教师是亲子活动的设计者与指导者

教师是亲子活动的设计者，负责确定亲子活动的目标以及围绕活动目标设计活动内容。教师作为设计者，从源头上直接把控和决定了亲子活动的基本品质，保障了亲子活动的系统性和有效性，为亲子活动的实施打下了坚实的基础。

教师还是亲子活动的指导者。教师是具备教育教学知识和技能的专业人员，知道如何开展高质量的教育活动。家长是未经专业训练的一般人员，他们的养育经验和技能大多是从实践摸索、祖辈传授或社会媒体上获得的，在一定程度上缺乏专业性和先进性，甚至可能存在缺点和不足。教师参与到亲子活动当中，可以带领家长了解先进实用的教育理念，引导他们开展高质量的亲子活动，提升他们的育儿能力。

（二）家长是亲子活动的具体实施者

亲子活动即家长和孩子的活动。因此，婴幼儿和家长是亲子活动的主体，这意味着家长才是亲子活动的具体实施者（图 5-1）。如果让教师全权引导和推进活动的实施，家长只作为旁观者或辅助者，还能称为亲子活动吗？显然不能。因此，在亲子活动中，教师要将活动实施的权利与义务还给家长，引导和支持家长与婴幼儿进行

图 5-1 家长带领幼儿开展活动

温暖、愉悦、有益的亲子互动，帮助家长在实践中提升教养技能，促进婴幼儿成长与进步，建立安全健康的亲子关系。

🔍扩展阅读

如何与孩子互动？

家长掌握以下技能可以更好地和孩子互动，提升亲子活动的质量。

1. 具体化表扬。明确地指出孩子良好的表现，而不是简单地夸赞一句"宝宝好棒"。这可以强化孩子的积极行为，让亲子双方感受愉悦。例如，当孩子搭高积木时，家长可以这样夸赞："宝宝，你的积木搭得好高呀，你真棒！"

2. 回应。重复或者解释、补充孩子的话语，让孩子感受到家长的关心与理解，丰富彼此间的语言交流，增强孩子的语言表达能力。例如，当孩子说"球球"时，家长可以回应："嗯，这是一个圆圆的皮球。"

3. 模仿。模仿孩子的行为，加入孩子的游戏，增强孩子愉悦的情绪体验。例如，当孩子在踢球时，家长也可以踢球。家长可以提高行为的难度，把球踢高，让孩子进行模仿，促进孩子动作技能的发展。

4. 描述行为。描述或谈论孩子的行为，帮助孩子理解自己的行为和能力，学习如何组织语言描述行为，增强自我意识和语言能力。家长可以这样说，"你正在开一列长长的火车""你在抱你的洋娃娃"。

5. 表达情感。家长可以用语言、动作或表情（如拥抱、亲吻、微笑等）表达对孩子的兴趣、关爱和重视，维系良好的亲子关系。

二、亲子活动的实施过程

（一）活动前：材料准备与环境创设

俗话说"磨刀不误砍柴工"，在活动实施之前，充分的准备工作是必不可少的，这是保证亲子活动能顺利开展的基本前提。一般来说，教师需要按照活动方案提前准备活动所需的游戏材料。第一，教师须仔细检查游戏材料的安全性，如是否干净无异味，是否稳固坚实，是否存在细小的可拆卸或可能掉落的零件引发婴幼儿误食，等等。第二，教师应准备充足、丰富的游戏材料。如果游戏材料过少，可能会引发婴幼儿之间的争抢；如果游戏材料过于单一，婴幼儿可能会因为对某个材料缺乏兴趣而导致参与热情不高。丰富的游戏材料可以让婴幼儿有更多选择。当然，材料并不是越多越好，尤其对于仍以无意注意为主的婴幼儿来说，过多的材料会分散婴幼儿的注意力，影响活动效果。

📖关键术语

无意注意：无目的的、无须调控的注意，表现为不由自主地关注某一事物。婴幼儿的注意以无意注意为主，容易受到外界事物的吸引。

学习笔记

环境创设也是活动准备过程中的一环。在开始活动之前，教师应确定并布置好活动场地，如是在室内还是室外，是否需要多媒体，是否需要对场地进行装饰，等等。在环境创设的过程中，教师应保证活动环境是安全、明亮、舒适和安静的，在此基础上进行针对性的场地布置。

（二）活动中：开展亲子活动

活动过程分为导入部分、基本部分和结束部分。活动的导入部分，教师应先简单告知家长活动目标和内容，以便家长理解和跟上活动环节，随后带领家长和婴幼儿熟悉活动材料，进入活动情境。如果参与活动的家庭是第一次见面，教师可以设计一个认识环节，不但可以帮助大家更快地熟悉起来，也可以锻炼婴幼儿的交往能力。

活动的基本部分是教师根据活动环节逐步展开的过程。在进行亲子活动的过程中，教师应始终以活动目标为导向，引导家长和婴幼儿开展亲子活动，确保活动目标的基本实现（图 5-2）。同时，教师应观察婴幼儿在活动过程中的反应，并基于此引导家长支持婴幼儿自由自主地探索，为婴幼儿提供愉悦的游戏氛围。

活动的结束部分，即亲子活动结束之后，教师应主动和家长交流，了解家长关于本次活动的感悟和收获以及对活动内容和形式的疑惑，为其提供进一步的指导。

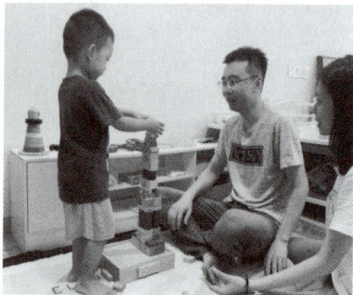

图 5-2　教师引导家长和幼儿进行亲子游戏

（三）活动后：活动延伸与渗透

亲子活动的结束并不是活动的终点，活动后的延伸与渗透也十分关键。其实，当场的亲子活动能产生的实际效果是微小的。婴幼儿的学习与发展需要在日常生活中进行反复操作与练习，仅靠一两次亲子活动是难以实现活动目标的。因此，在亲子活动结束后，教师应为家长提供延伸与渗透的相关建议，以帮助家长在生活中与婴幼儿进行具有教育性的活动。在提供教育建议时，教师应考虑建议的适宜性和可行性，教育建议应切合家庭环境与资源，立足于婴幼儿的日常生活，符合婴幼儿的能力水平和发展特点，以确保教育建议能切实帮助家长。

三、亲子活动实施中的常见问题

（一）成人主导活动，忽视婴幼儿的自主性

在实施亲子活动时，教师或家长倾向于主导活动，缺乏对婴幼儿自主性的尊重和支持。不难发现，在众多成人和婴幼儿共同参与的活动中，成人总是习惯性地去为婴幼儿做选择，如玩哪种玩具、玩什么游戏、下一步做什么、什么时候结束等都由成人掌控，很少过问婴幼儿的想法和意愿。其实，婴幼儿在自由

想一想

刘老师设计了一个主题为"认识上、下、前、后"的亲子活动，主要目标是让婴幼儿学习分辨"上、下、前、后"。请帮忙想一想，在家中可以设计哪些小活动来帮助婴幼儿掌握"上、下、前、后"的空间概念呢？

自主的游戏氛围中能收获更多。在这样的氛围中，婴幼儿可以自在地跟随兴趣活动，更积极地观察活动中的人和物，更愿意也更乐于进行思考和探究，学习效果自然更好。

此外，教师或家长往往会觉得婴幼儿能力水平不足，还不能独自进行活动。为了让婴幼儿更快、更好地完成活动内容，成人很可能选择包办代替，而不是给予婴幼儿充分的鼓励和耐心。其实，这样的"帮助"对于婴幼儿能力的提升没有作用，因为他们就是在反复的试错中掌握知识和技能的。因此，鼓励和支持婴幼儿自由自主地探索，不过度干预，才是可取的教育态度。

（二）重视完成活动，忽视情感互动

相比于婴幼儿有没有从活动中获得积极的情感体验，教师或家长更关心活动内容是否全部完成，这种想法是不正确的。教师或家长常常误以为只有完整地进行设定好的亲子活动，婴幼儿才能达到发展目标，获得能力的提升。其实不然，达到发展目标并不一定要完成所有活动内容，而完成活动也并不意味着达到发展目标。

典型案例

认识红色

张老师以"初步认识红色"为活动目标，设计搭积木的亲子游戏，想在搭积木的过程中融入对颜色的学习。然而在活动正式实施的过程中，幼儿对搭积木并不感兴趣，而是对积木箱旁边的球很感兴趣，一直试图滚动球。

张老师看到这一幕后，并没有埋怨幼儿不配合，而是像抓住了一个好机会一样，马上取了其中一个红色的球，鼓励家长和幼儿滚球玩。在滚球的过程中，张老师引导家长反复和幼儿强调"这是一个红色的球"。张老师的及时调整既尊重和满足了幼儿的兴趣，又在无形中促成了活动目标的实现。

在亲子活动中，按部就班地完成活动并不是那么重要，教师可以适当地根据婴幼儿的兴趣和反应对预设的活动内容进行调整。相比之下，情感互动在亲子活动中至关重要。高质量的情感互动可以增强亲子依恋关系，让婴幼儿获得温暖、愉悦、幸福等积极的情感体验，从而推动婴幼儿更投入地参与亲子活动，取得更好的学习效果。

（三）强调婴幼儿发展，忽视对家长的指导

教师在开展亲子活动时，可能会过度关注婴幼儿，把大部分精力放在婴幼儿的表现上，忽视对家长的引导和支持。诚然，促进婴幼儿的发展是亲子活动的根本目的，但要实现这一目的，仅仅靠教师对婴幼儿的引导和支持是不够

的，还要高度依赖家长在日常生活中高质量的养育。亲子活动中师幼互动的时间是十分有限的，这意味着能达到的教育效果也是有限的。因此，活动后的延伸和渗透尤为重要。由于延伸活动只能由家长进行，因此家长在其中的作用就尤为关键了。家长能否在活动后根据活动目标对婴幼儿实施有效的日常教育，很大程度上决定了婴幼儿的发展水平。要想最大化地发挥亲子活动的教育效益，在亲子活动的实施过程中，教师应观察家长在活动中的表现，提出针对性的指导意见，提升家长的育儿能力。

📡 实践运用

陆老师的困惑

陆老师最近十分困惑，幼儿在亲子活动中能顺利进行基本情绪的辨认，一两天后，让他们再次辨认情绪时，却往往做不到。为此，陆老师咨询了经验丰富的胡老师。胡老师一针见血地指出："那是因为在活动中只顾宝宝，没有教会家长。婴幼儿能力的提升是需要在日常生活中反复练习和引导的，这需要家长懂得怎么在家中引导宝宝。"听了以后，陆老师恍然大悟。

假设你是文中的陆老师，请想一想，该如何指导家长在生活中引导婴幼儿辨认基本情绪，并与同学交流和分享彼此的教育建议。

🐘 学习效果检测

1. 教师是亲子活动的_____，家长是亲子活动的_____。（填空题）

2. 请你回顾亲子活动的实施过程，并将活动阶段和对应的内容用线连起来。（连线题）

活动前　　　　家庭延伸活动

　　　　　　　开展亲子游戏

活动中　　　　环境创设

　　　　　　　向家长简述活动目标和内容

活动后　　　　材料准备

3. 阅读以下案例，其中描述的亲子活动实施情境存在哪些问题？（案例分析题）

在一次亲子活动中，教师全神贯注地观察婴幼儿的表现，无微不至地回应婴幼儿的需求。婴幼儿感受到了教师的关注与支持，时常露出微笑，表示愉悦和舒适。家长始终在一旁观察教师和孩子的互动。家长看到孩子满脸笑容，也满意地点了点头。

参考答案

学习任务 2
学习如何评价亲子活动

学习任务单

学习目标	通过完成本学习任务，你应该能够： ①掌握亲子活动的评价内容与评价标准。 ②了解亲子活动评价的注意事项。
学习要点	本学习任务的重点、难点： 掌握亲子活动的评价内容与评价标准。
学习建议	学习前： ①回顾并反思以往开展的亲子活动存在哪些优点和不足。 ②小组内讨论何为好的亲子活动。 学习中： 掌握亲子活动的评价内容与评价标准。 学习后： ①完成本学习任务的相关检测题。 ②寻找亲子活动的相关视频，尝试对其进行评价。
学习运用	你觉得在哪些工作情境中可以运用到本学习任务所学内容？
学习反思	请记录你在学习过程中的思考。

学习笔记

案例导入

　　张老师有丰富的教育教学经验，开展的教育活动十分精彩。为了让张老师的教育智慧广泛传播，带动其他教师成长与进步，李园长组织亲子园内的教师一同观摩张老师的亲子活动。活动结束之后，李园长鼓励教师们进行点评，但在座的教师们迟迟不发言。其实，教师们在观摩了张老师开展的亲子活动之后，无不默默赞叹活动之精彩，敬佩张老师教学能力之强，但真要他们说出哪里精彩，又不知从何说起。

　　李园长看到教师们都沉默不语，便转变了方式，让张老师来自我评价本次亲子活动。张老师思索了一下，说道："这次活动总体较完整，我从活动目标、活动材料、活动过程和活动效果几方面来依次总结优缺点吧……"

　　对于一些教师来说点评亲子活动并不是一件容易的事，但在张老师这里，仿佛信手拈来。张老师能轻松进行点评的秘诀其实在于掌握了评价的基本内容和标准。

一、亲子活动的评价内容与评价标准

　　对亲子活动评价时，可以从活动目标、活动材料、活动过程和活动效果等多个方面进行，每个方面又包含不同的评价内容。表 5-1 归纳了亲子活动的评价指标及具体要求，评价者可以参照这些指标和要求，系统评价亲子活动。

表 5-1　亲子活动评价指标及具体要求

一级指标	二级指标	具体要求
活动目标	适宜性	符合婴幼儿的发展水平和特点，具有挑战性，符合家长的育儿需求。
	整合性	考虑认知、动作技能与情感等的发展，整合多个领域。
	可操作性	指向具体的活动内容和过程。
活动材料	有效性	符合婴幼儿的能力特点、丰富多样、贴合目标。
	安全性	符合国家标准、无异味、无细小零件掉落。
活动过程	游戏性	自由自主、有趣愉悦。
	生活性	立足生活，有助于增长生活经验。
	流畅性	各环节衔接流畅自然。
	情感性	婴幼儿、家长都能获得积极的情感体验。
活动效果	婴幼儿发展情况	生活与卫生习惯、身体与动作、语言、认知、情感与社会性等领域的发展情况。
	家长育儿能力	养育理念与知识的获取，养育技能的提升。

（一）亲子活动目标的评价

活动目标的评价内容一般包括如下三个方面。

1. 适宜性

活动目标符合婴幼儿的能力水平和发展特点，并具有一定的挑战性，能激发婴幼儿潜在的能力，促进婴幼儿的成长与进步。同时，考虑到亲子活动是亲子双方共同参与的活动，因此除关注婴幼儿外，活动目标还应满足家长的养育需求，提升家长的育儿能力。

2. 整合性

活动目标应充分考虑婴幼儿多种能力的发展，巧妙整合多个领域的关键经验，包括生活与卫生习惯、身体与动作、语言、认知、情感与社会性等发展领域。例如，在为阅读活动设定目标时，除考虑婴幼儿阅读能力的提升外，教师还应渗透其他领域核心能力的培养。

3. 可操作性

活动目标指向具体明确的活动内容和过程，重点突出，逻辑连贯。宽泛笼统的目标往往让人摸不着头脑，难以明确活动内容，也无法引领活动的开展。例如，"培养婴幼儿的情绪理解能力"这一目标描述得较为笼统。活动目标应是对婴幼儿或家长的目标能力的具体描述，因此，可以将其改为"婴幼儿能够根据言语和表情识别他人的基本情绪，并理解背后的原因"。

（二）亲子活动材料的评价

活动材料的评价内容一般包括如下两个方面。

1. 有效性

活动材料的有效性指的是材料能支持活动目标的实现。具体而言：活动材料应契合婴幼儿的身心发展水平和特点，具有一定的挑战性，能促进婴幼儿的发展；活动材料应是丰富多样的，能激发婴幼儿思考和探究的兴趣；活动材料应与活动目标密切相关，支持婴幼儿开展活动内容。

2. 安全性

从正规渠道购置活动材料，玩具符合国家相关标准。购置后，对活动材料定期进行检查和清洗消毒，保证其干净、无异味、无损坏、无细小零件掉落。

✏️ 学习笔记

（三）亲子活动过程的评价

活动过程的评价内容一般包括如下四个方面。

1. 游戏性

活动过程符合游戏精神，即自由自主、有趣愉悦。亲子活动实施过程中，成人充分尊重与支持婴幼儿的自主性，能激发婴幼儿的创造性，有效推动其主动思考与学习。同时，活动过程能引发婴幼儿的积极情绪和行为，增强婴幼儿参与亲子活动的意愿。

2. 生活性

活动内容源于婴幼儿的真实生活，以日常生活事件为切入点，能够激发婴幼儿强烈的探究兴趣，增加和丰富婴幼儿的生活经验。例如，相比于"发邮件"，"打电话"是婴幼儿日常生活中的典型事件，这类活动更符合他们的现有经验，更能激发他们的主动性和创造性。

3. 流畅性

各游戏环节之间衔接自然，过渡流畅。教师积极把握过渡环节的随机教育机会，充分利用活动时间，使得婴幼儿在各个环节内和环节之间都能进行高质量、有效的活动。为避免生硬直接的环节转换，必要时教师可根据婴幼儿的反应对活动环节和内容进行适当的调整。

4. 情感性

活动过程让人温暖、愉悦（图5-3）。在整个亲子活动中，参与者彼此尊重和关爱，高度投入活动，积极关注彼此的言行，并做出正向和高情感性的回应，如具体化的肯定、微笑、拥抱、鼓励等。

（四）亲子活动效果的评价

活动效果的评价内容一般包括两个方面。

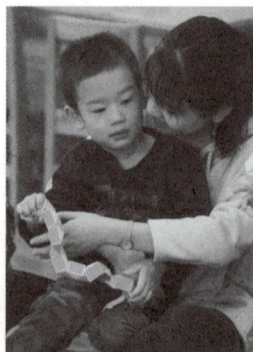

图 5-3　愉悦的亲子互动

1. 婴幼儿发展情况

促进婴幼儿发展是亲子活动的根本目的，因此评估婴幼儿的发展水平是检验活动效果的主要方式。为全面了解婴幼儿的发展情况，评价应综合关注多个发展领域，即生活与卫生习惯、身体与动作、语言、认知、情感与社会性等。

🔍 扩展阅读

婴幼儿动作发展主要评估方法与工具

刘馨等人的《0～3岁婴幼儿动作发展评估工具的分析与启示》总结了婴幼儿动作发展的主要评估方法与工具。

1. 基于量表的评估。国内外常用的综合性评估量表包括《贝利婴儿发展量表》《早期儿童保健和发展量表》《中国儿童发育量表》《儿童发展评估表（修订版）》，还有针对动作领域的专项量表《皮博迪运动发育量表（第二版）》。

2. 基于真实情境观察的评估。高瞻课程中的《学前儿童观察评价系统》和道治编制的《教师策略黄金评估系统》，正是基于真实情境评估幼儿发展情况的常用工具。

3. 基于游戏的评估。林德（Linder）教授创立的"以游戏为基础的跨学科评价法"（TPBA）是较有影响力的基于游戏的评估工具。

可扫描二维码获取文献原文，了解各种评估工具的相关内容，也可进一步上网查阅各种评估工具的具体内容，尝试使用某些工具评估婴幼儿的发展情况。

文本资源

0~3岁婴幼儿动作发展评估工具的分析与启示

一般来说，评估婴幼儿在各领域的发展水平有以下两种方法。一是调查法，包括问卷调查法和访谈调查法。例如，调查者可以将测量相关领域能力的量表发放至婴幼儿家长或教师手中，根据他们填写的结果判定婴幼儿在该领域的能力水平。或者，直接访谈婴幼儿的家长或教师，通过问答的形式了解婴幼儿的发展现状。二是观察法。调查者可以使用相关的观察工具直接对婴幼儿的表现进行记录和评定，以了解婴幼儿的发展情况。

📝 学习笔记

2. 家长育儿能力

家长是亲子活动的教育对象之一，家长育儿能力也是衡量亲子活动效果的指标之一。衡量家长育儿能力，即评估家长了解了哪些养育理念和知识，掌握了哪些养育技能。

如何进行评价呢？依旧可以从调查法和观察法两种方法入手。其一，可以设计相关的调查问卷，了解家长当前知道的养育知识，也可以对家长进行访谈，了解家长在亲子活动中的感悟与收获。其二，可以使用相关观察表（如亲子互动技能观察记录表）对家长的养育行为或技能进行观察。在使用亲子互动技能观察记录表时，教师对家长养育行为进行判断和归类，将家长使用相应技能的次数记录在表中。例如，在幼儿搭积木时，家长主动模仿幼儿的搭高行为，先后表扬幼儿"积木搭得很稳""有耐心"，但途中会命令幼儿使用红色积木。根据上述观察，教师可进行记录，见表 5-2。

表 5-2　亲子互动技能观察记录表

技能		频次
积极技能	具体表扬	2
	回应	
	行为描述	
	模仿	1
消极技能	命令/指令	1
	批评/讽刺	

二、开展亲子活动评价的注意事项

学习笔记

（一）评价应客观公正

在进行亲子活动评价时，应力求客观公正、实事求是，尽量避免个人主观因素的影响。试想，评价本身是不客观、不全面的，无法指明活动的优势和不足，如何针对性地改进和完善呢？可见，评价的客观性和准确性十分重要。

如何才能保证评价的客观性呢？其一，使用标准化的评价工具可保障评价的全面性和客观性。在使用评价工具时，应严格遵守使用规范，不随意修改评价项目，以确保评价的统一性和有效性。其二，可以通过改进评价方法来提升评价结果的准确性，包括多主体评价（如可以让家长、婴幼儿、教师等都参与评价）、多方法评价（如可以使用调查法和观察法等进行评价）、长时段追踪评价等。

实践运用

婴幼儿语言能力评估方案设计

假设你是一名亲子园教师，请遵循以上注意事项，为评价婴幼儿的语言能力设计一个实施方案，要求能客观有效地反映婴幼儿的语言发展水平。

第一步：查阅资料，了解婴幼儿语言领域的评价内容与评价标准。

第二步：思考评价方法，查找或编制相应的评价工具。

第三步：明确评价流程，斟酌评价细节，进一步提升评价的有效性和可行性。

第四步：撰写评价方案，要求语言简洁、思路清晰、逻辑严密。

（二）以发展的眼光进行评价

应以发展和动态的眼光进行评价。评价的目的是发展和提升，在于发现优势、汲取经验、改进不足，而不是批判和比较。在评价之后，应根据评价结果进行针对性的改进，而不是停留在单纯的点评上。此外，不应以婴幼儿或家长一时的表现判定他们的能力水平，而应相信婴幼儿和家长能在教师的支持和引导下不断收获成长和进步，并给予他们充分的鼓励与肯定。

（三）以整体视野进行评价

在进行评价时，应从整体视野来辩证地看待活动存在的优势和不足。无须过度纠结于某些不足，更不能因此完全否定整个活动或他人的努力；同时不应过度夸赞整个活动或他人的优点，忽视或容忍存在的问题。也就是说，要辩证地进行评价，既要关注并肯定其优势，也要发现并指出其不足，以整体视野促进活动质量的提升。

学习效果检测

1. 请说一说，需要从哪几个方面评价亲子活动目标。（简答题）

2. 某位教师选择了有锋利开口的玩具，这违背了活动材料的什么要求？（简答题）

3. 请简述评价亲子活动过程的基本内容及其评价标准。（简答题）

4. 可以使用以下哪些方法了解家长的育儿能力？（　　　）（多选题）

   A. 问卷法，使用调查问卷调查家长的养育技能

   B. 观察法，观察家长与婴幼儿的互动情况

   C. 访谈法，通过访谈了解家长的收获和感悟

   D. 文献法，查阅书本资料

5. 阅读以下案例，张老师遵守了亲子活动评价的哪一个注意事项？（案例分析题）

参考答案

张老师使用婴幼儿语言能力量表来测试圆圆的语言能力发展情况，并向圆圆的家长了解圆圆在日常生活中的语言理解和表达情况。此外，张老师还在圆圆和家长互动的过程中，特意观察圆圆的语言表现。最终，张老师基于以上种种判断圆圆的语言能力。

6. 扫描二维码观看亲子活动视频，运用所学知识试分析这一亲子活动有何特点，并根据前述评价内容与评价标准给出完善建议。（案例分析题）

视频资源
把健康宝宝送回家

延伸阅读

1. 康佳丽.亲子班活动中亲师幼三方互动个案研究［D］.南京师范大学，2016.

该文探讨了亲子活动中家长、幼儿和教师三方互动情况及其影响因素，并在此基础上提出改进建议，提升三方互动的有效性。

2. 戴小佳.0—3岁婴幼儿亲子阅读的实施与指导［J］.教育导刊（下半月），2016（4）：76-79.

这是一篇简述亲子阅读概念、价值及其实施与指导策略的文章，整合了早教指导中心的多个真实案例，并在此基础上进行总结与反思。

3. 李玉侠，杨香香，张焕荣.幼儿园教育评价［M］.北京：北京师范大学出版社，2017.

该书系统性地介绍了幼儿园教育评价的概念、历史沿革、主要类型、评价内容及其基本原则等，还探讨了幼儿园教育评价方案的设计与实施，对婴幼儿亲子活动评价具有一定的参考价值。

学习模块六
婴幼儿亲子活动的指导

　　不同于婴幼儿和家长在家中开展的日常互动，在照护服务机构中开展的亲子活动是教师组织婴幼儿和家长共同参与的一种有目的、有计划的教育活动。教师不仅是活动的组织者、材料的提供者、环境的创设者，还是婴幼儿和家长有效互动的指导者。那么，教师要如何指导婴幼儿亲子活动呢？在本模块中，你将学习在婴幼儿亲子活动中如何向家长介绍活动目标，向家长演示与婴幼儿互动的正确方法，帮助家长掌握科学的育儿知识与技能。

学习导图

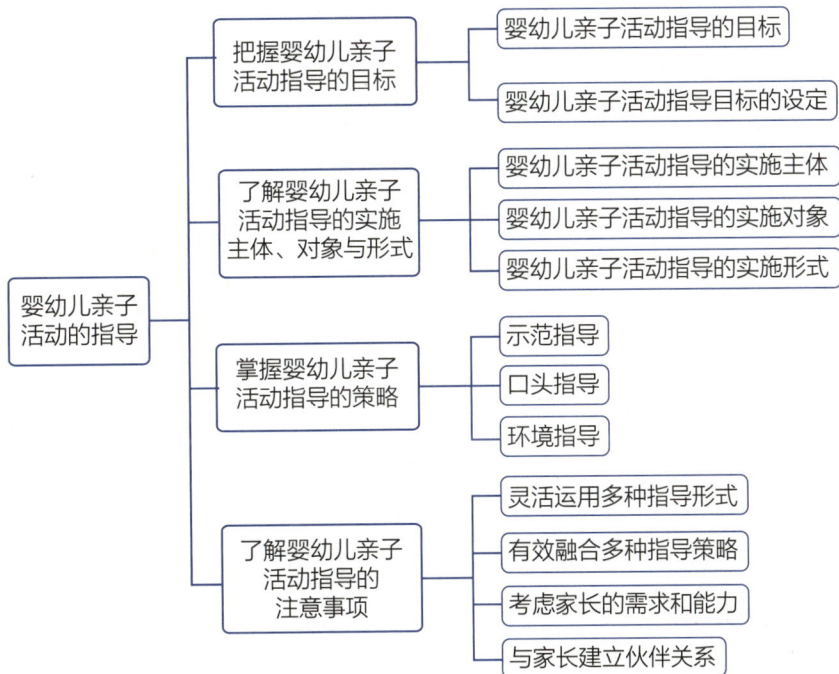

学习初体验

　　到照护服务机构观摩婴幼儿亲子活动，记录教师指导婴幼儿亲子活动的目标、形式、策略以及存在的问题，并在现有知识经验的基础上提出改进建议。完成本模块的学习后再进行反思和改进。

学习任务 1
把握婴幼儿亲子活动指导的目标

学习任务单

学习目标	通过完成本学习任务，你应该能够： ①把握婴幼儿亲子活动指导的目标。 ②为婴幼儿亲子活动指导设定目标。
学习要点	本学习任务的重点、难点： 结合婴幼儿亲子活动的目标和内容制定适宜的指导目标。
学习建议	为了更好地完成本学习任务，你可以： ①结合具体案例理解婴幼儿亲子活动指导的目标。 ②到照护服务机构观摩教师指导婴幼儿亲子活动，与教师交流指导的目标有哪些。 ③为某个婴幼儿亲子活动制定具体的指导目标。 ④完成本学习任务的相关检测题。
学习运用	你觉得在哪些工作情境中可以运用到本学习任务所学内容？
学习反思	请记录你在学习过程中的思考。

案例导入

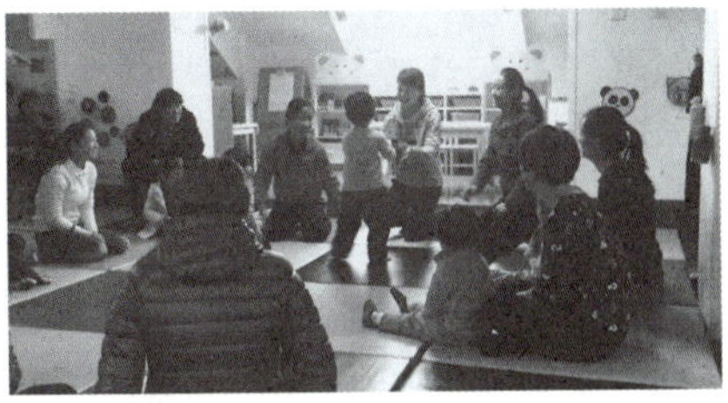

某社区照护服务机构每周末都会向社区内所有0~3岁婴幼儿家庭免费开放亲子活动室，并安排教师轮流值班，指导家长科学开展亲子活动。值班教师会提前在微信公众号上公布本周亲子活动的主题和内容，并准备好活动所需的环境和材料。报名参加的家长只需带着孩子来到机构，在值班教师的指导下与孩子一起读绘本、做游戏、做手工等（图6-1）。这一活动在家长中广受好评，家长们纷纷表示，通过参与活动，他们不仅与孩子度过了愉快的亲子时光，还收获了科学的育儿知识，学到了实用的亲子互动技能，育儿能力有了明显提升。

图 6-1 社区照护服务机构的亲子活动

以上案例表明，在婴幼儿亲子活动中，教师的科学指导能够让婴幼儿和家长受益颇多。教师既要向家长介绍活动的目标和内容，促进活动的正常开展，又要向家长介绍正确的亲子互动方法，提高家长的育儿能力，还要与家长通力合作，共同促进婴幼儿的身心健康发展。可见，婴幼儿亲子活动指导的目标具有多重性，可以概括为通过提高活动开展质量和家长育儿能力来促进婴幼儿身心健康发展。

📝 学习笔记

一、婴幼儿亲子活动指导的目标

（一）提高亲子活动的质量

有些家长缺乏科学的育儿知识，对科学的育儿方法不甚了解，仅凭自己难以真正实现亲子活动的全部目标。专业的亲子活动指导能够帮助家长提前准备活动所需的环境和材料，从容应对孩子在活动中可能出现的问题行为与消极情绪，避免出现批评、命令、忽视等不良的亲子互动行为，从而提高亲子活动的开展质量，使亲子活动发挥出最大的教育价值。

（二）提升家长育儿能力

亲子活动是教师与家长沟通的重要渠道。在指导亲子活动的过程中，教师有机会直接了解家长的育儿困惑，能够通过语言讲解、动作示范、角色扮演、分享交流等方式向家长传递科学的育儿知识，改变家长不合理的育儿行为，帮助家长提升育儿能力，为婴幼儿身心健康发展创设有利的条件。

（三）促进婴幼儿健康发展

促进婴幼儿身心健康发展是亲子活动的最终目标。婴幼儿亲子活动指导既有利于提高亲子活动的开展质量，让婴幼儿从活动中直接受益，又有利于提升家长育儿能力，改善家庭教育质量，潜移默化地促进婴幼儿身心健康发展。

二、婴幼儿亲子活动指导目标的设定

（一）结合活动内容设定指导目标

在婴幼儿亲子活动中，教师应当在活动内容的基础上制定家长指导目标。这样做既能帮助家长了解活动的目标和内容，让家长更好地参与到亲子活动中，从而促进活动的顺利开展；又能让家长在真实情境中学习科学的育儿方法，亲身实践具体的育儿技能，从而有效提升育儿能力。

（二）结合家长需求设定指导目标

不同年龄段的婴幼儿面临着不同的发展任务，家长也因此面临着不同的育儿挑战。教师应在活动前充分了解婴幼儿的年龄特点，合理预测该年龄段婴幼儿家长可能面临的普遍问题，为家长提供适宜、有效的指导。同时，教师要在活动过程中观察家长的表现，在活动结束后及时与家长交流，了解婴幼儿和家长的具体需求，为家长制定个性化的指导目标。

典型案例

"财富筐"案例活动

为了促进2岁幼儿手部精细动作的发展，某照护服务机构组织教师设计了一个名为"财富筐"的亲子活动。教师将乒乓球、积木、毛巾、小鼓等大小、质地不同的材料装入一个大的"财富筐"中，让幼儿从"财富筐"中自由选择材料，并与这些材料进行充分互动。

活动开始前，教师观察、收集了家长普遍存在的疑问或误区。一方面，教师发现家长为幼儿选择的玩具相对单一，大多是从市场上购买的玩具。家长没有意识到随处可见的生活用品恰恰是幼儿最喜欢的玩具，也不知道形式多样的生活用品对幼儿的发展具有很大的促进作用。另一方面，教师发现家长在陪孩子玩操作类玩具时普遍不知道应该如何进行观察，往往过多地加以干预，导致无法洞悉幼儿真正的需求，也缺乏合适的支持性语言来指导幼儿的活动。

结合以上活动内容和家长需求，教师制定了以下指导目标。

①指导家长观察幼儿抓握动作的发展状态。例如："孩子最喜欢摆弄什么，有什么样的动作出现？"

②帮助家长学习使用支持性语言来陪伴幼儿游戏，而不是直接干预幼儿的行为。例如："宝宝，你喜欢什么玩具呢？哦！你喜欢这个勺子！那就拿起来吧。"

③解读投放多样性材料的方法和意义，提醒家长生活用品也能成为幼儿的玩具，鼓励家长让幼儿多接触生活中的各种材料，为幼儿的精细动作发展创设良好的条件。

学习效果检测

1. 婴幼儿亲子活动指导的目标有哪些?(简答题)

2. 在一个名为"五根手指"的亲子活动中,家长和婴幼儿在教师的带领下边唱儿歌边做手指游戏,该活动的婴幼儿发展目标包括:

语言:感受儿歌的语言美和韵律美,尝试说出儿歌的内容。

动作:锻炼手指的灵活性,体验手指游戏的乐趣。

数学:感知 5 以内的数量关系。

请你根据该活动的婴幼儿发展目标设定家长指导目标。(综合题)

参考答案

学习任务 2
了解婴幼儿亲子活动指导的实施主体、对象与形式

学习任务单

学习目标	通过完成本学习任务，你应该能够： ①了解婴幼儿亲子活动指导的实施主体与对象。 ②了解婴幼儿亲子活动中常见的指导形式，以及不同指导形式的特点和区别。 ③在实践中灵活使用不同的指导形式。
学习要点	本学习任务的重点、难点： ①理解婴幼儿亲子活动中教师、家长、婴幼儿三方之间的关系。 ②根据婴幼儿亲子活动的内容和特点灵活使用不同的指导形式。
学习建议	为了更好地完成本学习任务，你可以： ①就教师、家长、婴幼儿在亲子活动中的关系与同学展开讨论。 ②到照护服务机构观摩教师指导婴幼儿亲子活动，记录不同指导形式的使用情况。 ③为某个婴幼儿亲子活动设计适合的指导方案。
学习运用	你觉得在哪些工作情境中可以运用到本学习任务所学内容？
学习反思	请记录你在学习过程中的思考。

案例导入

在某照护服务机构的亲子活动室中，家长在教师的指导下和孩子一起玩垒高积木的游戏。教师首先向家长集中说明了游戏任务，然后宣布家长和孩子可以开始游戏活动了。教师在活动室内来回走动，随时为家长提供一对一的个别指导。

2岁的奇奇原本专注地搭着积木。然而，随着最后一块积木的落下，原本已经垒得很高的积木轰然倒塌，奇奇马上哭了起来，妈妈怎么劝也不管用。奇奇的哭声吸引了活动室内其他孩子和家长的注意，导致整个活动无法继续进行。指导教师见状并没有直接走上前与奇奇互动，而是走到奇奇妈妈的身边，让妈妈先用手轻抚奇奇的背，然后指导妈妈用轻柔的语气说道："妈妈知道积木倒了你很沮丧，妈妈也觉得有些沮丧，但是没关系，我们可以一起想办法把积木重新搭起来……"在妈妈的耐心安慰下，奇奇的情绪逐渐平静，并在妈妈的引导下再次加入游戏。游戏结束后，教师就如何应对幼儿的消极情绪与奇奇妈妈进行了深入交流，并建议奇奇妈妈回家后继续与孩子进行类似的游戏互动。

婴幼儿亲子活动指导应以教师为实施主体、以家长为直接对象，并综合运用集中指导、个别指导、延伸指导等多种指导形式。

一、婴幼儿亲子活动指导的实施主体

作为婴幼儿亲子活动指导的实施主体，教师需要在活动开始前向婴幼儿和家长介绍活动的目标和内容，激发婴幼儿和家长的参与兴趣。活动开始后，教师需要密切观察婴幼儿和家长的表现，及时发现问题，为家长提供切实有效的指导。活动结束后，教师还要对婴幼儿和家长的活动表现作出客观、准确的评价，并有针对性地向家长提出家庭教育建议。表6-1为日常教育活动与婴幼儿亲子活动指导中教师职责的差异。

表6-1 日常教育活动与婴幼儿亲子活动指导中教师职责的差异

	日常教育活动	婴幼儿亲子活动指导
活动前	制定活动目标和内容； 准备活动环境和材料。	制定活动目标和内容； 准备活动环境和材料； 向家长介绍活动目标和内容。
活动中	观察婴幼儿的活动表现； 为婴幼儿提供支持。	观察家长与婴幼儿的互动情况； 为家长提供指导。

续表

活动后	评价婴幼儿的活动表现； 根据婴幼儿的活动表现调整活动目标和内容。	评价婴幼儿和家长的活动表现； 根据婴幼儿和家长的活动表现调整活动目标和内容； 向家长提出家庭教育建议。

学习笔记

二、婴幼儿亲子活动指导的实施对象

照护服务机构的日常教育活动多以婴幼儿为直接对象，教师通过与婴幼儿的直接互动促进婴幼儿身心健康发展。而婴幼儿亲子活动指导应当以家长为直接对象，以婴幼儿为间接对象，旨在通过提高家长育儿能力促进婴幼儿身心健康发展。因此，教师在指导婴幼儿亲子活动时应始终将家长视为活动的具体实施者，尊重家长的主体地位，力求通过指导家长实现教育目标，避免出现"只管孩子不管家长""包办代替"等现象。

在婴幼儿亲子活动中，教师、家长、婴幼儿的三方互动影响着亲子活动指导的质量和效果。具体而言，第一，家长与婴幼儿的互动为教师与家长的互动提供了内容基础。通过观察家长与婴幼儿的互动，教师能够了解婴幼儿的发展水平以及家长的育儿能力，从而指导家长根据婴幼儿发展水平及时调整活动的目标和内容，帮助家长改变不合理的育儿行为，提高亲子互动质量。第二，教师与婴幼儿的互动对家长与婴幼儿的互动起示范作用。通过直接与婴幼儿互动，教师能够让家长直观地了解与婴幼儿互动的正确方式，并运用到亲子互动中去。第三，家长与教师的互动有助于提高亲子互动质量。通过与家长的互动交流，教师能够将在活动中观察到的问题及时反馈给家长，帮助家长解决在活动中遇到的困惑，并有针对性地向家长提出教育建议，进而提高亲子互动的质量。

三、婴幼儿亲子活动指导的实施形式

（一）集中指导

集中指导是指教师通过语言讲解、动作示范、树立榜样、角色扮演等方式向婴幼儿和家长集中说明活动的目的和内容以及下一步的行动要求，激发婴幼儿和家长的参与兴趣等（图6-2）。集中指导是照护服务机构中最常见的亲子活动指导形式，方便教师用较短的时间向较多的家长传播科学的育儿知识与育儿技能。

图 6-2　教师对家长的集中指导

（二）个别指导

个别指导是指教师在婴幼儿亲子活动中针对婴幼儿和家长的具体表现提供

的一对一指导。亲子活动开始后，教师会在活动室中来回走动，密切观察婴幼儿和家长的活动表现，对有需要的家长进行一对一的指导，帮助家长调整亲子互动方法，及时解答家长的问题和困惑，使亲子活动以更有效的方式顺利进行。

（三）延伸指导

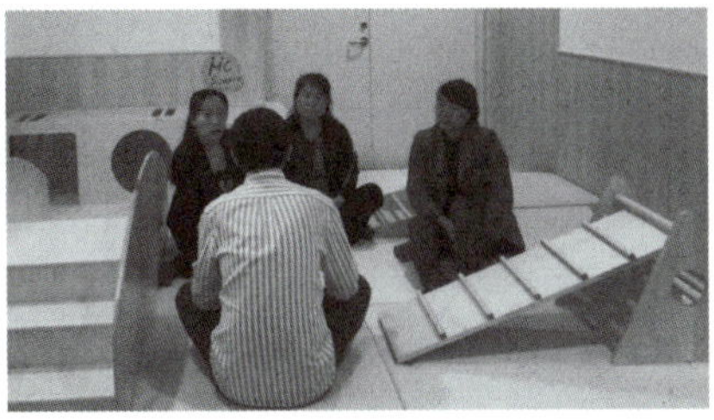

图6-3 教师对家长的延伸指导

延伸指导是指教师在活动结束后及时总结婴幼儿和家长的活动表现，组织家长交流参与活动的心得体会，并有针对性地向家长提出家庭教育建议（图6-3）。例如，教师可以鼓励家长在本次活动的基础上创编新的活动形式和方法，将活动延伸到家庭中去。

🔍 扩展阅读

如何开展婴幼儿亲子活动的场外指导？

大部分家长只能趁周末空闲时间参与亲子活动。然而，仅靠每周一次的活动指导难以显著提升家长的育儿能力。因此，照护服务机构应当思考如何开展亲子活动的场外指导，帮助家长在日常生活中点滴积累科学的育儿知识和育儿技能。婴幼儿亲子活动场外指导的常见方式有：

①专家讲座。在指导亲子活动的过程中，教师可能会发现家长普遍存在的一些问题，对此，照护服务机构可以邀请早教专家开设讲座，有针对性地帮助家长改进教养行为。

②家长沙龙。受到时间和条件的限制，教师在指导亲子活动的过程中难以回答家长在育儿中遇到的所有问题。对于很多家长共同感兴趣的育儿热点话题，教师可以在活动结束后组织家长讨论，促进家长之间的经验分享。

③网络沟通。借助QQ、微信等网络渠道，教师在活动结束后能与家长保持联系，跟踪了解婴幼儿的在家状况和家长的教育进展。家长能随时随地地向教师请教育儿问题，并与其他家长交流育儿经验。

④资源分享。教师在日常工作中可以有意识地收集与亲子互动、家庭教育相关的文字或视频资料，并通过线下或线上的方式分享给家长，帮助家长拓宽获取育儿知识的渠道，自主提升育儿能力。

✏️ 学习笔记

学习效果检测

1. 婴幼儿亲子活动指导的实施主体与实施对象分别是谁？（简答题）

2. 请将婴幼儿亲子活动指导的三种常见形式（左侧）与它们的特点（右侧）用线连起来。（连线题）

集中指导　　　　　　针对性

个别指导　　　　　　持续性

延伸指导　　　　　　高效性

婴幼儿

家长　　　教师

图 6-4　婴幼儿亲子活动
中的三方互动关系

3. 图 6-4 展示了婴幼儿亲子活动中教师、家长、婴幼儿的三方互动关系，请根据该图回答以下问题。（简答题）

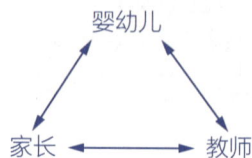

（1）家长与婴幼儿的互动对教师与家长的互动有何影响？

（2）教师与婴幼儿的互动对家长与婴幼儿的互动有何影响？

（3）家长与教师的互动对家长与婴幼儿的互动有何影响？

学习任务 3
掌握婴幼儿亲子活动指导的策略

学习任务单

学习目标	通过完成本学习任务，你应该能够： ①了解婴幼儿亲子活动中常见的指导策略，以及不同指导策略的特点和区别。 ②在实践中灵活使用不同的指导策略。
学习要点	本学习任务的重点、难点： 　　根据婴幼儿亲子活动的特点以及家长和婴幼儿的需求灵活使用不同的指导策略。
学习建议	为了更好地完成本学习任务，你可以： ①到照护服务机构观摩婴幼儿亲子活动，记录不同指导策略的使用情况。 ②了解家长对不同指导策略的感受。 ③在课堂上模拟婴幼儿亲子活动，尝试使用多种指导策略。 ④完成本学习任务的相关检测题。
学习运用	你觉得在哪些工作情境中可以运用到本学习任务所学内容？
学习反思	请记录你在学习过程中的思考。

案例导入

　　某亲子园的动手区正在进行"垒高——造高楼"的亲子活动。活动开始前，指导教师准备了很多废旧材料，如茶叶罐、饮料瓶、打包盒等，还用这些废旧材料制作了一些玩具供孩子玩耍。活动开始后，指导教师生动地讲解了不同材料的操作方式，并和助手教师一起示范了边说数字儿歌边造高楼的过程。指导教师还口头提示家长：当垒高物倒下或被宝宝推倒时，不要指责宝宝，可以用情境性的提示语言鼓励宝宝重新垒高……

儿歌《造高楼》

能干宝宝造高楼，

一层楼，两层楼，

三层楼，四层楼，

五层楼，……

造出高高楼。

　　这一案例体现了婴幼儿亲子活动中三种常见的指导策略：示范指导、口头指导和环境指导。有经验的教师一般会将三种指导策略融合起来，根据活动内容灵活调整指导策略，以达到指导的最佳效果。例如，在上述案例中，指导教师通过示范指导和口头指导，向家长和婴幼儿说明了活动的内容和方法，让家长知道如何通过垒高游戏提高婴幼儿的手眼协调能力和数数能力。通过环境创设和材料投放，指导教师让家长意识到对婴幼儿的教育其实并不高深，随时随地都可以利用身边的材料进行。

一、示范指导

　　示范指导是指教师通过亲自与婴幼儿互动向家长示范正确的亲子互动方法。完成示范后，教师应继续关注家长的活动表现，观察家长能否正确地使用教师示范的方法与婴幼儿进行互动。家长在看过教师的示范后，既能快速掌握正确的亲子互动方法，又能将学到的方法在接下来的活动中加以实践，获得教师的即时反馈。

二、口头指导

　　口头指导是指教师通过口头交流向家长介绍正确的亲子互动方法，并解释其背后的教育原理。常用的口头指导策略有五个。①说明：教师告诉家长活动的目标和内容，说明下一步的要求以及活动材料的操作要领等。②暗示：教师不直接表达自己想要表达的意思，而是用间接的言语或示意的举动使家长领会自己想表达的想法。例如，有时教师表面上是在对婴幼儿说话，实质上是在暗示家长应该如何做。③解释：教师结合婴幼儿的发展特点，帮助家长分析婴幼儿行为背后可能的原因。④引导：教师引导家长结合婴幼儿的发展特点自行分析婴幼儿行为背后可能的原因，并与家长讨论可能的解决方法。⑤建议：教师结合婴幼儿和家长在活动中的具体表现，对家长"回家后还能做什么"给出参考建议。

三、环境指导

环境指导是指教师在照护服务机构中创设能够满足婴幼儿发展特点和需求的物质环境，让家长带着婴幼儿在与环境的互动中感受科学的育儿理念，体验正确的育儿方法。例如，教师在亲子活动前可以精心布置教室环境、准备丰富的活动材料，尝试将科学的教育理念蕴藏在物质环境中，潜移默化地影响家长的教育观念与行为（图6-5）。

图 6-5　照护服务机构的主题环境创设

📑典型案例

幼儿亲子活动"圆宝宝，变变变"（2～3岁）

活动目标	幼儿	①引导幼儿通过看看讲讲、撕撕贴贴，引发对开口说话的兴趣，愿意跟着教师和家长一起学念儿歌。 ②引导幼儿对圆形的变化展开想象，培养幼儿的想象力。
	家长	①帮助家长意识到"生活中处处有教材"。 ②帮助家长进一步提高科学教养水平。
活动准备		知识经验准备：幼儿已初步了解圆形。 教具准备：多媒体课件、圆形纸片、小动物垃圾盒、小河背景图等。
活动流程		1. 拍手游戏 采用简短的谈话和小游戏集中幼儿的注意力。 2. 学念儿歌 ①出示一张圆形大纸片。 教师：今天，圆宝宝要和小朋友们一起做游戏，你们看圆宝宝像什么？ ②边播放多媒体课件边讲故事，通过儿歌让幼儿感受圆形的变化。 ③教师边做撕纸游戏，边念儿歌。幼儿和家长一起学念儿歌，加深对圆形的理解。 3. 亲子互动 ①家长与幼儿进行一对一亲子互动，教师进行个别指导。 ②进行亲子游戏"贴小船"，将撕好的"弯弯的小船"贴在小河背景图上。 ③指导家长和幼儿一起收拾碎纸片，通过游戏"喂小动物"将碎纸片送进小动物垃圾盒里。

续表

活动中的教师指导	在上述亲子活动中，教师可以综合使用环境指导、示范指导和口头指导三种方式指导婴幼儿亲子活动。 首先，教师可以通过呈现活动材料对家长进行环境指导，提醒家长多利用生活中熟悉的物品，培养幼儿的想象力和创造力。 其次，在接下来的亲子互动环节，教师可以为家长示范正确的亲子互动方法，告诉家长如何让幼儿积极参与活动、如何通过对话引导幼儿展开想象等。 最后，在活动结束后的材料整理环节，教师可以通过口头指导提醒家长注意培养幼儿良好的行为习惯，锻炼幼儿的生活自理能力。

学习效果检测

请阅读下面的案例，和同学讨论教师在指导亲子活动时使用了哪些策略，分别取得了怎样的效果。（案例分析题）

10个半月大的涂涂在奶奶的陪伴下在某照护服务机构的活动室内练习爬行。教师首先向奶奶示范了帮助涂涂练习爬行的方法：她先让涂涂趴在爬行垫上，然后拿来一只玩具小兔子，放在涂涂面前两米左右的地方。看到玩具小兔子，涂涂用手臂吃力地撑起胸部，尝试往前爬。这时，教师用左手托起涂涂的腹部，用右手轮流推涂涂的脚底使其向前移动，口中说着："涂涂爬，加油爬。"等感受到涂涂发力，教师慢慢松开左手。涂涂很快自己爬到前面，拿到了玩具小兔子。

看完教师示范后，奶奶开始用同样的方法帮助涂涂练习爬行。可经过几轮的重复，涂涂开始不停地将头转向一侧，关注其他人的活动，不肯继续练习。奶奶试图用玩具小兔子吸引涂涂的注意，可是不起作用。正在奶奶焦急之时，教师走了过来，就涂涂的爬行情况与她进行交流。

教师："涂涂看起来是爬累了。"

奶奶："他就是懒，刚爬一会儿就不想动了。"

教师："对，这是一个原因。另外，涂涂年龄小，容易疲劳，对他不感兴趣的事就更不愿意做了。"

奶奶："他喜欢皮球。在家里，各种球形的东西他都喜欢，还会踢球呢！"

教师："那这次我们不用玩具小兔子了，换个皮球试试！"

奶奶转身找到一个红色橡胶球放在涂涂面前，涂涂看到后很快俯下身，试图抓它，爬行练习得以继续进行……

参考答案

学习任务 4
了解婴幼儿亲子活动指导的注意事项

学习任务单

学习目标	通过完成本学习任务，你应该能够： 　　了解婴幼儿亲子活动指导的注意事项。
学习要点	**本学习任务的重点、难点：** 　　①学习运用多种指导形式。 　　②有效融合多种指导策略。
学习建议	为了更好地完成本学习任务，你可以： 　　①结合案例理解婴幼儿亲子活动指导的注意事项。 　　②与有经验的教师交流婴幼儿亲子活动指导经验，了解他们在实践中遇到的问题和解决办法。 　　③在课堂上模拟指导婴幼儿亲子活动，反思过程中出现的问题，并思考可能的解决办法。
学习运用	你觉得在哪些工作情境中可以运用到本学习任务所学内容？
学习反思	请记录你在学习过程中的思考。

案例导入

　　照护服务机构的赵老师最近有一个很深的感触：同样是对家长进行指导，有的家长能够很快领会教师的意思，并在亲子互动实践中结合孩子的情况进行创新；有些家长则不能接受，在活动中仍然按照自己的一套来；有些家长似懂非懂，经常走入误区。面对这种情况，赵老师有些不知所措，不知道如何在亲子活动中有效指导所有的家长……

　　婴幼儿亲子活动指导对教师的指导能力有较高的要求。一方面，教师要能够灵活运用多种指导形式、有效融合多种指导策略，以应对不同的活动内容以及婴幼儿和家长在活动中的不同表现；另一方面，教师要充分考虑家长的需求和能力，与家长建立良好的伙伴关系，争取获得家长的信任，让每一位家长和婴幼儿都从活动中受益。

一、灵活运用多种指导形式

　　集体指导是教师面向所有家长统一进行的指导，内容偏重于规律性的教育理念和家长普遍存在的问题，具有指导效率较高但针对性不强的特点。个别指导是教师根据每名婴幼儿和家长的特点及需求提供的差异化指导，内容更有针对性，但指导效率较低。延伸指导有助于家长在活动后了解更多育儿知识，让亲子活动指导能够持续影响婴幼儿和家长的日常生活，补充了集体指导与个别指导的不足。可见，集体指导、个别指导与延伸指导各有各的优势，教师应当灵活使用三种指导形式，使婴幼儿亲子活动指导的效果达到最佳。

二、有效融合多种指导策略

　　婴幼儿亲子活动的指导策略是多样的，它们往往需要互相融合才能发挥出最大效力。例如，在美工活动中，教师可以通过示范指导为婴幼儿和家长演示材料的操作方法（图6-6），还可以通过口头指导帮助家长与婴幼儿共同完成艺术作品。当然，美工活动离不开环境创设与材料准备，教师可以给家长讲一讲为什么需要给孩子提供这么多材料，以及为什么这些材料适合这个年龄段的孩子，让物质环境发挥出其应有的教育价值。

图6-6　教师正在使用示范指导

典型案例

合作印画"亲子树"

　　在某照护服务机构的美术活动室，几个2~3岁的幼儿正和家长一起蘸取不同颜料在纸上印画，合作完成"亲子树"。活动的指导教师综合使用了集体指导、个别指导与延伸指导三种形式，灵活使用示范指导、口头指导、环境指导等多种指导策略，为幼儿和家长提供了切实有效的指导。

集体指导：活动开始前，教师准备了印画活动所需的全部材料，并向幼儿和家长展示了示范画"亲子树"。随后，教师结合语言讲解和动作示范，生动形象地向幼儿和家长说明了作画方法。教师还向家长特别强调了活动中的注意事项，如在作画过程中多夸奖孩子，允许孩子自由发挥，不要指挥孩子……

个别指导：活动进行中，幼儿和家长自由作画，教师在活动室中来回走动，密切观察着每一对亲子的活动表现。很快，教师发现佳佳妈妈总是批评佳佳："你怎么画得这么简单啊，一点都不像。""别光用一种颜色，给你用这个试试。"教师走到佳佳妈妈身边，与她交流道："我觉得佳佳画得很好呢，颜色搭配得很漂亮！我们不能将自己的意愿强加给孩子，给孩子太多限制，这样不仅会抹杀孩子的创造性和自主性，也会降低孩子的绘画兴趣……"

延伸指导：活动结束后，教师组织所有参加活动的家长交流活动体验，建议家长回家后继续使用类似的方式与孩子互动。教师还在微信上与佳佳妈妈交流，建议她平时多夸奖孩子，减少使用批评、命令的语气……

三、考虑家长的需求和能力

来照护服务机构参与亲子活动的家长可能在身体健康状况、文化水平、教育观念、与婴幼儿的平时互动情况等方面存在较大差异。教师在指导亲子活动时要对每位家长的能力和需求给予充分的关注和考虑，根据家长不同的接受能力提供不同层次的服务，针对家长不同的需求提供不同的指导内容。例如：对于缺乏育儿经验的年轻父母，教师可以多讲解、多示范，帮助他们快速掌握正确的育儿技能；对于文化水平较低的家长，教师可以多沟通、多交流，帮助他们掌握科学的育儿理念。

四、与家长建立伙伴关系

有些教师在指导婴幼儿亲子活动时习惯使用命令式的口吻与家长对话，让家长难以接受教师的建议。对此，教师应当认识到自己与家长的不同优势，尊重家长的主体地位，并通过积极与家长沟通、主动收集家长意见、根据家长实际情况灵活安排活动时间等方式与家长建立平等的伙伴关系，共同促进婴幼儿发展。

学习效果检测

阅读以下案例，请与同学讨论：如果你是教师，遇到这些情况，你会怎么

📝 学习笔记

办？（案例分析题）

教师选妞妞作为自己的孩子，边念儿歌边示范亲子律动操的做法。第一遍时，家长和孩子们都看着教师做。第二遍时，教师鼓励所有家长站起来，带着孩子认真模仿。第三遍后，有的家长根据自己孩子的特点，创造性地改变动作。例如，在"转一圈"的时候，有的家长直接把孩子抱起来腾空转一圈再放下，有的家长和孩子一起小跑一圈……有些家长因为孩子不愿参与活动有些手足无措，还有些家长觉得不好意思，只让孩子跟着教师做，自己则坐着观看。有一位奶奶因为年纪大体力不济，做了两遍就停了下来……

延伸阅读

1. 上海市宝山区早教指导中心.0—3岁亲子活动方案［M］.上海：华东师范大学出版社，2010.

该书以"给指导者以启示，给家长以方法"为初衷，分享了大量亲子活动方案，并为每个方案设计了活动目标、活动准备、活动过程、活动迁移、温馨提示和观察要点等板块，并附有一些儿歌、故事、歌曲等。

2. 公燕萍，许琼华.幼儿园亲子活动中教师角色定位及指导策略：以福建省泉州市为例［J］.陕西学前师范学院学报，2016，32（4）：99-104.

文章通过对亲子活动中教师角色定位和指导策略的现状调查，建议教师科学定位自身担当的角色，树立正确的指导态度，提升自身的指导能力，持续改进亲子活动中的指导策略，发展与家长之间的伙伴关系。

3. 岳训涛，王玉.早教机构0～3岁婴幼儿亲子活动实施现状与创新研究：以A早教中心为例［J］.创新创业理论研究与实践，2020，3（11）：1-5，9.

该研究对成都市A早教机构0～3岁婴幼儿亲子活动实施情况进行调查，发现该早教机构教师开展亲子活动时存在缺乏艺术领域内容、部分亲子活动难度偏高、延伸指导有待加强、三方互动情况有待加强的问题，同时，还有部分家长没有扮演好学习者的角色的问题。针对以上问题，研究者对教师提出了建议。

学习模块七
婴幼儿生活与卫生习惯
亲子活动设计与指导

　　我国著名教育家陈鹤琴先生曾说，习惯养得好，终身受其益，习惯养不好，终身受其累。①培养良好的生活习惯是对婴幼儿进行早期教育的重要内容之一。对于婴幼儿来说，他们应该养成哪些生活与卫生习惯呢？家长应该怎么帮助婴幼儿养成这些习惯呢？本学习模块将解答这些问题。在学习完本模块的内容后，你将对婴幼儿生活自理能力的发展有较全面的理解，能够结合理论和实践经验设计和实施适宜的亲子活动，为家长提供指导和支持，帮助婴幼儿养成良好的生活与卫生习惯。

学习导图

婴幼儿生活与卫生习惯亲子活动设计与指导

- 7~12个月婴儿生活与卫生习惯亲子活动设计与指导
  - 7~12个月婴儿身体护理亲子活动设计与指导策略
  - 7~12个月婴儿回应需要活动的设计与指导
  - 7~12个月婴儿生活与卫生习惯亲子活动示例

- 13~24个月幼儿生活与卫生习惯亲子活动设计与指导
  - 13~24个月幼儿进餐活动的设计与指导
  - 13~24个月幼儿盥洗活动的设计与指导
  - 13~24个月幼儿如厕活动的设计与指导
  - 13~24个月幼儿穿脱衣服活动设计与指导
  - 13~24个月幼儿生活与卫生习惯亲子活动示例

- 25~36个月幼儿生活与卫生习惯亲子活动设计与指导
  - 25~36个月幼儿进餐活动的设计与指导
  - 25~36个月幼儿盥洗活动的设计与指导
  - 25~36个月幼儿如厕活动的设计与指导
  - 25~36个月幼儿穿脱衣服活动的设计与指导
  - 25~36个月幼儿生活与卫生习惯亲子活动示例

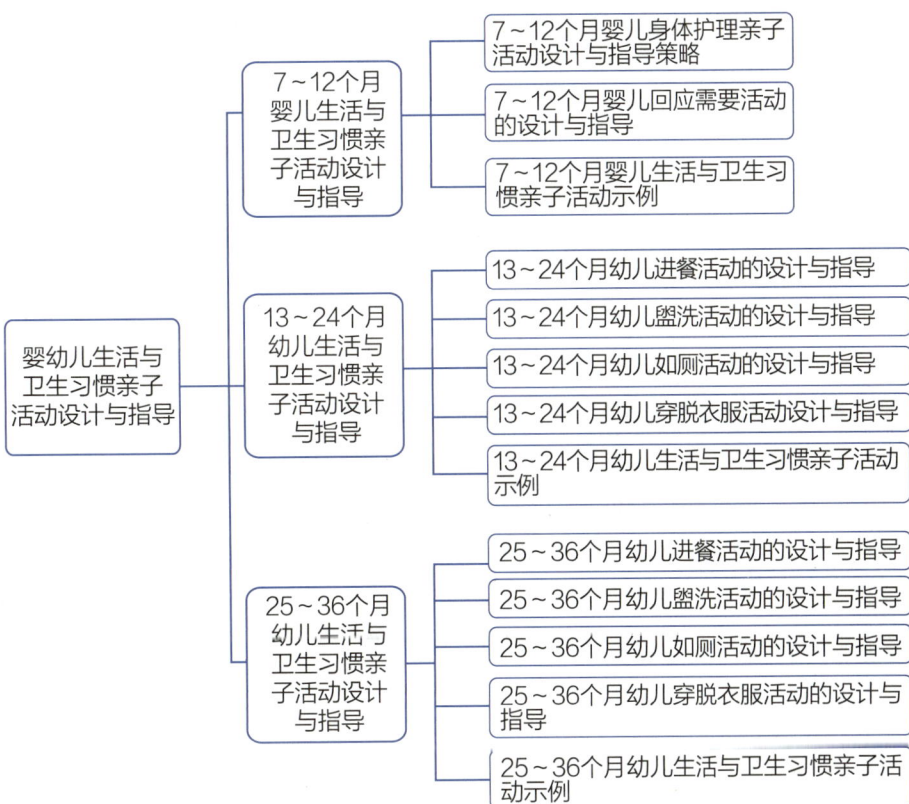

　　①　北京市教育科学研究所：《陈鹤琴教育文集（下卷）》，14页，北京，北京出版社，1985。

学习初体验

调查家长、社区、照护服务机构，了解婴幼儿生活与卫生习惯方面的亲子活动如何开展、存在的问题有哪些、应该如何改进。请记录你的观察和结论。学习完本模块后再来看看最初的记录。

学习任务 1
7～12 个月婴儿生活与卫生习惯亲子活动设计与指导

学习任务单

学习目标	通过完成本学习任务，你应该能够： ①了解 7～12 个月婴儿身体护理活动和回应需要活动的目标和内容。 ②掌握 7～12 个月婴儿身体护理活动和回应需要活动的指导要点。
学习要点	本学习任务的重点、难点： ①设计 7～12 个月婴儿身体护理活动。 ②设计 7～12 个月婴儿回应需要活动。
学习建议	学习前： ①完成本模块的学习初体验活动。 ②搜索 7～12 个月婴儿的相关视频，初步感知培养婴儿生活与卫生习惯的方式和内容。 学习中： ①结合已学知识理解与思考 7～12 个月婴儿生活与卫生习惯亲子活动的设计与指导。 ②掌握并运用 7～12 个月婴儿生活与卫生习惯亲子活动的指导要点，结合日常生活和游戏设计 7～12 个月婴儿生活与卫生习惯亲子活动。 学习后： ①完成本学习任务的相关检测题。 ②有条件的可以拜访一个家庭或者社区、照护服务机构，组织和实施 7～12 个月婴儿生活与卫生习惯亲子活动。
学习运用	你觉得在哪些工作情境中可以运用到本学习任务所学内容？

续表

学习反思	请记录你在学习过程中的思考。

案例导入

10 个月大的小小和家人一起围坐吃早餐，她坐在有靠背和围栏的婴儿专用餐椅上，小手不停地挥动着，一会儿想拿过妈妈喂饭的勺子自己吃，一会儿试着拿桌上的面包。妈妈担心小小把衣服和地面弄脏，不理会她的动作。小小见此，把头向后仰，拒绝妈妈喂饭，并继续用手去拿妈妈的勺子，几番"交手"下来，小小嘴一撇，哭了。

7～12 个月的婴儿不再像新生儿一样毫无自理能力，他们开始形成自我意识，表现出自我服务的倾向。家长应如何支持这一年龄段婴儿生活与卫生习惯的培养呢？相信本学习任务会启发你的思考。

一、7～12 个月婴儿身体护理亲子活动设计与指导策略

（一）7～12 个月婴儿身体护理活动的目标与内容

新生儿仍保持着在母体内的活动习惯，其身体内部生理性节律的调节机制尚未形成，不能自觉地调节自己的行为。随着婴儿的成长，家长在对婴儿进行身体护理的过程中，应逐渐让孩子形成饥与饱、活动与休息、进食与排泄的节律和秩序，还可以适当引导其参与自己的日常照护活动。这不仅可以促进婴儿身心健康发展，而且有利于培养其良好的生活习惯，还能减轻家长的护理负担。

（二）7～12个月婴儿身体护理活动的指导要点

1. 满足婴儿尝试自己进食的愿望

6个月时，有的婴儿已经长了2颗牙，是学习咀嚼的关键时期。家长可以给婴儿一些适宜的食物练习咀嚼。这是一种很好的锻炼，能摩擦牙床，缓解长牙时牙床的刺痛，还能为孩子在1岁左右自己用勺子吃饭打下良好的基础。

8～9个月的婴儿会表现出独自进食的倾向，开始尝试使用工具，如想自己拿勺子吃饭、拿水杯喝水。这时家长应给孩子充足的练习机会，在给婴儿喂饭时，给他一把勺子，允许其随便使用，还可以为孩子准备双把水杯，鼓励其自己喝水、喝奶。

2. 引导婴儿配合穿衣

10个月左右的婴儿穿衣时能伸手，能尝试把帽子摘下来。家长在给婴儿穿衣服时要一边穿一边用语言引导。穿上衣时，要婴儿伸手，穿袜子和鞋时要婴儿伸脚。可以用游戏的方式让婴儿配合，如穿裤子时告诉他要做一个"小鸭子钻山洞"的游戏，先捉住"小鸭子"（小脚丫），让"小鸭子"钻"山洞"（裤筒）。①

3. 用纱布清洁牙齿

婴儿出牙后家长就应该开始为其清洁牙齿。家长用纱布等纺织类物品蘸温水擦洗效果较好，2岁前不适合使用牙刷来清洁。

二、7～12个月婴儿回应需要活动的设计与指导

（一）7～12个月婴儿回应需要活动的目标与内容

婴幼儿时期是大脑发育和安全感建立的关键时期，成人对婴幼儿需求的识别和回应方式非常重要。与慈爱、稳定、负责的看护者保持牢固的情感联系，是促进婴幼儿大脑健康发展的重要因素之一。对婴幼儿来说，看护者的笑、低语和爱意与自己需求的满足密切相关。

（二）7～12个月婴儿回应需要活动的指导要点

1. 及时回应婴儿的哭泣

哭泣是婴幼儿表示需要的主要手段，6个月左右的婴儿还会改变音量、音调和语速，并用语音来表达不高兴、不舒服等情绪，家长应及时做出回应。婴儿啼哭时，如果闭着眼睛，嘴左右觅食或吮吸手指，双脚紧蹬，号哭不停，说明是饥饿

---

① 刘晶波、李旭：《0—1岁儿童的发展与教育》，255页，南京，南京师范大学出版社，2020。

或口渴,应及时喂养。如果持续不断悲悲切切地哭叫流泪,可能因为尿不湿、衣着太紧或身体不舒服,应给婴儿更换尿不湿、宽衣带等。如果哭而无泪,脸上只有哭的表情,"哼哼"直叫,是想要吸引成人的注意,可抱抱婴儿,和他说说话。婴儿夜间烦躁啼哭、多汗,常为佝偻病的早期表现,大声阵发性尖叫常为腹部疼痛,均应尽早到医院就诊治疗。总而言之,当婴幼儿哭闹时,家长应弄清哭闹原因,了解和识别婴幼儿的需要,并迅速和恰当地回应婴幼儿的需要。当然,除了哭泣,婴幼儿还会发出其他信号,家长也需要及时回应。

💡 想一想
　　有人说0～12个月的婴儿什么都不懂,也不记事,家长没有必要对他们的哭声回应,你觉得对吗?为什么?

2. 在行为和表情上体现对婴儿的关爱

对婴儿的养育,家长需要多关注面对孩子时的非语言信息。具体来说,要在行动和表情上体现对婴儿的真诚关爱。家长如果心情比较低落,与婴儿交流前一定要调整自己的表情和行为。

3. 拥抱和爱抚孩子

发自内心的爱抚对婴幼儿的成长益处多多。婴幼儿越小,越喜欢和父母进行身体上的亲密接触,他们喜欢父母的拥抱和抚摸,这会给他们深深的安全感。因此,家长可以有意识地创造和婴幼儿亲密接触的机会。

🔍 扩展阅读

抚触的重要性

　　婴幼儿抚触是指通过抚触者的双手对婴幼儿皮肤各部位进行有顺序、有技巧的抚摸,让大量温暖、舒适的刺激通过皮肤感受器传到中枢神经系统,从而产生良好的生理效应。

　　婴幼儿接受抚触有很多好处。抚触可以刺激婴幼儿的淋巴系统,增强抵抗疾病的能力;可以改善婴幼儿的消化系统功能,增进食欲;可以平复婴幼儿的不安情绪,减少哭闹;可以加深婴幼儿的睡眠深度,延长睡眠时间;还能促进亲子之间的交流,使婴幼儿感受到成人的爱护和关怀。①

三、7～12个月婴儿生活与卫生习惯亲子活动示例

活动名称: 婴儿抚触	适宜月龄:7～9个月
活动目标	【家长指导目标】 ①了解抚触活动对婴儿抵抗力、消化系统和睡眠的作用。 ②学会婴儿抚触的顺序和技巧。

---

① 刘立民:《0～3岁婴幼儿亲子活动教程》,2页,北京,北京师范大学出版社,2018。

活动目标	【婴儿发展目标】 ①通过皮肤和身体上的接触，感受到爱护和关怀。 ②促进神经系统、淋巴系统和消化系统的发育。
活动准备	家长：清洁手部、准备按摩油。 婴儿：身体、精神状态良好。 环境：温暖、安静、熟悉。
活动过程	【导入部分】 与家长进行活动前的交流，简述活动目标和内容，包括抚触对婴儿的价值及抚触的顺序、手法及注意事项，让家长对本次亲子活动建立初步的认识，以便更好地跟随教师的引导进行有目的的学习。 【基本部分】 教师示范如何进行抚触。家长跟随教师对孩子进行抚触。 ①暖身活动：让婴儿舒服地躺着，取婴儿按摩油，放在掌中揉搓，并用语言告诉婴儿："我们来抚触啦！" ②脸部抚触：把双手拇指放在婴儿前额眉间上方，用指腹从眉心向外平推至太阳穴。从婴儿下巴中部开始，用拇指和示指捏住下巴底部的肌肉轻轻捏揉，再沿着下颚线轻轻捏揉至耳下。用拇指和示指捏住婴儿耳郭上部，从这个位置开始，用手做小圆圈抚触，向下捏揉至耳垂。 ③手臂和手掌抚触：把婴儿两臂左右分开，掌心朝上。用手掌轻轻按压婴儿的肩膀至大臂，随至小臂再到手掌。顺势用大拇指按压其手心，从手心内侧滑至手指，用大拇指与示指轻捏婴儿的手指，从指根轻捏至指尖。 ④胸部抚触：双手放在婴儿的两侧肋缘，依次向上滑向婴儿肩膀。 ⑤腹部抚触：沿腹部向下抚触。一只手横放在紧靠婴儿胸部下方的腹部，沿上腹部施压抚触至下腹部，然后轻轻抬起手，另一只手做相同的动作。 ⑥背部抚触：让婴儿俯卧，双手大拇指平放在婴儿脊椎两侧，其他手指并在一起扶住婴儿身体，拇指指腹分别由中央向两侧轻轻抚摸，从肩膀处移至尾椎。随后五指并拢，从掌根到手指成为一个整体，横放在婴儿背部，手背稍微拱起，双手交替从婴儿脖颈抚至臀部。 ⑦腿部及脚掌抚触：用拇指、示指和中指轻轻揉捏婴儿大腿的肌肉，从膝盖处一直按摩到尾椎下端。用一只手握住婴儿的脚后跟，另一只手拇指朝外握住婴儿小腿，沿膝盖向下捏压、滑动至脚踝。一只手托住婴儿的脚后跟，另一只手四指聚拢在婴儿的脚背处，用大拇指指腹轻揉脚底，从脚尖抚摸到脚跟。 ⑧注意事项：抚触时双手的力量要均匀，动作要轻柔，做动作的同时可以念一些有趣的儿歌，如抚触手掌时说"大拇哥，二拇弟，三姑娘，四小弟，小妞妞一起来看大戏，瞧手心，看手背"。
活动过程	【结束部分】 总结与交流：教师就本次亲子活动的内容进行简单的总结，与家长就活动中的体验或疑惑进行交流。
活动延伸	【课后拓展】 家长可以在家里进行婴儿抚触活动，特别是在婴儿洗完澡后。

学习效果检测

1. 请判断下列说法的正误。（判断题）

（1）7～12个月婴儿还没有把食物送进嘴里的能力。（　　　）

（2）婴幼儿经常哭，家长没有必要回应。（　　　）

（3）抚触对婴幼儿抵抗力、消化系统和睡眠等都有积极的促进作用。（　　　）

（4）7～12个月婴儿的牙齿刚长出来，不需要进行清洁。（　　　）

2. 在本学习任务导入部分的故事中，面对小小的行为，你会给小小妈妈什么建议呢？（案例分析题）

3. 根据本学习任务的内容，设计一个7～12个月婴儿生活与卫生习惯亲子活动。（综合题）

参考答案

学习任务2
13～24 个月幼儿生活与卫生习惯亲子活动设计与指导

学习任务单

学习目标	通过完成本学习任务，你应该能够： ①了解 13～24 个月幼儿进餐活动、盥洗活动、如厕活动和穿脱衣服活动的目标与内容。 ②掌握 13～24 个月幼儿进餐活动、盥洗活动、如厕活动和穿脱衣服活动的指导要点。
学习要点	本学习任务的重点、难点： 设计 13～24 个月幼儿生活与卫生习惯亲子活动。
学习建议	学习前： ①完成本模块的学习初体验活动。 ②复习 7～12 个月婴儿生活与卫生习惯亲子活动设计与指导。 学习中： ①结合已学知识理解与思考 13～24 个月幼儿生活与卫生习惯亲子活动的设计与指导。 ②掌握并运用 13～24 个月幼儿生活与卫生习惯亲子活动的指导要点，结合日常生活和游戏设计 13～24 个月幼儿生活与卫生习惯亲子活动。 学习后： ①完成本学习任务的相关检测题。 ②有条件的可以拜访一个家庭、社区或照护服务机构，组织和实施 13～24 个月幼儿生活与卫生习惯亲子活动。
学习运用	你觉得在哪些工作情境中可以运用到本学习任务所学内容？
学习反思	请记录你在学习过程中的思考。

案例导入

东东妈妈最近非常苦恼。1岁半的东东特别讨厌穿衣服，每天妈妈说要出去玩，东东特别高兴，但是一说到要换衣服，东东立马就变脸了，说什么也不让妈妈碰自己的衣服。早上起床的时候也是如此。东东总是把两只手臂紧紧抱在一起，不愿意配合妈妈穿衣服。东东妈妈好几次忍不住大声呵斥东东，有时候动作太过粗暴弄疼了东东，让他直接哭了起来。东东妈妈看着心疼，但是不知该如何是好。

和东东一样，很多幼儿到了这个年龄开始不配合家长穿衣服、盥洗、进餐等。面对这种情况，家长应该如何培养幼儿的生活与卫生习惯呢？希望本学习任务能给你答案。

一、13～24个月幼儿进餐活动的设计与指导

（一）13～24个月幼儿进餐活动的目标与内容

"吃"是生存的第一需求。对1岁的幼儿来说，这一年中，无论是吃的方式还是吃的内容，都会开辟出一片新的天地。到2岁时，大多数幼儿已会用杯子喝水、用勺子吃饭了。作为成人，要创设条件支持并鼓励幼儿发展独立进餐的能力。

（二）13～24个月幼儿进餐活动的指导要点

1. 提供适宜的餐具

成人要为幼儿提供适合其使用的碗和勺，勺子的大小要适合幼儿的嘴巴。餐具上如果有可爱的装饰，能提高幼儿吃饭的兴趣。1岁半以前，婴幼儿吃饭时很少能安安静静地坐在座位上等着喂饭，常常走来走去。这时家长可以为婴幼儿准备一把儿童餐椅，一般餐椅配有餐盘和安全带，婴幼儿坐在上面可以有效防止出现四处走动的情况。

2. 鼓励幼儿自己吃饭

1岁半以后的幼儿自己动手吃饭的欲望日益强烈。虽然这个年龄段幼儿的精细动作还不协调，常常有弄洒饭菜的情况发生，但成人不应因为怕麻烦就剥夺了幼儿学习吃饭的机会。幼儿能自己独立吃饭后，家长就不要再喂他吃饭了。如果孩子表现出没有胃口或不想吃饭，家长可以在喂几口后，鼓励孩子自己吃饭。

3. 锻炼婴幼儿小肌肉动作

当婴幼儿开始尝试用勺子自己吃饭时，家长一定要向他们示范、讲解正确

的动作，包括拿勺子时手指的位置等。婴幼儿刚开始练习时可以用大一些的玩具模型（勺子、小碗），借助游戏场景开展，如用模型小勺喂小熊吃饭、喂洋娃娃吃饭，其中"饭"应是大颗粒的。

二、13～24 个月幼儿盥洗活动的设计与指导

（一）13～24 个月幼儿盥洗活动的目标与内容

接近 2 岁的幼儿，应该能用毛巾粗略地擦嘴、手和脸部，学习用手绢擦鼻涕，能在家长的示范下学着洗手、洗脚。在这一阶段，家长首先应引导幼儿在洗手、洗脸、刷牙和洗脚时积极配合，然后过渡到模仿家长洗漱。此外，幼儿刚开始练习洗手、洗脸、刷牙和洗脚时，很有可能把水弄得到处都是，还可能流到眼睛、耳朵里，家长要及时帮助，否则很容易引起幼儿的抗拒和排斥。

（二）13～24 个月幼儿盥洗活动的指导要点

1. 准备适宜的洗漱用具

家长应该给幼儿准备专用的毛巾、牙刷、牙杯等，最好上面带有幼儿喜欢的动物或其他图案。无论是孩子日常洗漱，还是刷牙，家长都可以鼓励幼儿自己学着使用毛巾、牙具等。

2. 反复示范

成人应仔细向幼儿示范、讲解洗漱的步骤和动作要求，也可以在洗漱时让幼儿在一旁，便于幼儿进行模仿。成人可以把各个步骤用简单的示意图画出来或拍照做成图片，贴在洗手池的墙面上，图解洗漱的各个步骤（图 7-1）。

图 7-1 照护服务机构张贴了洗手步骤图片

扩展阅读

孩子为什么不爱洗澡？

孩子不爱洗澡的原因通常有以下几种：

①环境原因：室温或水温不适宜。

②家长操作不当：洗护用品刺激皮肤，肥皂沫或水经常进入孩子的眼睛、耳朵或嘴里；洗澡手法不当，家长动作过重。

③婴幼儿身体原因：正在做开心的事情、玩累了、生病或刚吃完饭。

④婴幼儿心理原因：认为洗澡无趣，滑倒的经历造成心理阴影，害怕洗澡冲水的声音，家长总是批评孩子玩水，等等。

三、13～24 个月幼儿如厕活动的设计与指导

（一）13～24 个月幼儿如厕活动的目标与内容

1 岁以内婴儿对大便的排泄几乎是没有意识的，所以不会主动排便。1 岁以后，幼儿能逐渐意识到排便，他们可能会突然停下手头的事情，面部表情也会出现片刻的变化。1 岁半至 2 岁时，幼儿控制大小便的括约肌发育成熟，他们能够控制大小便，成人可以对幼儿开始如厕训练。成人应鼓励婴幼儿及时表达大小便需求，形成一定的排便规律，逐渐学会自己坐便盆。

（二）13～24 个月幼儿如厕活动的指导要点

1. 鼓励幼儿表达如厕需要

这个年龄段的幼儿经常等到裤子湿了才向家长求助，不会提前表达如厕需要。一方面，幼儿对膀胱和肛门发出的信号还比较陌生，不知道这时候该尿尿或大便了；另一方面，有些幼儿可能还不会清晰地表达自己的需求。家长应注意观察幼儿尿尿或大便前一些特别的表现，如突然停下来站着不动、眉头轻皱、脸憋得通红、两眼发直、轻微颤抖、扭屁股、放屁、摸私处等。成人捕捉到这些迹象时，可以帮幼儿描述感觉，帮助他把这种感觉和上厕所联系起来。如果幼儿尚不会用语言表达如厕需要，家长可以教导幼儿运用其他简单的方法来表示，如用身体动作、用手拉裤腰或手指厕所等表达，也可让其学着用简单的语音表达，如"嘘嘘""便便"等。

2. 如厕训练时多鼓励幼儿

幼儿如厕成功后，家长要给予适当表扬和鼓励。即使不成功，如弄脏裤子，家长也不要表现出不满，训练时多示范与指导即可。如果家长表现出不满或指责孩子，幼儿可能会产生抵触情绪，给进一步训练带来障碍。如厕训练可能是一场初期不见成效、中期不断反复、后期还可能倒退的持久战。幼儿不是做对了一次就代表完全学会，以后永远正确，他们的表现经常是反复的。家长要有心理准备，遇到幼儿反复的情况一定要有耐心。

3. 选择合适的坐便器

照护服务机构中配备的坐便器一般是适合幼儿使用的。在家庭中，家长可以结合幼儿的自身情况选择并购置宝宝坐便器。宝宝坐便器主要分为独立儿童坐便器和安装在成人马桶上的儿童马桶圈。坐便器不必太花里胡哨，那样会分散幼儿的注意力，重要的是安全、舒适、易清洗、盆底宽阔、高度适中。如果幼儿使用的是儿童马桶圈，建议家长配上底部宽阔的矮脚凳。另外，家长要注意看护，防止孩子从马桶上摔下来。购买坐便器后，家长可以每天定时、定点带孩子坐在小马桶上，可以先不脱衣服，是否大小便也没关系。目的主要是让孩子

熟悉坐便器及厕所的环境，可以给孩子讲一些坐便器的知识以及如何使用等。

4. 让孩子有机会看到家长上厕所

孩子通过模仿来学习，如厕训练也是如此。对于二孩家庭，让老二看老大上厕所是最好的，因为今后孩子们用的坐便器是相似的。只有一个孩子的家庭可以有意识地创造机会让孩子看到父母上厕所。如果家长让孩子跟着上厕所，并准备一个儿童坐便器，孩子可能就会坐到上面，甚至还会假装使用，这是婴幼儿正在学习上厕所的征兆。

🔍 扩展阅读

什么时候开始如厕训练？

幼儿1岁半左右就可以开始如厕训练了，但个体发展过程中存在差异。美国儿科学会归纳了如厕训练七大指标，如果满足大部分指标，就可以考虑进行如厕训练了。

①纸尿裤可以保持干爽2小时，或者午睡醒来后纸尿裤还是干的。

②独立性提高，喜欢说"不"，想要独立完成一些任务。

③对上厕所表现出好奇，经常像"小尾巴"一样跟着家长上厕所。

④行走自如，能独坐一会儿。

⑤会用表情、姿势或者语言表达要尿尿或大便。

⑥可以独立或者在成人的帮助下穿脱裤子。

⑦能听懂简单的指令，如"脱裤子"。

四、13～24个月幼儿穿脱衣服活动设计与指导

（一）13～24个月幼儿穿脱衣服活动的目标与内容

穿脱衣服是幼儿基本的自理技能之一。1岁以后，幼儿慢慢知道如何配合家长穿衣服，能把脚放进鞋子里，胳膊放进袖子里。随着精细动作的发展，幼儿还能自己独立脱帽、脱鞋袜、戴帽子。接近2岁时，幼儿能自己拉开拉链，脱下短裤或内裤。穿脱衣服能力的培养是一个循序渐进的过程，家长在这一阶段要给幼儿充分的练习机会，帮助幼儿由易到难地逐渐学会自己穿脱衣服。

（二）13～24个月幼儿穿脱衣服活动的指导要点

1. 先学习脱衣服，再学习穿衣服

对于幼儿来说，学习脱衣服通常比穿衣服要容易。因此，家长应先让幼儿学习脱帽子、袜子、鞋子、手套，然后训练戴帽子、将鞋子或袜子套在脚上。刚开始时，家长可以留下最后一个步骤让幼儿自己完成。例如，家长可以先把幼儿的袜口脱到脚后跟处，再让幼儿把袜子从脚上拉下来，或者给幼儿拉拉链时只拉一半，鼓励幼儿自己完成剩下的一半，这将使幼儿在发展自主技能的过程

📝 学习笔记

💡 想一想

有家长说婴幼儿自己吃饭、脱穿衣服很浪费时间，所以经常帮助婴幼儿。你认为家长这么做对吗？为什么？

中体验到自豪感。

2. 增加穿脱衣服活动的趣味性

家长平时可以让幼儿给布娃娃穿脱衣服，让他们熟悉穿衣服的步骤，并培养动手能力，也可以通过儿歌、比赛的方式，使穿脱衣服变成一种有趣的游戏。此外，墙面上可以装全身镜，幼儿对着镜子练习穿脱衣服时会感到轻松而有趣。

🔎 扩展阅读

穿开裆裤的危害

孩子会爬、会走以后，如果仍穿开裆裤，不论是坐在板凳上还是地上，外生殖器和臀部都容易受到污染，尤其是女孩。此外，穿开裆裤还容易让外生殖器受伤，包括夹伤、磕碰、蚊虫叮咬等。到了冬季，寒风从开裆处吹遍全身，容易使孩子感冒。1 岁半以后，幼儿能自己坐在坐便器上排便，有了一定的自理能力，穿开裆裤不利于排便习惯的养成，这时可以慢慢给孩子换上满裆裤，到 2 岁以后，就可以全穿满裆裤了。

五、13～24 个月幼儿生活与卫生习惯亲子活动示例

活动名称：舀舀乐		适宜月龄：18～24 个月
活动目标	【家长指导目标】 ①了解 18～24 个月幼儿使用勺子的发展水平。 ②能够通过观察幼儿使用勺子的情况，分析和判断幼儿的动手能力。 【幼儿发展目标】 ①愿意用勺子舀东西。 ②能用正确的姿势拿勺子舀东西。 ③能够在日常生活中用勺子吃饭。	
活动准备	准备材料：勺子、娃娃、小碗、米、红枣。	
活动过程	【导入部分】 ①与家长进行活动前的交流，介绍这一年龄段幼儿使用勺子的发展水平，简述活动目标和内容。 ②儿歌引入：教师引导家长和幼儿一起念儿歌做动作："小小勺，真灵便，握在拇指和示指间；一手拿勺，一手拿碗，不撒不漏送嘴边。" 【基本部分】 **游戏一：勺子舀红枣** ①教师准备两个碗，在一个碗中放入红枣，请幼儿把一个碗里的红枣舀到另一个碗里。 ②家长引导幼儿把红枣从一个碗里舀到另一个碗里。	

续表

	游戏二：喂娃娃吃饭
活动过程	①教师引导幼儿给娃娃喂饭："娃娃饿了，我们给娃娃喂饭吧。" ②教师用夸张的动作示范使用勺子：用拇指和示指捏住勺子，用中指抵住勺子，然后用勺子把米一勺一勺地舀进娃娃嘴里。 ③家长引导幼儿用正确的姿势把米舀进娃娃嘴里，可一边做动作一边唱儿歌《扮家家》："娃娃肚子饿了，我们来喂她。" 【结束部分】 总结与交流：教师就本次亲子活动的内容进行简单的总结，与家长就活动中的体验或疑惑进行交流。
活动延伸	【课后拓展】 在日常生活中，家长可以采用以下方式培养幼儿使用勺子的能力。 ①多玩一些运用手腕动作的游戏，如用勺子舀火龙果或西瓜等。 ②让幼儿用勺子舀不同材质和大小的物体，如舀固体（花生、米）、液体（牛奶、汤）和漂浮物（放在水盆里的乒乓球）等。

学习效果检测

1. 试判断下列说法是否正确。（判断题）

（1）1～2 岁幼儿还不能自己吃饭，需要完全靠家长喂饭。（　　）

（2）一般 1 岁半可以开始进行如厕训练，但是不同孩子的发展水平不一样，不一定都要从这个时间开始。（　　）

（3）开始如厕训练后，如果婴幼儿还尿裤子，家长应该严厉批评。（　　）

（4）开裆裤方便婴幼儿进行如厕训练，可以一直穿到 3 岁。（　　）

（5）婴幼儿先学习穿衣服，再学习脱衣服。（　　）

2. 如果你是照护服务机构的教师，一位 1 岁半孩子的妈妈来向你咨询如何对幼儿进行如厕训练，你将如何进行指导？（简答题）

3. 根据本学习任务的内容，设计一个 13～24 个月幼儿生活与卫生习惯亲子活动。（综合题）

参考答案

学习任务 3
25～36 个月幼儿生活与卫生习惯亲子活动设计与指导

学习任务单

学习目标	通过完成本学习任务，你应该能够： ①了解 25～36 个月幼儿进餐活动、盥洗活动、如厕活动和穿脱衣服活动的目标与内容。 ②掌握 25～36 个月幼儿进餐活动、盥洗活动、如厕活动和穿脱衣服活动的指导要点。
学习要点	本学习任务的重点、难点： ①掌握 25～36 个月幼儿生活与卫生习惯亲子活动指导要点。 ②设计 25～36 个月幼儿生活与卫生习惯亲子活动。
学习建议	学习前： ①完成本模块的学习初体验活动。 ②复习 13～24 个月幼儿生活与卫生习惯亲子活动设计与指导。 学习中： ①结合已学知识理解与思考 25～36 个月幼儿生活与卫生习惯亲子活动的设计与指导。 ②掌握并运用 25～36 个月幼儿生活与卫生习惯亲子活动的指导要点，结合日常生活和游戏设计 25～36 个月幼儿生活与卫生习惯亲子活动。 学习后： ①完成本学习任务的相关检测题。 ②有条件的可以拜访一个家庭或者社区、照护服务机构，组织和实施 25～36 个月幼儿生活与卫生习惯亲子活动。
学习运用	你觉得在哪些工作情境中可以运用到本学习任务所学内容？
学习反思	请记录你在学习过程中的思考。

案例导入

2 岁 10 个月的依依，在照护服务机构中表现出良好的生活与卫生习惯，包括自己用勺子吃饭，吃饭前主动洗手，知道哪条毛巾是自己的。此外，还能穿脱简单的衣服，夏天时能独自小便。其他小朋友的妈妈纷纷来向依依妈妈"取经"，依依妈妈感到很自豪。

2～3 岁幼儿如果养成了良好的生活与卫生习惯，在进入幼儿园后，就能在陌生的环境中尝试做一些力所能及的事情，较快适应全新的集体生活。如何培养幼儿为自己服务的意识和能力，是这一年龄段幼儿家长需要关注的事情。

一、25～36 个月幼儿进餐活动的设计与指导

（一）25～36 个月幼儿进餐活动的目标与内容

这一年龄段的幼儿可以比较熟练地使用勺子吃饭，用一只手端水杯饮水。这时家长应关注幼儿用餐礼仪的培养，此外，如果幼儿对筷子感兴趣，也可以鼓励幼儿开始使用筷子。

（二）25～36 个月幼儿进餐活动的指导要点

1. 培养幼儿用餐礼仪

这一年龄段的幼儿能够使用汤匙独立吃饭，并且需要培养一些简单的用餐礼仪。例如，一手拿餐具，一手扶住碗，吃完才能离开餐桌，食物不能洒落太多，逐渐养成细嚼慢咽的好习惯。

2. 开始尝试使用筷子

2 岁半后幼儿可以比较熟练地使用勺子，这时如果幼儿对成人使用的筷子感兴趣，家长可以创造机会逐渐让其尝试使用。家长可以准备一些练习使用筷子的小游戏，如筷子夹纸团，把一些小纸团放在一个盘子里，让幼儿模仿家长，用筷子把纸团夹到另一个盘子里。此后逐渐缩小纸团，提高用筷子的精确程度。

二、25～36 个月幼儿盥洗活动的设计与指导

（一）25～36 个月幼儿盥洗活动的目标与内容

这一年龄段的幼儿能在成人引导下洗手、洗脸，但是可能会弄湿袖口，能用清水把口中残渣基本漱干净，并能在成人的示范下用牙刷粗略地刷牙。其中存在较多问题的是刷牙环节。幼儿在 2 岁半左右出齐乳牙，能吃的食物种类增多，应特别注意口腔护理，否则容易出现龋齿。龋齿若治疗不及时，不但会影响

牙齿的咀嚼功能，而且会影响恒牙的生长。家长要引导幼儿养成早晚刷牙、饭后漱口、睡前不吃东西的好习惯。

（二）25～36个月幼儿盥洗活动的指导要点

1. 选择幼儿喜欢的牙膏口味

有一些幼儿不喜欢刷牙是因为不习惯牙膏的味道。家长可以选择清凉的薄荷味牙膏或者水果味牙膏等孩子喜欢的口味。需要注意的是，一定要选择含氟牙膏，氟化物能增加牙齿对矿物质的吸收，增强牙齿的抗酸能力，减缓龋齿过程。然而，过量摄入氟化物会对孩子造成一定的伤害，因此一般3岁以下的幼儿应使用含氟量为0.05%的牙膏，每次使用米粒大小。

2. 给幼儿阅读相关绘本

有的幼儿不理解为什么要讲卫生，并且这一年龄段幼儿的思维方式决定了讲道理说教的方式通常很难直接促进其行为习惯的养成。家长不妨和幼儿一起阅读相关绘本，借助有趣的故事和画面让他们直观感受讲卫生的重要性及不讲卫生的后果（图7-2）。此外，绘本中直接将刷牙或洗手的画面展现在幼儿面前，幼儿在享受故事情节的同时，也会内化其中的行为和生活习惯。

图7-2 与幼儿一起阅读相关绘本

3. 把刷牙变成游戏

英国教育家洛克说过："教导儿童的主要技巧是把儿童应做的事也都变成一种游戏似的。"①家长如果把幼儿不喜欢的、害怕的日常生活活动变成有趣的游戏活动，会让教养活动变得容易实施，便于培养幼儿的生活与卫生习惯。例如，一边给幼儿刷牙，一边说："轰隆隆，牙刷小火车要开进嘴巴里喽！"

4. 家长言传身教

幼儿天生爱模仿，在培养幼儿生活与卫生习惯时，家长的言传身教起到了不可或缺的重要作用。有的家长自己都没有饭前便后洗手的卫生习惯，在家长的影响下，幼儿也不可能养成好的行为习惯。如果幼儿不喜欢洗手或刷牙，家长可以让孩子经常看到自己洗手或刷牙的样子，表现出这是一件很有意思的事。幼儿在一旁觉得好玩，就会模仿家长的动作，慢慢养成良好的生活与卫生习惯。

---

① ［英］洛克：《教育漫话》2版，傅任敢译，33页，北京，教育科学出版社，2014。

扩展阅读

巴氏刷牙法

巴氏刷牙法是能有效去除龈缘附近及龈沟内菌斑的方法，其注意事项如下。

①刷毛和牙面成 45 度角，并且朝向牙龈，这样的角度不仅可以同时刷到牙龈和牙龈沟，而且会让牙齿和牙刷有相当大面积的接触。

②小幅水平颤动并拂刷。在牙齿表面水平轻轻颤动牙刷刷毛，可以去除牙菌斑。来回颤动时，一般能覆盖两到三颗牙齿，来回颤动 10 次左右为宜。

③刷到牙齿的每个面。按一定的顺序将口腔内所有牙齿的所有面均刷干净，包括外侧面、内侧面和咬合面，对咬合面可以转圈或前后来回刷。

④刷完牙面应当轻刷舌苔。舌头上过厚的舌苔会导致口腔异味等问题。

一套完整的巴氏刷牙法做下来，需要 2 分钟及以上。如果刷牙时间少于 30 秒，应该没有刷干净牙齿。

想一想

如果你是一位幼儿的家长，应该如何培养幼儿自己如厕呢？你会采用哪些方法？

学习笔记

三、25～36 个月幼儿如厕活动的设计与指导

（一）25～36 个月幼儿如厕活动的目标与内容

2～3 岁幼儿可以做到有便意时表达或叫成人帮忙，逐渐养成每天一次大便的习惯，在熟悉的场所能自己去厕所，独立大小便，自己脱下和拉上长裤和内裤。

（二）25～36 个月幼儿如厕活动的指导要点

1. 注意观察幼儿排便前的行为

2～3 岁幼儿对自己排泄器官发出的信息非常敏感，有便意时会下意识地用手去触摸排泄器官。因此，家长看到孩子有便意时要主动问他要不要去厕所，并陪同他进行如厕训练。

2. 培养幼儿固定的排便规律

这个年龄段的幼儿虽然没有时间概念，但是正处于顺序敏感期，对生理时间也很敏感，家长可固定幼儿的如厕时间和地点，帮助幼儿形成稳定的生活规律。

四、25～36 个月幼儿穿脱衣服活动的设计与指导

（一）25～36 个月幼儿穿脱衣服活动的目标与内容

这一年龄段的幼儿会穿脱简单的衣服，会穿上没有鞋带的鞋子，会拉上或拉开外衣的拉链。家长应按照幼儿练习穿脱衣服的基本顺序培养幼儿穿脱衣服，并了解其困难点，如难以分辨左右等。

（二）25～36个月幼儿穿脱衣服活动的指导要点

1. 把握幼儿练习穿脱衣服的顺序

家长可以按照穿衣训练的基本顺序培养幼儿的能力：先练习脱衣服，后练习穿衣服；先练习穿短袖衫、短裤，后练习穿长袖衫、长裤；先练习解、扣较大的纽扣，后练习解、扣较小的纽扣；先练习穿有松紧带的裤子，后练习穿有纽扣或拉链的裤子。

2. 注意引导幼儿分辨左右

2岁后幼儿自己会穿没有鞋带的鞋子，但往往分不清左右。家长和幼儿在平时脱鞋时就要养成配对摆好的习惯，让幼儿在生活中积累"鞋分左右"的经验。

3. 善于使用儿歌提示幼儿穿衣步骤

家长可以利用儿歌教幼儿学习穿脱衣服的方法。例如，脱套头衫的儿歌："先把衣服往上提，抓住袖口缩胳膊，左胳膊，右胳膊，左右胳膊缩回来，提住领子露出头，宝宝的衣服脱好了。"脱开衫衣服的儿歌："拉链扣子解一解，我把小手藏起来，一手拉着袖袖转，再转一下脱下来。"穿开衫的儿歌："抓领子盖房子，小老鼠钻洞子，左钻钻右钻钻，吱吱吱上房子。"穿套头衫的儿歌："一件衣服三个洞，先把脑袋伸进大洞口，再把手臂伸进两边小洞洞，拉直衣服就完工。"

五、25～36个月幼儿生活与卫生习惯亲子活动示例

活动名称：我会穿衣服		适宜月龄：30～36个月
活动目标	【家长指导目标】 ①了解30～36月龄段幼儿穿脱衣服的发展水平。 ②能够通过观察幼儿的动作，分析和判断幼儿穿脱衣服的发展情况。 ③学习用儿歌提示幼儿穿脱衣服的步骤。	
活动目标	【幼儿发展目标】 ①能识别不同类型的衣服。 ②愿意自己穿脱衣服。 ③能够在家长的帮助下，自己穿脱衣服。	
活动准备	幼儿及成人服饰图片、幼儿服饰、穿衣服儿歌。	
活动过程	【导入部分】 与家长进行活动前的交流，简述活动目标和内容，向家长介绍这一阶段让幼儿练习自己穿衣服的必要性。	

续表

| 活动过程 | 【基本部分】
游戏一：我会认
教师出示幼儿和成人衣服的图片，请幼儿进行分类，把上衣和裤子分开放。 如果幼儿不能理解分类的意义，家长可以换一种说法，如请幼儿把上衣挑出来等。
游戏二：我会自己穿衣服
教师提供帽子、马甲、短袖、长袖、套头衫和裤子等衣服，穿着难度逐级提升，不同衣服穿着方法略有不同。
衣服上贴有儿歌，家长鼓励幼儿尝试穿不同穿着难度的衣服，并在一旁念出衣服上的儿歌，提示幼儿穿衣步骤并提升穿衣趣味性。
【结束部分】
总结与交流：教师就本次亲子活动的内容进行简单的总结，与家长就活动中的体验或疑惑进行交流。 |
| 活动延伸 | 【课后拓展】
在家坚持让幼儿练习自己穿衣服。 |

🔍 扩展阅读

3 岁幼儿自理能力发展目标

①有固定的进餐时间，餐前餐后会自己洗手。

②养成早睡早起的生活习惯，坚持午睡。

③在家长的指导下，坚持早晚洗脸、刷牙。

④能主动说出自己的想法，如大小便、肚子饿等。

⑤会自己独立如厕。

⑥学习自己穿脱套头衫和裤子。

⑦会自己穿袜子和鞋，会拉正后跟，在成人提醒下能分清左右。

⑧能自己独立玩耍，会把玩具分类放回原处。

🐘 学习效果检测

1. 简述幼儿学习穿脱衣服的顺序。（简答题）

2. 阅读下文中朵朵妈妈的苦恼，如果你是文中照护服务机构的黄老师，你会给朵朵妈妈什么建议呢？（案例分析题）

2 岁的朵朵不喜欢洗脸，更不喜欢刷牙。开始时，妈妈觉得孩子小，不喜欢洗就不洗，后来照护服务机构的黄老师告诉她，这样养成习惯长大了就很难改变了。朵朵妈妈这才重视起来，可是朵朵就是不配合，刷牙时不张嘴，洗脸时使劲往后躲。朵朵妈妈总是累得一身汗，母女关系也越来越紧张。朵朵妈

参考答案

妈没有办法，只好去请教照护服务机构的黄老师……

3. 根据本学习任务的内容，设计一个 25～36 个月幼儿生活与卫生习惯亲子活动。（综合题）

延伸阅读

1. 王馨.利用儿歌培养托班婴幼儿生活自理能力［J］.课堂内外（高中版），2021（35）：73-74.

文章从"托班婴幼儿生活自理能力的价值""以儿歌唤醒托班婴幼儿生活自理能力""以儿歌助推托班婴幼儿生活自理能力"三个方面谈如何有效利用儿歌资源促进托班婴幼儿养成生活自理能力。

2. 潘燕，赵军芳.2～3 岁婴幼儿自理能力培养初探［J］.山东教育，2010（Z3）：19-21.

文章介绍了 2～3 岁幼儿应该具备的生活自理能力及其培养方式，包括进餐、睡眠、盥洗、如厕、穿脱衣服和鞋子、管理自己的东西等。

学习模块八
婴幼儿动作发展亲子活动设计与指导

皮亚杰认为，婴幼儿智力起源于动作。①科学、系统的动作教育对婴幼儿身体发育、大脑潜能开发、认知协调发展、情感及社会性培养、生活自理能力提升等各个方面都具有重要影响。因此，应充分重视对婴幼儿动作发展的教育，创设活动环境，促使婴幼儿动作灵活、协调地发展。在学习完本模块的内容后，希望你对婴幼儿动作发展有较全面的理解，能够结合理论知识和实践经验设计和实施适宜的亲子活动，为家长提供指导和支持，促进婴幼儿动作发展。

学习导图

```
                                        ┌─ 7~12个月婴儿粗大动作发展亲子活动设计与指导
                         7~12个月婴儿    ├─ 7~12个月婴儿精细动作发展亲子活动设计与指导
                         动作发展亲子     └─ 7~12个月婴儿动作发展亲子活动示例
                         活动设计与指导

                                        ┌─ 13~24个月幼儿粗大动作发展亲子活动设计与指导
  婴幼儿动作          13~24个月幼儿      ├─ 13~24个月幼儿精细动作发展亲子活动设计与指导
  发展亲子活动 ─────  动作发展亲子       └─ 13~24个月幼儿动作发展亲子活动示例
  设计与指导          活动设计与指导

                                        ┌─ 25~36个月幼儿粗大动作发展亲子活动设计与指导
                     25~36个月幼儿       ├─ 25~36个月幼儿精细动作发展亲子活动设计与指导
                     动作发展亲子        └─ 25~36个月幼儿动作发展亲子活动示例
                     活动设计与指导
```

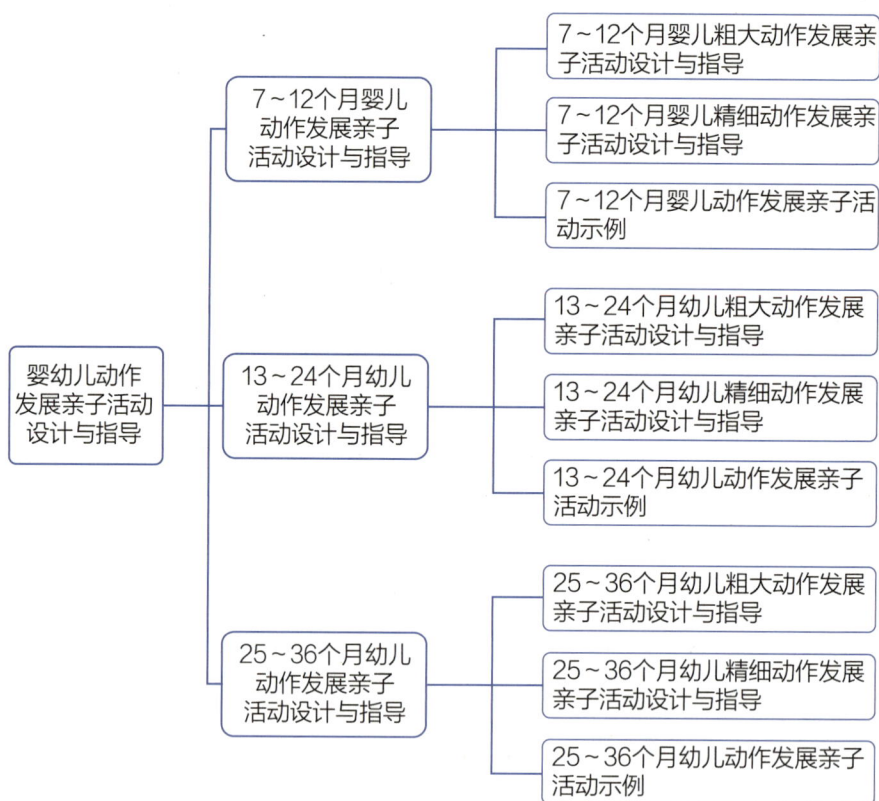

① ［美］David R Shaffer & Katherine Kipp：《发展心理学：儿童与青少年》9 版，邹泓等译，209 页，北京，中国轻工业出版社，2016。

学习初体验

调查家长、社区、照护服务机构在婴幼儿动作发展方面的设计和指导，婴幼儿动作发展教育的主要方式和活动有哪些？存在的主要问题有哪些？应该如何改进？请记录你的观察和结论，学习完本模块后再来看看最初的记录。

学习任务 1
7～12 个月婴儿动作发展亲子活动设计与指导

学习任务单

学习目标	通过完成本学习任务，你应该能够： ①了解 7～12 个月婴儿粗大动作发展亲子活动的目标与内容。 ②掌握 7～12 个月婴儿粗大动作发展亲子活动的指导要点。 ③了解 7～12 个月婴儿精细动作发展亲子活动的目标与内容。 ④掌握 7～12 个月婴儿精细动作发展亲子活动的指导要点。
学习要点	本学习任务的重点、难点： ①设计 7～12 个月婴儿粗大动作发展亲子活动。 ②设计 7～12 个月婴儿精细动作发展亲子活动。
学习建议	学习前： ①完成本模块的学习初体验活动。 ②搜索 7～12 个月婴儿的相关视频，初步感知该年龄段婴儿动作发展水平。 学习中： ①结合已学知识理解与思考 7～12 个月婴儿动作发展亲子活动的设计与指导。 ②掌握并运用常见的 7～12 个月婴儿动作发展亲子活动的指导要点，结合日常生活和游戏设计促进 7～12 个月婴儿动作发展的亲子活动。 学习后： ①完成本学习任务的相关检测题。 ②有条件的可以拜访一个家庭、社区或照护服务机构，组织和实施 7～12 个月婴儿动作发展亲子活动。

续表

学习运用	你觉得在哪些工作情境中可以运用到本学习任务所学内容？
学习反思	请记录你在学习过程中的思考。

📚 案例导入

💡 想一想

当孩子会自己坐以后就可以引导他进行扶走训练，你同意这种观点吗？为什么？

嘟嘟 7 个月大的时候刚学会坐，需要用手臂支撑地面才能坐稳，每次只能坐稳两三分钟的时间。到 8 个月时，他能独立自如地坐稳，而且时间也更长。在刚练习爬行时，如果妈妈用手抵住他的足底，他就会向前匍匐爬行。①

半岁以后，婴儿对头部和身体的控制能力越来越强，案例中 7 个月的嘟嘟已经能够坐立。随着手臂力量的发展，嘟嘟的肩部和胸部离开了地面。如果妈妈用手抵住他的足底，嘟嘟会以足底为基点，用上肢和腹部力量向前匍匐爬行，这为后期的爬行打下了基础。

✏ 学习笔记

一、7～12 个月婴儿粗大动作发展亲子活动设计与指导

（一）7～12 个月婴儿粗大动作发展亲子活动的目标与内容

粗大动作在人生的第一年发展得最为迅速。半岁以后，婴儿逐渐产生和发展坐、爬、站、走等基本的大动作，四肢得到充分的活动，动作的灵活性、协调性、平衡性进一步发展。在这一阶段，成人应遵循婴儿动作发展规律，创设安全适宜的环境，支持婴儿动作发展。

（二）7～12 个月婴儿粗大动作发展亲子活动的指导要点

1. 坐立训练

坐立的训练方法包括拉臂坐起、靠坐支撑和独坐平衡。拉臂坐起是成人握

---

① 周念丽：《0—3 岁儿童观察与评估》，55 页，上海，华东师范大学出版社，2013。

住婴儿的肩和上臂，将其缓慢拉坐起来，再扶婴儿的腰背部让其坐立。拉臂坐起时婴儿头不后仰，就可以练习靠坐，成人需要在婴儿身体的两侧和后面都摆放支撑物，帮助婴儿保持身体平衡。在靠坐的基础上，成人可逐渐撤去背后支撑，开始时可以在婴儿面前摆放一些玩具，引诱他去抓握，减少后倾力量。当婴儿能够坐得比较稳时，成人可以把他喜欢的玩具放在他身后或离他身体稍远的地方，使他转身或伸长手臂才能拿到，训练其独坐平衡能力。需要注意的是，坐的姿势对脊柱和肌肉有一定的要求，因此训练时间不宜过早，在刚开始训练时，坐立时间不宜太长。

2. 爬行训练

一般婴儿爬行能力的发展要经过三个阶段：匍匐爬行、手膝爬行和手足爬行。6个月左右的婴儿在俯卧时用张开的手支撑着，将头和胸高高抬起，以腹部为中心原地旋转来改变身体位置，这就是匍匐爬行。这时成人可以用手抵住婴儿的双脚向前推，帮助婴儿向前爬。8个月左右的婴儿能用手和膝盖支撑起身体，胸部和腹部完全离地，双手交替向前带动身体向前移动，这就是手膝爬行。如果婴儿腹部不能离开地面或不能向前移动，成人可用双手托住婴儿腹部，帮助婴儿保持正确的姿势爬行。9个月左右，在婴儿能够熟练地进行手膝爬行的基础上，可以让他们抬高臀部，抬起膝盖，用双手和双脚支撑身体向前爬行。需要注意的是，应选择较宽敞的爬行场所，铺上干净的地垫或棉垫，婴儿刚进食后不宜立刻进行爬行，每次练习时间不宜太长。如果婴儿不愿意进行爬行训练，可以用婴儿喜欢的玩具逗引，或采用爬山洞、爬过障碍物等多种形式调动婴儿的兴趣（图8-1）。活动后，可以给婴儿做一些抚触或瑜伽，以此使其放松肢体，产生愉悦的情绪。

图 8-1 婴儿进行爬行训练

3. 站立训练

一般婴儿在8个月左右时可开始学习扶持站立，9个月时能扶着物体站起来，10个月左右就可以独自站立了。刚开始进行站立训练时，成人须扶着婴儿的腋下，使孩子的两条腿伸直站立，训练时间不宜太长。一段时间后，可将婴儿放在栏杆或扶手旁，先让其练习自己从仰卧位扶着栏杆坐起，再练习拉着栏杆站起。如果婴儿兴致不高，可以用玩具吸引其注意力，延长站立时间。训练时成人应时刻关注婴儿站立动作，在其身边给予保护，以防其不小心摔伤。

4. 行走训练

图 8-2　教师示范正确
训练婴儿行走的方法

一般 10 个月左右的婴儿开始学习独立行走，训练的方法应循序渐进：移步行走、扶东西走、推小车走、独走。刚开始训练时，成人可面对婴儿握住其双手或在背后扶着婴儿的腋下，鼓励婴儿向前迈步。一段时间后，可训练婴儿扶着家具或墙壁移步，随后可训练婴儿双手扶着推车学习行走，来克服独立行走的恐惧感，最后让婴儿练习独自行走（图 8-2）。婴儿基本学会走路后，应常带婴儿到户外活动，练习行走。需要注意的是，婴儿学习独立行走时，成人在一旁的保护和鼓励是必不可少的。

🔎 扩展阅读

慎用学步车

一些家长认为学步车（图 8-3）可以让婴幼儿早些开始学走路，并且它能给婴幼儿提供一定的保护，避免其跌倒。事实上，研究表明，与未使用学步车的婴幼儿相比，使用学步车的婴幼儿实际学会爬行、独自站立和行走的时间更晚。使用学步车时间越长，婴幼儿运动能力延迟越明显。而且，学步车的轮子很灵活，有时候移动速度过快。刚学走路的婴幼儿很难控制车速，如果父母看管不当，婴幼儿很容易受伤。

图 8-3　学步车

🔎 扩展阅读

婴幼儿爬行的意义

爬行在婴幼儿动作发展中很重要，不仅可以促进其全身动作的协调发展、锻炼肌力、为直立行走打下基础，而且能够让婴幼儿较早地正面面对环境，主动接近和认识事物。此外，研究表明，很少进行爬行练习的 7～8 个月婴幼儿，将来很可能会出现语言上的障碍。因为人在爬行时，头部必须抬起，这样有利于刺激大脑皮层上的语言中枢，这种经常性的刺激有利于婴幼儿将来顺利地学习语言。还有研究发现，经常做爬行训练有利于婴幼儿长大后阅读、写作能力的发展。这是因为婴幼儿在爬行的时候，手与头的距离大概是 30 厘米，这正好是两眼聚焦结合的长度。

二、7～12 个月婴儿精细动作发展亲子活动设计与指导

（一）7～12 个月婴儿精细动作发展亲子活动的目标与内容

半岁以后是婴儿锻炼精细动作、发展五指分化的关键期。成人应帮助婴幼儿发展拇指、示指捏取能力，加强手指动作的灵活性和双手协调性。

（二）7～12个月婴儿精细动作发展亲子活动的设计与指导

1. 抓握训练

半岁以后，婴儿手指抓握能力更加灵活。7个月左右的婴儿已经表现出初步的"对指"能力，一段时间后，可以进行拇指、示指和中指的协调抓握练习。在训练时，家长应示范用拇指和示指呈钳形拿东西的动作，帮助婴儿收紧其他三指，只用拇指和示指两指捏取。此外，还可以准备一些软硬不同的纸张，先撕开一个小口子，教婴儿用双手分别握着纸张的两边学习用拇指和示指对捏撕纸。

2. 手指训练

七八个月婴儿的手指灵活性增强，成人可给婴儿买一些用手指拨弄产生声音的玩具，以及四壁有洞眼的玩具，但是洞眼不应小于1厘米，且洞眼的周围要平滑，否则婴儿的手指会卡在里面。

3. 双手配合练习

半岁以后，婴儿可以两手相互配合、协调，不再只玩一个东西，可以同时玩两个或两个以上的东西（图8-4）。成人可以在婴儿面前多放几个玩具，让其练习双手握物，或把两个东西连续交到婴儿同一只手中，并示范转手后再拿第二个东西。还可以选择各种质地的玩具，如积木、小锣、小鼓、球等，教婴儿用一只手中的玩具击打另一只手中的玩具。

图 8-4　婴儿通过玩球练习双手配合的能力

🔍 **扩展阅读**

婴儿抓握动作的发展

哈伯森（Halberson，1931）设计了一个边长1英寸①的红色立方体作为实验工具，通过观察记录不同年龄阶段的婴儿抓握这个红色立方体的动作特征，来描述和分析婴儿抓握动作的发展过程。发现约6个月大的婴儿能够弯曲手指"包住"立方体，然后用手指的力量稳稳地抓住立方体。约7个月大时，婴儿手指的力量能克服重力作用，使立方体离开地面，同时表现出初步的"对指"能力，即抓握过程中拇指与其他四指相对。约8个月大时，婴儿的示指、中指接触与拇指所在立方体的平面平行的那个平面，然后在3个手指的共同"努力"下抓起立方体。8～9个月大时，婴儿抓握时拇指与示指相对，可用两个手指抓起立方体。

———————

①　1英寸约等于2.54厘米。

三、7～12个月婴儿动作发展亲子活动示例

活动名称：婴儿主被动操		适宜月龄：7～12个月
活动目标	**【家长指导目标】** ①了解7～12个月婴儿动作发展水平。 ②了解主被动操对婴儿体格、运动能力和社会适应能力的促进作用。① **【婴儿发展目标】** ①乐于参与活动，发展运动能力。 ②能够在教师的指导及家长的引导下做相应的动作。	
活动准备	柔软的毯子，确保婴儿在30分钟内没有任何进食，情绪愉悦。	
活动过程	**【导入部分】** 与家长进行活动前的交流，简述活动目标和内容，让家长对本次亲子活动建立初步的认识，以便更好地跟随教师的引导开展亲子活动，有目的地进行学习。 **【基本部分】** 游戏：婴儿主被动操② 第一节：起坐运动。 准备姿势：婴儿仰卧，教师指导家长双手握住婴儿手腕，拇指放在婴儿掌心里，让婴儿握拳，两臂放在婴儿体侧。 动作：①让婴儿双臂伸向胸前，两手间距与肩同宽。②拉引婴儿时，成人不要过于用力。③让婴儿自己用力坐起来。 第二节：起立运动。 准备姿势：婴儿俯卧，教师指导家长用双手握住婴儿肘部。 动作：①握婴儿肘部，让其先跪再立。②扶婴儿站起，然后由跪到俯卧。 第三节：提腿运动。 准备姿势：婴儿俯卧，教师指导家长用双手握住婴儿两小腿。 动作：①向上抬起婴儿两腿，做推车状，随月龄增加，可让婴儿两手支撑抬起头部。②重复2个8拍。 第四节：弯腰运动。 准备姿势：婴儿与家长同方向保持直立，教师指导家长用左手扶住婴儿两膝，右手扶住婴儿腹部，在婴儿前方放一个玩具。 动作：①使婴儿弯腰前倾。②拣毯子上的玩具。③拣起玩具后婴儿成直立状态。④成人放回玩具，重复2个8拍。	

---

① 张蕾：《被动操与主被动操对儿童早期发展的影响》，载《健康教育与健康促进》，2008（1）。

② 陈雅芳：《0～3岁儿童动作发展与训练》，28页，上海，复旦大学出版社，2014。

续表

活动过程	第五节：托腰运动。 准备姿势：婴儿仰卧，教师指导家长用左手托住婴儿腰部，右手按住婴儿踝部。 动作：托起婴儿腰部，使婴儿腹部挺起，成桥形。 注意：托起时婴儿头不离桌（床）面，并使婴儿自己用力。 第六节：游泳运动。 准备姿势：让婴儿俯卧，教师指导家长用双手托住婴儿胸腹部。 动作：①让婴儿悬空向前后摆动，活动婴儿四肢，让其做游泳动作。②重复2个8拍。 第七节：跳跃运动。 准备姿势：婴儿站在家长对面，教师指导家长用双手扶住婴儿腋下。 动作：①把婴儿托起，使其离开桌（床）面（让婴儿足尖着地）轻轻跳跃。②重复2个8拍。 第八节：扶走运动。 准备姿势：婴儿站立，家长站在婴儿背后或前面，扶婴儿腋下、前臂或手腕。 动作：①扶婴儿学走。②重复2个8拍。 【结束部分】 总结与交流：教师就本次亲子活动的内容进行简单的总结，与家长就活动中的体验或疑惑进行交流。
活动延伸	【课后拓展】 家长可以在家里进行主被动操活动，促进婴儿动作发展。

学习效果检测

1. 能将小物品从一只手换到另一只手中是哪个年龄段婴幼儿会有的动作行为？（　　）（单选题）

    A. 7～9个月　　　　　　　B. 12～15个月

    C. 16～18个月　　　　　　D. 18～24个月

2. 婴幼儿坐立的训练阶段不包括以下哪个阶段？（　　）（单选题）

    A. 靠坐支撑　　　　　　　B. 佝偻坐立

    C. 拉臂坐起　　　　　　　D. 独坐平衡

3. 简述婴幼儿行走训练的方法。（简答题）

4. 根据本学习任务的内容，设计一个能促进7～12个月婴儿动作发展的亲子活动。（综合题）

参考答案

学习任务 2
13～24 个月幼儿动作发展亲子活动设计与指导

学习任务单

学习目标	通过完成本学习任务，你应该能够： ①了解 13～24 个月幼儿粗大动作发展亲子活动的目标与内容。 ②掌握 13～24 个月幼儿粗大动作发展亲子活动的指导要点。 ③了解 13～24 个月幼儿精细动作发展亲子活动的目标与内容。 ④掌握 13～24 个月幼儿精细动作发展亲子活动的指导要点。
学习要点	本学习任务的重点、难点： ①设计 13～24 个月幼儿粗大动作发展亲子活动。 ②设计 13～24 个月幼儿精细动作发展亲子活动。
学习建议	学习前： ①回顾 7～12 个月婴儿动作发展亲子活动设计与指导。 ②搜索 13～24 个月幼儿的相关视频，初步感知该年龄段幼儿动作发展水平。 学习中： ①结合已学知识理解与思考 13～24 个月幼儿动作发展亲子活动的设计与指导。 ②掌握并运用常见的 13～24 个月幼儿动作发展亲子活动的指导要点，结合日常生活和游戏设计促进 13～24 个月幼儿动作发展的亲子活动。 学习后： ①完成本学习任务的相关检测题。 ②有条件的可以拜访一个家庭、社区或照护服务机构，组织和实施 13～24 个月幼儿动作发展亲子活动。
学习运用	你觉得在哪些工作情境中可以运用到本学习任务所学内容？
学习反思	请记录你在学习过程中的思考。

案例导入

照护服务机构的张老师在18月龄幼儿班上进行"小熊吃大饼"活动。她投放夹子引导幼儿练习手指捏压，在场的幼儿们反复操作，始终无法压动夹子。直到活动结束，多数幼儿仍未能将小熊夹子夹在大饼上。[①]

从案例中幼儿的表现来看，其手指力量明显不足以捏压开夹子，这种情况表明张老师没有充分了解这一年龄段幼儿的动作发展特征，提供的材料不符合幼儿的动作发展现状。如果教师不遵循幼儿动作发展规律，而是盲目地投放材料，那么久而久之，幼儿不仅不能得到能力的提高，还会在操作中对训练失去兴趣，进而抵触精细动作的练习。

一、13～24个月幼儿粗大动作发展亲子活动设计与指导

（一）13～24个月幼儿粗大动作发展亲子活动的目标与内容

这一年龄段幼儿粗大动作的发展会经历从爬到走、从走到跑、从跑到跳这三个质的飞跃。成人应遵循幼儿动作发展的规律，在安全的环境中依次进行相应的训练。

（二）13～24个月幼儿粗大动作发展亲子活动的指导要点

1. 走的训练

这一阶段，在幼儿走路训练中，成人首先要教幼儿走稳，会起步、停步、转弯、蹲下、站起来、向前走、向后退等。当幼儿行走自如后，成人可通过训练进一步提升幼儿的平衡能力，如跨越障碍物走、走平衡木等。成人应采取一些充满趣味性的游戏来维持幼儿的兴趣，同时要注意保护他们的安全（图8-5）。

2. 跑的训练

幼儿走路比较平稳后，可以开始学习跑。这时最好是到户外进行练习，用各种游戏鼓励幼儿跑步。在训练过程中应有意识地让幼儿练习跑和停，逐渐学会在停之前放慢速度。成人在和幼儿玩追逐跑等游戏时，一定要注意跑动的速度不要太快，以免幼儿跟不上而摔倒。等幼儿能比较稳定、协调地奔跑后，再逐渐加快速度。幼儿年龄较小，跑动类游戏运动量较大，游戏时间不宜过长，成人应视幼儿运动能力灵活控制游戏时间。

图 8-5　幼儿蹲下捡水果

[①] 颜燕云：《婴幼儿精细动作指导三要点》，载《福建教育》，2017（29）。

3. 跳的训练

随着腿部力量的增强，幼儿可以开始练习跳跃动作了。训练方法包括成人扶着跳、直立跳和向前跳等。跳跃过程中，成人可以念一些节奏感强且有趣的儿歌或播放节奏欢快的音乐，请幼儿向上够跳玩具，或是模仿小白兔向前跳，增加训练的趣味性。需要注意的是，跳跃游戏比较容易受伤，成人应注意环境的适宜性，包括地面不宜过硬，周围要宽敞，没有障碍物，同时地面干爽，避免幼儿滑倒。幼儿跳跃的时间不宜过长，成人看到幼儿大喘气时，应停止训练。

4. 上下楼梯训练

上下楼梯训练应该遵循先上楼梯后下楼梯的规律。开始训练时，成人可以用手扶着幼儿的腋下，帮助幼儿双脚交替迈上楼梯，然后慢慢减少手扶的力量，鼓励幼儿自己扶着栏杆走上去。爬楼梯训练可以先从 2～3 级楼梯开始，然后逐渐增加级数。在训练时，成人可以把幼儿喜欢的玩具放在楼梯的台阶上，吸引幼儿练习上下楼梯。需要注意的是，下楼梯一般比较危险，成人要随时保护。

5. 投掷训练

约 1 岁半以后，幼儿有了基本的平衡能力，四肢的协调性增强，可以开始投掷训练。训练从相对简单的地滚球互传游戏开始较为适宜，然后过渡到双手抛球，锻炼其手臂和手腕的协调和用力，随后逐步过渡到投掷动作。可以让幼儿将沙包随意向前投掷，或定向投掷，如在前方地面上画一个圆圈或放一个小筐。投掷游戏场所最好选在宽敞平坦的地方，成人应示范正确的投掷动作。

🔍 扩展阅读

幼儿为什么喜欢扔东西？

1 岁的幼儿有一个突出的爱好——扔东西。别人递给他的东西，他接过来就扔在地上。成人捡起来递给他，他再扔到地上。有的成人不理解，认为是幼儿不听话，故意捣乱，因而训斥他们，或是认为幼儿不高兴，不停地追问幼儿为什么不高兴。其实，幼儿并没有捣乱，也没有不高兴，扔东西只是这个年龄段的一种游戏。幼儿乐此不疲地扔东西，体验不同的东西扔到地上发出的不同的声音和不同的反应。对幼儿来说，这都是新奇的体验。同时，幼儿在扔东西的过程中还在重复练习手眼协调、寻找物体、抓握能力等。此外，幼儿还能感受到是自己引起事物的变化，从而感受到自己的力量。

二、13～24 个月幼儿精细动作发展亲子活动设计与指导

（一）13～24 个月幼儿精细动作发展亲子活动的目标与内容

这一年龄段的幼儿手部精细动作进入了快速发展阶段，尤其是手的灵活度迅速提升。13～18 月龄，幼儿的大部分动作是运用手腕、全手掌或多手指来完成的。18 个月以后，幼儿的手眼协调能力变得更好，更会运用全手指，经常会用拇指和示指来完成一些有难度的动作。成人应善于利用生活中的材料，给幼儿充分的机会，练习手部动作，促进精细动作的发展。

（二）13～24 个月幼儿精细动作发展亲子活动的指导要点

1. 手指对捏动作训练

为帮助幼儿形成成熟的"对指抓握"模式，促进五指作用的分化，成人可通过多种游戏来提高幼儿的手指对捏能力，扩大对捏动作在幼儿生活中的应用范围，包括分拣豆子、翻书等活动。其中翻书训练可锻炼幼儿掀开与合上的动作，以及拇指和示指配合进行捏、捻、搓、提、翻的动作。 开始练习时，可以先用布书，逐渐使用纸书，最好选用硬纸印制的厚页书，可避免书的损坏。

2. 双手协作训练

1 岁以后的幼儿逐渐学会使用一只手固定物品，另一只手进行主要操作，如拧开瓶盖。此时成人应训练幼儿手的拇指和示指、中指的小肌肉朝不同的方向用力的能力，促进手指小肌肉的发展，锻炼双手的配合能力。成人可以收集一些大小各异的瓶子及其盖子，洗净后让幼儿练习打开、拧上。

3. 手眼协调训练

对于幼儿来说，穿珠子、玩套叠玩具、搭高积木等活动都是可以锻炼手眼协调的训练。此外，在日常生活中，成人应该给幼儿自我服务的机会，穿脱袜子、自己用勺子吃饭都是锻炼手眼协调的不错方式。

> 💡 想一想
>
> 有人认为 2 岁以内的婴幼儿精细动作发展还不健全，因此不建议家长让孩子进行自我服务，如穿衣服、用勺子吃饭等。你同意这种观点吗？为什么？

三、13～24 个月幼儿动作发展亲子活动示例

活动名称：粗大动作发展活动		适宜月龄：13～24 个月
活动目标	【家长指导目标】 ①了解 13～24 个月幼儿走、跑、跳的动作发展水平。 ②了解 13～24 个月幼儿走、跑、跳动作发展能力体现为何种游戏行为，能够通过观察幼儿的行为，分析和判断幼儿走、跑、跳动作发展能力。	

活动目标	③跟随教师引导幼儿，且能在日常生活中通过走、跑、跳游戏支持幼儿走、跑、跳动作的发展。 【幼儿发展目标】 ①喜欢参与游戏，发展走、跑、跳等动作。 ②能够在教师的指导及家长的引导下做动作。
活动准备	皮球一个，小球若干，小兔子玩具若干，圆圈若干。
活动过程	【导入部分】 ①与家长进行活动前的交流，简述活动目标和内容，让家长对本次亲子活动建立初步的认识，以便更好地跟随教师的引导开展亲子游戏，有目的地进行学习。 ②动作引入：家长在教师的引导下，与幼儿互动，帮助幼儿做好热身运动。 【基本部分】 **游戏一：小球满地跑** ①出示小球，直接引入，引发幼儿参与游戏的兴趣。 教师："宝宝看，好多好多的小球啊，圆圆的，真好玩。" ②教师任意滚动小球，由幼儿捡回放入大篮筐里。 ③将大篮筐的小球反复撒落在地上，家长引导幼儿寻找地面上的小球，并将小球送回大篮筐里。 ④教师："宝宝看，我的大篮筐不小心倒了，小球满地跑，请你们帮我找回来吧！" ⑤结束游戏。夸奖幼儿，增强幼儿参与活动的自信心。 **游戏二：快乐小兔蹦蹦跳** ①教师："小兔子找不到家了，需要得到我们的帮助。宝宝，我们一起把它送回家吧。" ②教师引导幼儿模仿小兔子原地双脚跳："宝宝知道小兔子是怎么跳的吗？我们一起学小兔子跳一跳。" ③使用圆圈，教师引导幼儿双脚向前跳："去小兔子家的路上，需要我们双脚一只一只地跳过圆圈，我们一起来试试吧。" ④家长带着幼儿模仿小兔子跳，送小兔子回家。 【结束部分】 总结与交流：教师就本次亲子活动的内容进行简单的总结，与家长就活动中的体验或疑惑进行交流。
活动延伸	【课后拓展】 家长可以通过以下活动促进幼儿的粗大动作发展： ①利用类似游戏引导幼儿进行蹦蹦跳跳的动作练习。 ②在游戏中随时关注幼儿状态并进行有效指导。

学习效果检测

1. 试判断下列说法的正误。（判断题）

（1）婴幼儿一般先学会跳再学会跑。（　　）

（2）对婴幼儿来说，上楼梯训练比下楼梯训练更容易。（　　）

（3）1 岁的幼儿扔东西是因为喜欢捣乱。（　　）

（4）婴幼儿自己用勺子吃饭有利于促进手眼协调能力的发展。（　　）

2. 如果你是本学习任务导入故事中的张老师，在深入了解 18 个月幼儿动作发展特点后，为锻炼其手指捏压能力，你会提供什么材料？（案例分析题）

3. 根据本学习任务的内容，设计一个能促进 13～24 个月幼儿动作发展的亲子活动。（综合题）

参考答案

学习任务 3
25～36 个月幼儿动作发展亲子活动设计与指导

学习任务单

学习目标	通过完成本学习任务，你应该能够： ①了解 25～36 个月幼儿粗大动作发展亲子活动的目标与内容。 ②掌握 25～36 个月幼儿粗大动作发展亲子活动的指导要点。 ③了解 25～36 个月幼儿精细动作发展亲子活动的目标与内容。 ④掌握 25～36 个月幼儿精细动作发展亲子活动的指导要点。
学习要点	本学习任务的重点、难点： ①设计 25～36 个月幼儿粗大动作发展亲子活动。 ②设计 25～36 个月幼儿精细动作发展亲子活动。
学习建议	学习前： ①回顾 13～24 个月幼儿动作发展亲子活动设计与指导。 ②搜索 25～36 个月幼儿的相关视频，初步感知该年龄段幼儿动作发展水平。 学习中： ①结合已学知识理解与思考 25～36 个月幼儿动作发展亲子活动的设计与指导。 ②掌握并运用常见的 25～36 个月幼儿动作发展亲子活动的指导要点，结合日常生活和游戏设计促进 25～36 个月幼儿动作发展的亲子活动。 学习后： ①完成本学习任务的相关检测题。 ②有条件的可以拜访一个家庭、社区或照护服务机构，组织和实施 25～36 个月幼儿动作发展亲子活动。
学习运用	你觉得在哪些工作情境中可以运用到本学习任务所学内容？
学习反思	请记录你在学习过程中的思考。

案例导入

多多在用玩具练习旋拧螺丝，玩了一会儿，他就把玩具扔在一边，嘟着嘴说："这个一点也不好玩。"照护服务机构的陈老师听到了，提醒他要专注地把螺丝拧开，可是多多始终不愿意操作。

从案例中多多的表现来看，他对玩具不感兴趣，不愿意进行反复训练。幼儿难以长时间集中注意力，如果能将训练变成幼儿喜欢的游戏，将幼儿设定为游戏角色，并把投放的材料趣味化，动作练习效果会事半功倍。

一、25～36个月幼儿粗大动作发展亲子活动设计与指导

（一）25～36个月幼儿粗大动作发展亲子活动的目标与内容

这一年龄段的幼儿运动能力大大增强，运动驾驭能力大幅度提高，身体变得更加灵活。粗大动作的发展从以基本运动技能为主逐步转向各种动作均衡发展，表现为不仅会跑、跳，还能跨过障碍物、踢球、单脚跳、脚尖站立、独自上下楼梯、骑车等，足部的运动力量越来越强。在这一阶段，成人可以适当增加动作训练的难度，进一步促进幼儿动作均衡发展。

（二）25～36个月幼儿粗大动作发展亲子活动的指导要点

1. 平衡训练

平衡是幼儿进行粗大动作的基础，平衡训练可以有效促进幼儿神经系统的完善和各种动作技能的协调发展（图8-6）。成人可以组织幼儿进行走独木桥、移步横走、跨越障碍、金鸡独立等训练，为了增加趣味性，可以加入比赛环节，将训练变成亲子游戏。在训练期间，成人一定要注意保护幼儿的安全，且每次活动时间不宜过长。

图 8-6　幼儿走平衡木

2. 跳跃训练

成人可以组织这一年龄段的幼儿练习蹲跳动作、双脚往上跳、双脚往前跳、单脚跳等各种形式的跳跃动作，让幼儿自由蹦跳，锻炼腿部肌肉力量，保持身体平衡和协调。成人需要关注幼儿起跳的姿态，引导其在从蹲到跳的动作过程中不宜过猛过快，起跳落地时要注意保持平衡，成人在一旁保护。练习单脚跳时应注意两脚轮流交替练习，促进两脚均衡发展。此外，为增加训练的趣味性，成人应该为训练动作设计游戏情境，吸引幼儿的兴趣。

二、25～36个月幼儿精细动作发展亲子活动设计与指导

（一）25～36个月幼儿精细动作发展亲子活动的目标与内容

这一阶段幼儿双手的灵活性、协调性和控制能力有了明显的提高，手眼协调能力有很大的发展，手指和手腕能灵活协调地配合活动。这一阶段多数幼儿会握笔、翻书、用剪刀，会玩黏土、泥巴、沙子、积木，玩简单的拼图游戏和益智玩具。随着动作能力的发展，幼儿产生自己动手的强烈愿望，成人可以在日常生活中锻炼幼儿的精细动作，在提高幼儿手指灵巧程度的同时，培养幼儿的生活自理能力。

（二）25～36个月幼儿精细动作发展亲子活动的指导要点

1. 在日常生活中锻炼幼儿精细动作

2岁以后，幼儿的自我意识进一步发展，愿意进行一些自我服务活动，成人平时应尽量让幼儿练习自己进食、洗手、洗脸、解纽扣等。这不仅有利于幼儿精细动作的发展，还有利于其自理能力的发展。

2. 鼓励幼儿尝试涂画

2岁以后，幼儿能够画单独的线条。成人可以画出一些简单的线条形状，让幼儿模仿，或让幼儿给图案涂色（图8-7）。此外，成人应给幼儿提供自由作画的机会，培养他们对绘画活动的兴趣。需要注意的是，不应让幼儿一次画太久，以免导致手部肌肉疲劳，也不要太关注画画技能训练，应该鼓励幼儿自由大胆地涂鸦。

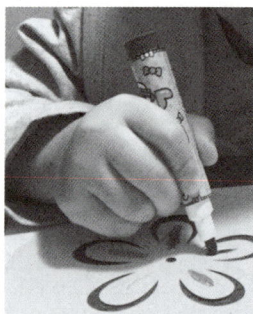

3. 使用工具训练

图8-7　幼儿尝试
使用画笔涂色

2岁半以后，幼儿双手手指、手腕能较为灵活地配合。成人可以给他们提供一些简单的工具，如幼儿手工剪刀、夹子、钥匙等，训练幼儿的抓握能力、肌肉控制能力，促进手眼协调发展。需要注意的是，训练时成人应以游戏为主要形式，通过多种方式激发幼儿参与的热情，丰富其对生活的认知。

🔎 扩展阅读

婴幼儿感觉统合失调训练[1]

感觉统合失调是指外部的感觉刺激信号无法在婴幼儿的大脑神经系统进行有效的组合，导致机体不能和谐地运作，久而久之形成各种障碍，最终影响身心健康。成人可以通过一些动作训练来帮助婴幼儿预防和治疗感觉统合失调症，如需要应寻求专业帮助。

---

[1]　边玉芳：《读懂孩子：心理学家实用教子宝典（0～6岁）》，33页，北京，北京师范大学出版社，2014。

①前庭失衡训练：多带婴幼儿参与骑木马、滑滑梯、荡秋千等活动。

②触觉失调训练：多爱抚婴幼儿；提供干净、自由的游戏空间，让婴幼儿在地上自由地爬行并接触周围物品；对触觉迟钝的婴幼儿，成人可以用软毛刷挠其手心、脚心、腿部等，唤醒其触觉。

③视觉运动与手、眼失调训练：让婴幼儿拼插和组装物品、绘画、走迷宫等。

三、25～36个月幼儿动作发展亲子活动示例

活动名称：送弹珠宝宝回家		适宜月龄：25～36个月
活动目标	【家长指导目标】 ①了解25～36个月幼儿手部控制动作发展水平。 ②了解25～36个月幼儿手部控制动作发展能力体现为何种游戏行为，能够通过观察幼儿的行为，分析和判断幼儿的手部控制动作发展水平。 ③跟随教师引导幼儿，且能在日常生活中通过手部控制动作游戏支持幼儿手部控制动作的发展。 【幼儿发展目标】 ①练习手部控制动作。 ②促进手眼协调能力的发展。	
活动准备	夹子、弹珠若干。	
活动过程	【导入部分】 ①与家长进行活动前的交流，简述活动目标和内容，让家长对本次亲子活动建立初步的认识，以便更好地跟随教师的引导开展亲子游戏，有目的地进行学习。 ②动作引入：家长在教师的引导下，帮助幼儿做好手指准备活动。 【基本部分】 ①教师出示玩具，说："宝宝，今天我们来把弹珠宝宝送回家。" ②教师示范使用夹子："宝宝看，夹子的大嘴要张开了。""合拢，张开，合拢，张开。"一边说一边示范将夹子打开、合拢，让幼儿观察如何使用夹子。 ③教师示范送弹珠回家："现在，我们要用夹子夹弹珠宝宝，把它们送到洞洞嵌板的家里哟！" ④教师指导家长帮助幼儿使用夹子夹弹珠："现在要请宝宝帮助弹珠宝宝回家喽！" ⑤幼儿感兴趣的话可以反复操作练习，当幼儿独立将第一颗弹珠夹起放在嵌板上时，教师及家长应及时鼓励："宝宝夹得真棒！也请你帮其他的弹珠宝宝回家吧。"	
活动过程	【结束部分】 总结与交流：教师就本次亲子活动的内容进行简单的总结，与家长就活动中的体验或疑惑进行交流。	
活动延伸	【课后拓展】 家长可以通过以下活动提升幼儿的手部控制动作发展水平： 指导幼儿用正确的姿势使用儿童筷，并反复练习。	

学习效果检测

1. 如果你是本学习任务案例导入故事中的陈老师，你会怎么调整示例中的动作训练，吸引多多的注意力呢？（简答题）

2. 根据本学习任务的内容，设计一个能促进 25～36 个月幼儿动作发展的亲子活动。（综合题）

3. 扫描二维码观看亲子活动视频，试用所学知识分析这一动作发展亲子活动的优点和不足。（案例分析题）

参考答案

视频资源

手转圈圈

延伸阅读

1. 林仙芝. 精细动作训练在 0～3 岁亲子活动课程中的设计与实施［J］. 江西电力职业技术学院学报，2020，33（10）:50-51，53.

文章通过分析精细动作对亲子活动课程设计的要求，提出在亲子活动组织和实施过程中融入文学、音乐、美术、生活经验等进行精细动作训练。结果发现，该训练方案能有效促进婴幼儿认知能力、神经系统等方面的发展。

2. 周念丽. 0—3 岁儿童观察与评估［M］. 上海:华东师范大学出版社，2013.

该书以月龄为单位，清晰完整地呈现了 0～3 岁婴幼儿动作发展的水平，并为评估提供观察记录表，便于成人观察、评估婴幼儿动作发展水平。

3. 郑倩. 0—3 岁婴幼儿精细动作发展策略研究［J］. 考试周刊，2017（8）:188.

文章分析了影响 0～3 岁婴幼儿精细动作发展的因素及促进婴幼儿精细动作发展的教育策略，包括要尊重婴幼儿个体特征、为婴幼儿创造良好的环境氛围等。

学习模块九
婴幼儿语言发展亲子活动设计与指导

语言的发展即语言的获得，指婴幼儿对母语的理解和表达能力的获得，主要指口头语言中的听话和说话能力的获得。[①]当婴幼儿学会发出单音节的声母时，表明他们要通过声音与对方交流了，言语即将进入他们的世界。这对于婴幼儿随后的生命历程来说，是一个质的飞跃。面对不能"开口说话"和"沟通困难"的婴幼儿，教师或家长该如何理解他们呢？设计什么样的活动能够有效地促进其语言发展呢？本学习模块中，期望你能结合婴幼儿心理发展的特点及活动示例来设计和指导促进婴幼儿语言发展的游戏和活动。

学习导图

```
婴幼儿语言
发展亲子活动
设计与指导
├─ 7～12个月婴儿
│  语言发展亲子
│  活动设计与指导
│  ├─ 7～12个月婴儿学话亲子活动设计与指导
│  ├─ 7～12个月婴儿语言理解亲子活动设计与指导
│  ├─ 7～12个月婴儿早期阅读亲子活动设计与指导
│  └─ 7～12个月婴儿语言发展亲子活动示例
│
├─ 13～24个月幼儿
│  语言发展亲子
│  活动设计与指导
│  ├─ 13～24个月幼儿词汇发展亲子活动设计与指导
│  ├─ 13～24个月幼儿口语表达亲子活动设计与指导
│  ├─ 13～24个月幼儿早期阅读亲子活动设计与指导
│  └─ 13～24个月幼儿语言发展亲子活动示例
│
└─ 25～36个月幼儿
   语言发展亲子
   活动设计与指导
   ├─ 25～36个月幼儿口语表达亲子活动设计与指导
   ├─ 25～36个月幼儿早期阅读亲子活动设计与指导
   └─ 25～36个月幼儿语言发展亲子活动示例
```

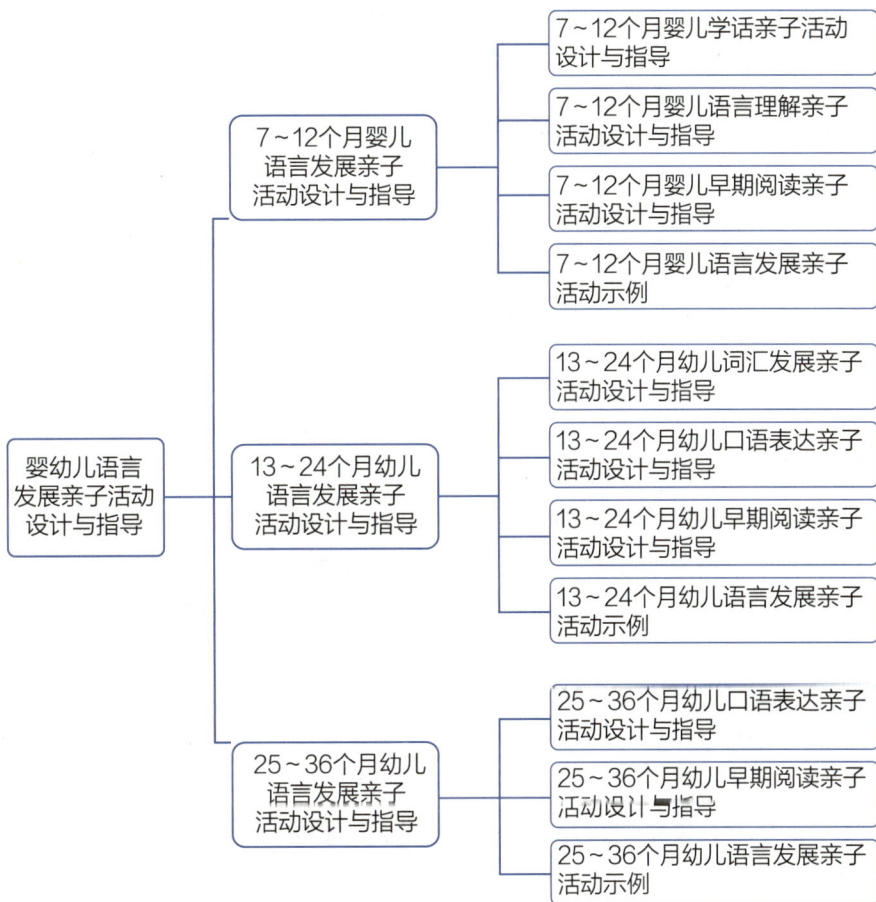

① 李丹：《儿童发展心理学》，119 页，上海，华东师范大学出版社，1987。

学习初体验

　　调查照护服务机构在婴幼儿语言教育方面的课程设计和指导活动，你认为婴幼儿语言教育的主要方式和活动有哪些？存在的主要问题有哪些？应该如何改进？请记录你的观察和结论。学习完本模块后再来看看最初的记录。

学习任务1
7～12个月婴儿语言发展亲子活动设计与指导

学习任务单

学习目标	通过完成本学习任务，你应该能够： ①设计7～12个月婴儿语言发展亲子活动。 ②指导开展7～12个月婴儿语言发展亲子活动。
学习要点	本学习任务的重点、难点： ①掌握7～12个月婴儿语言发展亲子活动设计与指导要点。 ②指导开展7～12个月婴儿语言发展亲子活动。
学习建议	学习前： ①完成本模块的学习初体验活动。 ②搜索7～12个月婴儿的相关视频，初步感知该年龄段婴儿语言发展水平。 学习中： ①结合已学知识理解与思考7～12个月婴儿语言发展亲子活动设计与指导。 ②掌握并运用常见的7～12个月婴儿学话、语言理解和早期阅读亲子活动的指导要点，结合日常生活和游戏设计促进7～12个月婴儿语言发展的亲子活动。 学习后： ①完成本学习任务的相关检测题。 ②有条件的可以拜访一个家庭或者社区、照护服务机构，组织和实施7～12个月婴儿语言发展亲子活动。 ③尝试撰写一份7～12个月婴儿语言发展亲子活动方案，在课堂上做交流展示。

续表

学习运用	你觉得在哪些工作情境中可以运用到本学习任务所学内容？
学习反思	请记录你在学习过程中的思考。

案例导入

兰兰从 10 个月开始，不断发出"爸爸"或者"妈妈"的声音，家长很欣喜，到 12 个月左右，她能够对着父母准确地叫出"爸爸""妈妈"，发出了真正有意义的声音。兰兰的父母或者照护服务机构面对这一年龄段的孩子，应该如何有针对性地开展语言活动呢？请你根据本学习任务，设计合适的亲子活动。

家长第一次听到自己的孩子叫出"爸爸""妈妈"通常都会非常激动，兰兰的父母也不例外，同时这也反映出兰兰想与家长交流的强烈愿望。家长或教师要能识别并抓住这一重要的语言教育契机，丰富婴儿词汇、鼓励婴儿大胆表达、陪伴婴儿开展早期阅读活动，这些都是婴儿语言启蒙教育和指导工作的重要内容。

一、7～12 个月婴儿学话亲子活动设计与指导

（一）7～12 个月婴儿学话亲子活动的目标与内容

7～12 个月的婴儿的发音多为连续音节，音调也开始多样化。大约从 10 个月开始，婴儿会发出第一个有意义的单词，这是婴儿语言发展过程中最为重要的里程碑。在这一阶段，成人应重视提升婴儿对学话活动的兴趣，帮助婴儿基本正确地发出简单的语音，为婴儿创造学话的机会，让他们想说、敢说、喜欢说。

（二）7～12 个月婴儿学话亲子活动的指导要点

1. 鼓励婴儿掌握新的语音，并进行强化

当婴儿发出新的语音时，成人可以亲吻、抚摸他，这是对婴儿学话的鼓励，

想一想

有的婴幼儿开口叫"爸爸"或"妈妈"的时间比同龄孩子要晚很多，父母或者照护服务机构的教师该怎么做呢？

学习笔记

这种热情的鼓励将使婴儿愿意不断发出和练习这个语音。当然孩子第一次尝试新的发音，可能是不准确的，成人可以用多种形式示范正确发音，引导孩子及时调整，练习正确发音。例如，当婴儿发不准"爸爸"的音时，成人可以说："宝宝，你在叫爸爸，是吗？"或者说："爸爸来了，小宝宝。"

2. 在行动中伴随着语言刺激，让婴儿学说话

成人要在日常生活和交往中，抓住机会和婴儿自然交谈。可以和孩子谈论他们正在做什么、将要做什么或想去做什么，在互动中增加婴儿说话的频率，可以促使婴儿语言能力不断提高。

二、7～12 个月婴儿语言理解亲子活动设计与指导

（一）7～12 个月婴儿语言理解亲子活动的目标与内容

1 岁以前，婴儿已经能听懂他们熟悉的词语，并能根据成人的简单指令做出相应的反应，真正开始理解成人的语言。因此，成人要经常利用生活中婴儿熟悉的事物和婴儿交流，引导婴儿建立起语音和实物之间的联系，从而在听懂的基础上加深对词语的认识和理解，逐渐形成对周围世界的完整认识。

（二）7～12 个月婴儿语言理解亲子活动的指导要点

1. 提供丰富的语言环境

婴儿对语言的学习，离不开在自然和社会交往过程中接触到的丰富的语言环境。婴儿借助感官认识这个世界，在认识的过程中发展语言。研究表明，如果婴儿所在家庭的语言环境较好，那么他开始说话的时间要比一般婴儿早，其语言能力也强。成人应根据婴儿直观感知的特点，创设丰富的语言环境，加深婴儿对事物的认识和理解，在实践中发展婴儿的语言。

扩展阅读

婴儿语言的快速发展期

绝大部分 8 个月的婴儿在开始讲话之前即对"自己的名字""爸爸""妈妈""别××/不许××"等词或短语有反应。研究表明，8～16 个月是婴幼儿语言理解的快速发展期，8 个月的婴儿已经开始对语言产生反应，16 个月时已经可以听懂相当数量的短句及词语。[1]

---

[1] 汪永娟、王超霞、马先生：《日照市莒县婴幼儿早期语言理解与表达情况的调查》，载《中国儿童保健杂志》，2019，27（3）。

2. 用动作、实物配合法，建立语音和实物之间的联系

动作配合法是指与婴儿进行日常交谈时，成人可以配合一定的动作，并且说出的话要和使用的动作相对应，这样婴儿将会较快地配合动作理解相应的语言。例如，妈妈抱孩子，同时说"抱抱"，婴儿很快就将"抱"这一动作和"抱"的语音联系起来。

实物配合法是指在对孩子说某个物体时，或婴儿发出某一语音时，成人同时引导婴儿看向具体的实物，这样可以帮助婴儿建立语音与实物之间的联系，教育效果最佳。例如，帮婴儿穿衣服的时候，妈妈拿着背心说："来，把背心穿好。"

3. 多用语言与婴儿进行交流，促进婴儿的语言理解

在生活中，成人要不断地和婴儿进行语言互动，一边行动一边和婴儿交谈。例如：吃苹果时，说"宝宝来吃苹果啦"；穿外套时，一边穿一边说"我们穿外套，来，伸进小袖子"。成人反复跟婴儿说正在做的事情，使他们将行动和语言联结起来，帮助婴儿逐渐理解语言。

三、7～12 个月婴儿早期阅读亲子活动设计与指导

（一）7～12 个月婴儿早期阅读亲子活动的目标与内容

7～12 个月的婴儿开始出现有意识的阅读行为，对书中颜色鲜艳的画面充满了好奇。但是他们还不能认识到图书独特的阅读价值，只是把书等同于玩具，把阅读当作游戏。例如，他们会指着书中某个形象露出高兴的表情、会用手拍图书等。这一阶段的婴儿喜欢听成人讲故事，能和父母进行共读活动，但阅读的重点不在于能读懂多少内容，收获多少经验，最重要的是培养他们对阅读活动的兴趣，获得对阅读活动的良好体验。

（二）7～12 个月婴儿早期阅读亲子活动的指导要点

1. 创设温馨、舒适的阅读环境

在照护服务机构中，教师应为婴儿创设温馨、舒适的阅读环境。在图书角投放材质多样、内容丰富的阅读材料，如布皮书、软皮书、翻翻书、认知书等。同时，还应有小桌子、小椅子、靠枕等阅读配套设施（图 9-1）。在家中，家长要营造安静、明亮、舒适的阅读环境，对孩子的阅读行为表示鼓励和肯定，如拥抱、微笑或给予表扬。此外，家长应发挥榜样示范作用，在闲暇时间阅读书籍使婴儿受到潜移默化的影响。

图 9-1 某照护服务机构的阅读区

2. 培养婴儿的阅读兴趣和阅读习惯

婴儿的阅读并不是成人理解的阅读，他们喜欢"摆弄"和"研究"书，一会

儿把书拿颠倒了，一会儿从后向前翻书，一会儿又连翻好几页。因此，这一时期成人可以初步培养婴儿的阅读习惯，如告诉他拿书的方法、阅读的正确姿势，引导其阅读后将书放回原来的位置。成人可以允许婴儿自己独立看书，要选择贴近其生活经验、语言重复率较高、操作性强的读本，激发婴儿的阅读兴趣。

3. 通过生动的朗读优化婴儿的阅读体验

亲子共读、师幼共读对于促进婴儿身心发展具有重要价值。在家庭或照护服务机构中，成人要重视为孩子朗读的机会，用清晰、生动的语言讲述图书画面与内容，让孩子与书籍近距离接触，从而产生良好的阅读体验，提升阅读兴趣。

四、7～12 个月婴儿语言发展亲子活动示例

活动一：称呼亲人

活动名称：称呼亲人		适宜月龄：7～12 个月
活动目标	【家长指导目标】 ①了解 7～12 个月婴儿的发音水平。 ②了解 7～12 个月婴儿发音能力在游戏中的行为表现，能够通过观察婴儿的言行，分析和判断其发音能力。 ③跟随教师引导婴儿，且能在日常生活中通过称呼亲人游戏让婴儿练习发音。 【婴儿发展目标】 ①初步理解成人的语言和动作。 ②能够发出"爸爸""妈妈"等有意义的音节。	
活动准备	爸爸、妈妈、爷爷、奶奶、姥姥、姥爷的照片。	
活动过程	【导入部分】 ①与家长进行活动前的交流，简述活动目标和内容，让家长对本次亲子活动建立初步的认识，以便更好地跟随教师的引导开展亲子游戏，有目的地进行学习。 ②情境引入。妈妈下班回来，假装疑惑地问："我的小宝宝呢，我的××（婴儿名字）呢？"看到宝宝，要表现出惊喜："哦，原来你在这里啊！" 【基本部分】 ①教师引导妈妈做出抱孩子的姿势并说："宝贝，叫妈妈，妈妈抱抱。"引导婴儿叫出"妈妈"，再抱婴儿。 ②妈妈可以换成爸爸、爷爷、奶奶等其他亲人，引导婴儿练习称呼亲人。 ③教师拿出亲人的照片，引导婴儿叫出亲人的称呼："宝宝，这是谁啊？"婴儿叫出"妈妈"后，妈妈出现在婴儿面前并抱婴儿，以此类推，出示其他亲人照片并继续游戏。	

活动过程	【结束部分】 总结与交流：教师就本次亲子活动的内容进行简单的总结，与家长就活动中的体验或疑惑进行交流。
活动延伸	【课后拓展】 家长可以通过以下游戏活动提升婴儿的发音能力： 和婴儿玩猜猜游戏。捂住婴儿的眼睛，爸爸、妈妈等亲人跟婴儿说话，让婴儿猜是谁，猜对了可以打开眼睛并让家长抱。

活动二：听声拿物

活动名称：听声拿物	适宜月龄：7～12个月
活动目标	【家长指导目标】 ①了解7～12个月婴儿的语言理解水平。 ②了解7～12个月婴儿语言理解能力在游戏中的行为表现，能够通过观察婴儿的言行，分析和判断其语言理解能力。 ③跟随教师引导婴儿在日常生活中理解语言的作用。 【婴儿发展目标】 ①能够根据成人的语言指导做出相应的行动。 ②能够在日常生活中理解语言的实际意义。
活动准备	饼干、面包条、香蕉、苹果等食物图片和模型，皮球、娃娃、铃铛、橡皮鸭等玩具。
活动过程	【导入部分】 ①与家长进行活动前的交流，简述活动目标和内容，让家长对本次亲子活动建立初步的认识，以便更好地跟随教师的引导开展亲子游戏，有目的地进行学习。 ②情境引入。教师引导家长进行情境表演，家长摸着肚子说："哎呀，我肚子饿了，好想吃好吃的啊！" 【基本部分】 **游戏一：听声拿食物** ①家长在婴儿面前拿出香蕉图片问："香蕉在哪里？宝宝，香蕉呢？"婴儿将香蕉模型拿到家长面前，家长假装吃得很香，说："香蕉真好吃！"强化婴儿的理解。 ②家长和教师依次拿出其他食物图片和婴儿做游戏。 **游戏二：听声拿玩具** ①家长或教师说出玩具的名称和指令："宝宝，把皮球放进筐里。"引导婴儿将玩具放到玩具筐里。婴儿做对了，家长或教师将玩具送给婴儿。 ②家长说出其他玩具名称，继续游戏。

活动过程	【结束部分】 总结与交流：教师就本次亲子活动的内容进行简单的总结，与家长就活动中的体验或疑惑进行交流。
活动延伸	【课后拓展】 在日常生活中，家长可以通过以下游戏活动提升婴儿的发音和语言理解能力： 引导婴儿根据父母的语言指令，如"拍拍小手""摸摸小鼻子"等做出相应的动作行为，提升其语言理解能力。

活动三：绘本阅读《好大的红苹果》

活动名称：绘本阅读《好大的红苹果》	适宜月龄：7～12 个月
活动目标	【家长指导目标】 ①了解 7～12 个月婴儿前阅读能力和水平。 ②了解 7～12 个月婴儿前阅读能力在游戏中的行为表现，能够通过观察婴儿的言行，分析和判断其前阅读能力。 ③会挑选适合 7～12 个月婴儿的绘本，并跟随教师引导婴儿开展早期亲子阅读活动和相应的绘本游戏。 【婴儿发展目标】 ①能和成人一起开展前阅读活动，逐渐养成良好的阅读习惯。 ②能够爱护图书，有阅读兴趣。
活动准备	小熊、小松鼠、乌鸦、小老鼠、小蚂蚁贴图各一张，苹果贴图五张，白色卡纸一张，绘本《好大的红苹果》（图 9-2）。  图 9-2　绘本《好大的红苹果》
活动过程	【导入部分】 ①与家长进行活动前的交流，简述活动目标和内容，让家长对本次亲子活动建立初步的认识，以便更好地跟随教师的引导开展亲子游戏，有目的地进行学习。 ②绘本实物引入。教师在婴儿面前拿出绘本，吸引婴儿的注意力："宝贝们，你们在封面上看到了什么？你们来摸摸看。"

续表

活动过程	【基本部分】 ①教师引导家长带婴儿边翻看边听绘本故事，引导婴儿一页一页地翻绘本，家长一边讲一边指。 "树上一共有五个红苹果，小熊来摘走了一个。小松鼠又摘走了一个。它们都说：'我要吃啰。'后面出场的是乌鸦和两只小老鼠，它们分别吃掉了一个苹果。最后，树上只剩下一个苹果了，再也不会有谁来了。'砰！'树上的苹果掉了下来，小蚂蚁们把苹果搬走了。" ②教师引导家长带婴儿一边讲绘本一边玩绘本贴。 "树上一共有五个红苹果"——将五张苹果贴图贴到白色卡纸上一字排开；讲到每个动物，按顺序贴在苹果的下面。 ③根据贴图，再讲一遍绘本。 ④引导婴儿将图书放回原处。 【结束部分】 总结与交流：教师就本次亲子活动的内容进行简单的总结，与家长就活动中的体验或疑惑进行交流。
活动延伸	【课后拓展】 在日常生活中，家长可以通过以下适合7～12个月年龄段婴儿的绘本提升婴儿的前阅读能力： 《好神奇的小石头》《谁咬了我的大饼》《呀！》等。

学习效果检测

1. 以下哪个阶段婴幼儿语言伴随动作发展，可以让婴幼儿用手指出他听到的语音对应的物品和卡片。（　　　　）（单选题）

  A. 0～6个月　　　　　　　　B. 7个月至1岁

  C. 1岁1个月至1岁6个月　　D. 1岁7个月至2岁

2. 阅读以下案例，家长的做法是否正确？如果不正确，请说明正确的做法。（案例分析题）

  由于工作太忙，妈妈把11个月的馨馨送到奶奶家。奶奶对馨馨的照顾很精细，馨馨喜欢吃什么，只要用手一指，奶奶马上送到面前。以前爱"说话"的馨馨越来越不爱出声了，喜欢用动作表达自己的想法了。

3. 根据7～12个月婴儿语言发展指导要点，设计一个语言发展亲子活动。（综合题）

参考答案

学习任务 2
13～24 个月幼儿语言发展亲子活动设计与指导

学习任务单

学习目标	通过完成本学习任务，你应该能够： ①设计 13～24 个月幼儿语言发展亲子活动。 ②指导开展 13～24 个月幼儿语言发展亲子活动。
学习要点	本学习任务的重点、难点： ①掌握 13～24 个月幼儿语言发展亲子活动设计与指导要点。 ②指导开展 13～24 个月幼儿语言发展亲子活动。
学习建议	学习前： ①回顾 7～12 个月婴儿语言发展亲子活动设计与指导。 ②搜索 13～24 个月幼儿的相关视频，初步感知该年龄段幼儿语言发言水平。 学习中： ①结合已学知识理解与思考 13～24 个月幼儿语言发展亲子活动设计与指导。 ②掌握并运用常见的 13～24 个月幼儿词汇发展、口语表达和早期阅读亲子活动的指导要点，结合日常生活和游戏设计促进 13～24 个月幼儿语言发展的亲子活动。 学习后： ①完成本学习任务的相关检测题。 ②有条件的可以拜访一个家庭或者社区、照护服务机构，组织和实施 13～24 个月幼儿语言发展亲子活动。 ③尝试撰写一份 13～24 个月幼儿语言发展亲子活动方案，在课堂上做交流展示。
学习运用	你觉得在哪些工作情境中可以运用到本学习任务所学内容？
学习反思	请记录你在学习过程中的思考。

案例导入

妈妈要去上班了，1岁的兰兰舍不得妈妈，嘴里喊着："妈妈。"其实，兰兰想说的是"妈妈不要上班"或"妈妈抱抱"。从1岁半开始，兰兰能用更多的词语进行表达了，如"爸爸班班""妈妈抱抱"等。成人该如何引导和促进这个阶段的孩子发展语言能力呢？根据以下内容提出你的教育建议吧。

从最开始用一个单词到后来用几个单词或简单句来表达自己的愿望，我们看到了兰兰语言能力水平的提高，这也暗示着兰兰的语言发展步入了新的阶段。幼儿语言发展与其掌握的词语数量、表达能力和阅读能力都是密不可分的，成人应围绕幼儿语言发展的关键要素开展科学、有效的教育活动。

一、13～24个月幼儿词汇发展亲子活动设计与指导

（一）13～24个月幼儿词汇发展亲子活动的目标与内容

13～18个月的幼儿通常用一个词表示一个句子，即单词句。例如，上例中的"妈妈"表示"妈妈不要上班"。幼儿所说的单词句并不是词所代表的单独的意义，而是和情境相联系的，表达是不精确的。家长和照护服务机构教师常常需要参照幼儿说话时的手势、表情，才能确定其说话的意思。19～24个月的幼儿说话的积极性逐渐增强，出现了词语爆炸现象，逐渐由单词句向双词句、完整句阶段发展。在这一阶段，成人要引导幼儿多积累日常生活中常见事物的单词，为其创造多样的环境刺激，多以游戏的形式丰富婴幼儿语言。

（二）13～24个月幼儿词汇发展亲子活动的指导要点

1. 帮助幼儿掌握新词，扩大词汇量

这个月龄段幼儿语言发展的主要任务就是学习新词，扩大词汇量。此时既可以丰富大量的消极词汇（能理解但不会正确使用的词汇），也可以丰富少量的积极词汇（既能理解又会正确使用的词汇）。例如，名词"花"，家长可以带孩子观察各种各样的花，并告诉他："这是花，公园里到处是花，有红色的花，白色的花，蓝色的花……宝宝，闻闻这朵花，香不香？……"在说"花"这个词时，要加重语气，突出强调，这种频繁、夸张的刺激，可以使孩子较快地掌握这一词语。

2. 开展听说游戏

听说游戏是一种特殊形式的语言教育活动，以培养幼儿倾听和表述能力为

关键术语

词语爆炸：19～24个月的幼儿以每个月平均输出25个新词语的速度发展词语，到2岁时基本可以说300个左右的词语。这种掌握新词速度突然加快的现象称为词语爆炸，是以后各个阶段所不再有的。①

想一想

13～24个月幼儿的词汇量迅速增加，作为家长或照护服务机构教师该如何帮助他们学习词汇呢？你有什么好的建议？

---

① 张明红：《幼儿语言教育》，80～83页，上海，上海教育出版社，2015。

教育目标，以幼儿的理解和表达为教育内容。通过听说游戏练习词语的运用，不但可以在玩的过程中实现语言教育的目的，而且能提高幼儿学习词汇的兴趣，还可以给胆小不爱说话的幼儿提供练习的机会。

二、13～24 个月幼儿口语表达亲子活动设计与指导

（一）13～24 个月幼儿口语表达亲子活动的目标与内容

2 岁左右的幼儿已经能说一些简单的句子了，但由于其发音器官还未发育成熟，通常存在发音不准确的现象，同时他们喜欢重复成人说过的话。根据这一阶段幼儿语言发展的特点，其口语表达的重点在于能与别人对话或表达自己的愿望，能围绕一定的主题用简单的语句与人进行交流。

（二）13～24 个月幼儿口语表达亲子活动的指导要点

1. 多跟幼儿交谈，提供语言模仿的榜样

婴幼儿最初掌握的语言主要是通过模仿获得的，成人的语言给婴幼儿提供了模仿的榜样。因此，家长要主动用规范的语言与孩子交流，丰富其语言环境，同时可以引导孩子谈一谈看过、听过和做过的事情。

2. 鼓励开口，耐心倾听

成人要主动提问或创设问题情境引导婴幼儿多开口说话，同时要耐心倾听婴幼儿的表达（图 9-3）。2 岁左右的幼儿喜欢问是什么、为什么，家长不要随便打断孩子，更不能搪塞、敷衍孩子的提问，要认真回应，保护其好奇心和表达意愿。如果婴幼儿表达不准确，成人要自然巧妙地纠正。

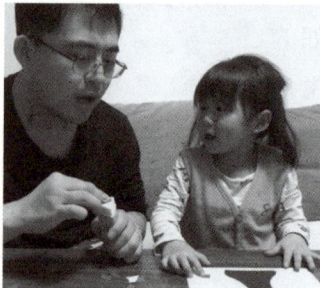

图 9-3　家长倾听孩子的想法

扩展阅读

孩子语言学习的"重叠音"

"牙牙学语"的孩子说话时经常使用重叠音。听到孩子的喃喃细语，家长常常会情不自禁地与之相呼应，采用"小儿语"与之对话。比如，提高音调缓慢地说"宝宝，吃饭饭""妈妈给宝宝穿袜袜""这是爸爸的帽帽""这是宝宝的小手"等。

成人用这种语言和婴幼儿对话，对其语言发展有帮助吗？心理学家认为，这种语调偏高的词句，适合婴幼儿早期听觉的适应范围，婴幼儿喜欢对这样的声音做出反应。另外，婴幼儿最早对音调的理解超过了对词的理解，夸张的音调有助于维持婴幼儿和成人的交往，音节间的停顿和缓慢的速度有助于婴幼儿对语音进行确认和分析，也为其理解词语提供了便利。不过，1 岁以后孩子进入幼儿期，如果成人还总是这样和他说话，则会对其语言发展产生不利影响。因为，重叠音的语言结构过于简单，会影响幼儿掌握主流的语言结构，长此以往，会阻碍幼儿语言的进一步发展。

三、13～24 个月幼儿早期阅读亲子活动设计与指导

（一）13～24 个月幼儿早期阅读亲子活动的目标与内容

2 岁左右的幼儿正处于语言发展的敏感期，他们喜欢反复听同一个故事，会要求成人给自己读故事，也喜欢阅读节奏感或韵律感强的儿歌或诗歌。提升幼儿对文字、图画或符号的兴趣，帮助其掌握初步的阅读技能，在阅读中积累丰富的社会经验，促进其认知能力和水平的提升，都应成为教育的重点。

（二）13～24 个月幼儿早期阅读亲子活动的指导要点

1. 创设问题情境，激发幼儿求知欲

创设具体的问题情境或制造悬念，可以引导幼儿逐渐适应并积极投入阅读过程，同时能让幼儿产生求知欲望并集中注意力倾听故事内容，满足其好奇心理。成人可以根据图书内容提一些简单的问题，引导幼儿回答，让他们敢说、想说、愿意说。例如，在阅读绘本《好大的红苹果》时，家长可以问孩子："数一数树上有几个红苹果？都有哪些小动物来摘苹果？"

2. 引导倾听文学作品，鼓励复述故事内容

成人可以准备一些主题鲜明、优美动听、短小精悍的故事、儿歌等，并用丰富的面部表情、富有变化的语调、准确规范的发音和词语给幼儿朗读，发挥成人的榜样示范作用，逐渐丰富幼儿的书面语言。此外，13～24 个月的幼儿有强烈的语言表达愿望，成人可以依据具体情况让幼儿复述故事内容，提高其学习兴趣。

四、13～24 个月幼儿语言发展亲子活动示例

活动一：逛超市

活动名称：逛超市	适宜月龄：13～24 个月
活动目标	【家长指导目标】 ①了解 13～24 个月幼儿词汇发展水平。 ②了解 13～24 个月幼儿词汇发展水平在游戏中的行为表现，能够通过观察幼儿的言行，分析和判断其词汇发展情况。

活动目标	③跟随教师引导幼儿在日常生活中增加词语数目和种类。 【幼儿发展目标】 ①能够在日常生活中增加词语数目和种类。 ②能够在日常生活中运用积极词汇。
活动准备	①超市模拟场景。 ②皮球、娃娃、铃铛、橡皮鸭、水果、饼干等模型玩具。 ③小型购物车。
活动过程	【导入部分】 ①与家长进行活动前的交流，简述活动目标和内容，让家长对本次亲子活动建立初步的认识，以便更好地跟随教师的引导开展亲子游戏，有目的地进行学习。 ②情境引入。教师引导家长带领幼儿进入模拟超市场景："今天超市可真热闹啊！" 【基本部分】 **游戏一：逛超市** ①教师引导家长和幼儿开启购物之旅。家长引导孩子："宝宝，你看超市有这么多好吃的、好玩的。咱们买一些回家吧。" ②家长和孩子一起推购物车购物。 ③教师扮演收银员，隐性公布游戏规则："宝宝，你喜欢这些玩具（好吃的）吗？要说出来这是什么，阿姨才能卖给你，你才能拿回家哟！" ④教师手拿物品，在幼儿说出正确的名称后放到购物车里。 ⑤购物结束，收银员对幼儿顾客说："欢迎下次光临。"双方互道再见。 **游戏二：小小收银员** ①教师扮演顾客，幼儿在家长的帮助下扮演收银员。 ②顾客购物结账时，咨询收银员："这是什么？多少钱？" ③幼儿回答物品名称，家长帮助回答物品价格，为幼儿做榜样示范。 ④购物结束，收银员在家长的帮助下对顾客说："欢迎下次光临。"双方互道再见。 【结束部分】 总结与交流：教师就本次亲子活动的内容进行简单的总结，与家长就活动中的体验或疑惑进行交流。
活动延伸	【课后拓展】 在日常生活中，成人可以通过以下生活活动增加幼儿的词汇量，提升其语言表达能力。 ①在生活中，成人引导幼儿说出物品的名称，并给其相应的物品。 ②讲故事时，让幼儿用声音回答问题，而不是用手指图回答。 ③做动作时，让幼儿说出自己在干什么。例如，说出"吃饭""睡觉""跳跳""跑跑"等。

活动二：打电话

活动名称：打电话		适宜月龄：13～24 个月
活动目标	【家长指导目标】 ①了解 13～24 个月幼儿口语表达发展水平。 ②了解 13～24 个月幼儿口语表达能力在游戏中的行为表现，能够通过观察幼儿的言行，分析和判断幼儿口语表达发展情况。 ③跟随教师引导幼儿在日常生活中发展语言理解和表达能力。 【幼儿发展目标】 ①能够听懂成人的语言并做出回应。 ②能够运用正确的词语和短句表达自己的意愿和想法。	
活动准备	玩具电话两部。	
活动过程	【导入部分】 ①与家长进行活动前的交流，简述活动目标和内容，让家长对本次亲子活动建立初步的认识，以便更好地跟随教师的引导开展亲子游戏，有目的地进行学习。 ②情境引入。家长对幼儿说："妈妈（爸爸）去上班了。"教师提问："妈妈去哪里了呢？"引导幼儿回答："妈妈去上班了。"教师提议："咱们给妈妈（爸爸）打电话吧。" 【基本部分】 ①教师示范打电话。教师拿起玩具电话："喂，你好！你是××的妈妈（爸爸）吗？××想跟你说话。"把电话交给幼儿。 ②教师引导家长和幼儿打电话。家长："喂，你是我的小宝宝××吗？"教师引导幼儿回答："（我）是××。"家长说："宝宝，打电话有什么事吗？"幼儿回答："想妈妈（爸爸）！……"教师和家长继续引导幼儿打电话。 ③妈妈（爸爸）在电话中告诉幼儿："妈妈（爸爸）下班了，你来门口接我吧。" ④教师带领幼儿在"门口"迎接家长"下班"，家长拥抱孩子，夸奖孩子会打电话了。 【结束部分】 总结与交流：教师就本次亲子活动的内容进行简单的总结，与家长就活动中的体验或疑惑进行交流。	
活动延伸	【课后拓展】 在日常生活中，成人可以通过以下生活活动发展幼儿的语言理解和表达能力。 ①在日常生活中，成人要随时拿起"电话"同幼儿说话，帮助他们复习。这样不但能激发幼儿人际交流的欲望，还可以促进幼儿语言能力的发展。 ②引导幼儿跟不同的家庭成员、教师打电话。	

活动三：绘本故事《拔萝卜》

活动名称：绘本故事《拔萝卜》	适宜月龄：13～24 个月

活动目标	【家长指导目标】 ①了解 13～24 个月幼儿口语表达和阅读发展水平。 ②了解 13～24 个月幼儿口语表达和阅读能力在游戏中的行为表现，能够通过观察幼儿的言行，分析和判断幼儿口语表达和阅读能力发展情况。 ③跟随教师引导幼儿通过绘本阅读促进幼儿口语表达和阅读能力的发展。 【幼儿发展目标】 ①初步感受、体验文学美，跟读儿歌，复述故事。 ②愿意在成人的引导下表达自己的想法。
活动准备	①萝卜道具，老爷爷、老奶奶、小姑娘、小花狗、小花猫头饰。 ②绘本《拔萝卜》(图 9-4)。 图 9-4　绘本《拔萝卜》 ③音乐《拔萝卜》。
活动过程	【导入部分】 ①与家长进行活动前的交流，简述活动目标和内容，让家长对本次亲子活动建立初步的认识，以便更好地跟随教师的引导开展亲子游戏，有目的地进行学习。 ②表演引入。播放《拔萝卜》音乐，教师表演拔萝卜动作，面向全体幼儿："哎哟哎哟，这个萝卜可真大，哪里来的大萝卜，原来是老爷爷和老奶奶种的啊！" 【基本部分】 ①成人边讲故事边提问。当幼儿用手指着图来回答问题时，成人引导幼儿用语言表达出来。 提问： 他们在拔什么？引导幼儿用手指图，并回答"萝卜"。 谁在拔萝卜？引导幼儿用手指图，并回答"老爷爷、老奶奶……"（指到谁，回答是谁）。 ②教师引导家长和幼儿交流绘本内容，避免仅是家长讲，引导幼儿自己阅读、提问，成人对其引导并回答幼儿的提问。 ③教师、家长和幼儿一起戴上头饰，播放音乐，玩拔萝卜表演游戏。 【结束部分】 总结与交流：教师就本次亲子活动的内容进行简单的总结，与家长就活动中的体验或疑惑进行交流。

续表

活动延伸	【课后拓展】 在日常生活中，成人要注意引导幼儿与他人友好互动，学习正确的社交方式和文明用语。

学习效果检测

1. 指导1～2岁幼儿示范发音时，不要（　　　）。（单选题）

  A. 面对面示范

  B. 反复数次

  C. 刻意反复纠正婴幼儿错误发音

  D. 用规范语言

2. "小宝宝学唱歌"游戏是婴幼儿（　　　）训练。（单选题）

  A. 发音　　　　　B. 动作　　　　　C. 指认　　　　　D. 阅读

3. 作为父母或者照护服务机构工作人员，面对13～24个月的幼儿，以下做法是否正确？请说明理由？（案例分析题）

  明明23个月了，喜欢说话，好奇心强，出门看到什么都会问。成人回答几遍之后，明明还要问，成人就觉得比较麻烦，不再理会"喋喋不休"问问题的明明。

4. 根据13～24个月幼儿语言发展指导要点，设计一个语言发展亲子活动。（综合题）

参考答案

学习任务 3
25～36 个月幼儿语言发展亲子活动设计与指导

学习任务单

学习目标	通过完成本学习任务，你应该能够： ①设计 25～36 个月幼儿语言发展亲子活动。 ②指导开展 25～36 个月幼儿语言发展亲子活动。
学习要点	本学习任务的重点、难点： ①掌握 25～36 个月幼儿语言发展亲子活动设计与指导要点。 ②指导开展 25～36 个月幼儿语言发展亲子活动。
学习建议	学习前： ①回顾 13～24 个月幼儿语言发展亲子活动设计与指导。 ②搜索 25～36 个月幼儿的相关视频，初步感知该年龄段幼儿语言发展水平。 学习中： ①结合已学知识理解与思考 25～36 个月幼儿语言发展亲子活动设计与指导。 ②掌握并运用常见的 25～36 个月幼儿口语表达和早期阅读亲子活动的指导要点，结合日常生活和游戏设计促进 25～36 个月幼儿语言发展的亲子活动。 学习后： ①完成本学习任务的相关检测题。 ②有条件的可以拜访一个家庭或者社区、照护服务机构，组织和实施 25～36 个月幼儿语言发展亲子活动。 ③尝试撰写一份 25～36 个月幼儿语言发展亲子活动方案，在课堂上做交流展示。
学习运用	你觉得在哪些工作情境中可以运用到本学习任务所学内容？
学习反思	请记录你在学习过程中的思考。

📚 案例导入

婷婷2岁半了，妈妈发现最近一年来，婷婷的语言发生了很大变化。一年前，她只能说几个简单的词语，而且发音不清晰，外人很难听懂她在说什么。可现在，她的小嘴里经常"蹦"出一些新词来。一天，妈妈正在做饭，婷婷闹着要出去玩，妈妈很烦，就说了她几句，没想到她竟然跑到爸爸那里告状："妈妈坏，骂婷婷，不理妈妈了。"爸爸见婷婷一口气说了这么多，很诧异，因为之前婷婷只会说诸如"妈妈做饭""爸爸上班"之类的简单句。

2岁半的婷婷在运用语言和词汇方面取得了明显的进步，她已经能比较自如地运用完整句和成人进行交流了。为了帮助这一阶段的幼儿在原有语言水平的基础上拓展经验，成人应该将幼儿的语言表达和阅读能力的培养作为重点教育任务。

一、25～36个月幼儿口语表达亲子活动设计与指导

（一）25～36个月幼儿口语表达亲子活动的目标与内容

2～3岁是幼儿基本掌握口语的阶段。他们在掌握语音、词汇、语法和口语表达能力方面都较前一阶段有明显的进步，他们开始逐步用语言来表达自己的需要和情感，调节自己的动作和行为，基本上能用语言进行人际交往了。语言成了这一阶段幼儿社会交往和思维的一种工具。成人要帮助幼儿持续积累词汇，也可以利用图片、文学作品等多种形式为其提供丰富的表达机会。

（二）25～36个月幼儿口语表达亲子活动的指导要点

1. 在丰富的语言环境中多看、多听、多说、多练

婴幼儿期语言教育的主要任务是培养婴幼儿正确发音，丰富词汇，勇于表达。首先，成人要引导婴幼儿观察、接触外界物体，积累感性经验，丰富对世界的认识，还可以通过纸质、电子媒介拓宽视野。其次，要培养婴幼儿集中注意力进行倾听的能力，如听成人讲故事、听录音故事、邀请同伴进行简单交谈等。最后，尽量给每个婴幼儿提供表达的机会，随时随地与婴幼儿交谈。

🔍 扩展阅读

帮助婴幼儿积累词汇量的方法

①根据事物选配修饰语：狗是什么样的？（大的、小的、长的、有毛的、灵敏的、好玩的）

根据修饰语来判断事物：绿色的，枝叶茂密的，白色树干的，长得整整齐齐的，芳香的——这是

什么？（白桦树）

②给事物选配动作：风在干什么？（刮起了尘土，刮掉了树叶，鼓满了船帆）

根据动作选定事物：在天空发光，照暖了大地，驱散了黑暗——这是什么？（太阳）

给动作选配对象：什么东西会在水里游？（鱼）什么东西会在空中飞？（飞机、蝴蝶、树叶等）

③选同义词：大的、巨大的、庞大的。

④填空：邮递员来了，他送来了（　　　）。扫院子的人拿起了扫帚，他要（　　　）。我要钉钉子，给我拿（　　　）来。

图 9-5　亲子共读

2. 在阅读过程中启发幼儿表达

成人在与幼儿一起阅读时，可以指着相应的图片，遵循循序渐进的原则，引导幼儿在观察画面的基础上询问故事内容并猜测故事情节，如"他们在干什么？""你的心情是怎样的？"（图 9-5）。此外，成人可以对幼儿的回答进行适当的引导，对他们积极表达的行为要给予及时的肯定和表扬。

3. 开展听说游戏活动

图 9-6　照护服务机构中开展
听说游戏活动

听说游戏活动以培养幼儿倾听和表达能力为目的，能激发幼儿说话的兴趣，如接话游戏、问答游戏、情境表演游戏等（图 9-6）。在游戏过程中要注意正确对待幼儿的发音并进行正确的发音示范。

二、25～36 个月幼儿早期阅读亲子活动设计与指导

（一）25～36 个月幼儿早期阅读亲子活动的目标与内容

2～3 岁的幼儿在阅读时会注意到图书画面中的细节，喜欢向成人提问。因此，成人要重视培养幼儿良好的阅读习惯，帮助幼儿掌握初步的阅读方法和技能，使他们感受并体验阅读的快乐，了解阅读材料的主要内容。

（二）25～36 个月幼儿早期阅读亲子活动的指导要点

1. 欣赏文学作品

文学作品是促进幼儿语言发展的重要手段。它可以让幼儿学习文学语言，丰富词汇，提高倾听能力。儿歌、故事类文学作品的语言，具有生动、形象、富有节奏感等特点，易于被幼儿理解和接受。成人可以选择《小白兔》《拉大锯》等儿歌和童谣，也可以选择一些朗朗上口的古诗，如《春晓》《画》等。

实践运用

为什么宝宝不爱跟读了？

2岁半的宝宝特别喜欢跟着音频读儿歌和唐诗，妈妈看到这种现象，觉得不仅要听和读，如果能够背下来会更好。于是，妈妈每天教宝宝背诵唐诗，持续几天以后，妈妈发现宝宝一听唐诗就烦躁，兴趣越来越低。请你帮助宝宝妈妈分析原因，并给出合理的建议。

2. 绘本阅读

选择25～36个月幼儿喜欢和适合的绘本图书进行亲子阅读，如《高跟鞋咔哒咔哒响》《一次只要一个！》《拉臭臭》等。这既可以在阅读过程中增进亲子、师幼感情，又可以培养幼儿良好的阅读习惯和阅读能力。

三、25～36个月幼儿语言发展亲子活动示例

活动名称：认识职业		适宜月龄：25～36个月
活动目标	【家长指导目标】 ①了解25～36个月幼儿口语表达发展水平。 ②了解25～36个月幼儿口语表达能力在游戏中的行为表现，能够通过观察幼儿的言行，分析和判断幼儿口语表达发展情况。 ③跟随教师引导幼儿在日常生活中练习语言理解和表达。 【幼儿发展目标】 能够正确进行自我介绍，表达自己对各类职业的认识。	
活动准备	警察帽子、医生头饰、售货员头饰、教师头饰、工人头饰、农民头饰等以及关于不同职业的图片。	
活动过程	【导入部分】 ①与家长进行活动前的交流，简述活动目标和内容，让家长对本次亲子活动建立初步的认识，以便更好地跟随教师的引导开展亲子活动，有目的地进行学习。 ②谈话引入。教师面向幼儿进行交谈："宝贝们，你们好啊！我是××，我喜欢……今天老师带来了好玩的游戏！" 【基本部分】 **游戏一：自我介绍** ①教师逐一来到幼儿面前，引导他们说出自己的名字、年龄："你叫什么名字？多大了？" ②教师引导幼儿向身边的同伴介绍自己的名字和年龄，并给予回应和表扬。 ③教师头戴警察帽子对幼儿说："宝贝们，你们如果找不到妈妈了，怎么办呢？"引导幼儿回答："找警察叔叔。" ④警察问幼儿家庭地址和电话号码："你家住哪里，爸爸妈妈叫什么名字？记得他们的电话号码	

续表

活动过程	吗？"幼儿在家长的帮助下说出相关信息。 ⑤警察奖励表现好的幼儿。 **游戏二：认识职业** ①教师引导幼儿观察不同职业的图片："你认识这些人是做什么的吗？" ②教师引导幼儿边翻看图片边讲："这是给人看病的医生，大街上指挥交通的是交通警察，商店里卖东西的是售货员，工地上正在施工的是建筑工人，在地里劳动的是农民，在学校里教书的是教师……" ③在教师的引导下，幼儿和家长选择不同职业人员的头饰进行职业体验。 **【结束部分】** 总结与交流：教师就本次亲子活动的内容进行简单的总结，与家长就活动中的体验或疑惑进行交流。
活动延伸	**【课后拓展】** 在日常生活中，成人可以通过以下生活活动发展幼儿语言理解和表达能力： ①家长引导幼儿尽量完整地进行自我介绍，让别人熟悉自己。 ②引导幼儿观察身边的人和他们的职业，并向幼儿进行介绍。

学习效果检测

1. 2岁7个月至3岁的幼儿喜爱问为什么，喜爱思索问题，看图书时（　　）。（单选题）

  A. 不会回复问题   B. 能回复简单的问题

  C. 能回复较复杂的问题 D. 能回答复杂的问题

2. 训练2～3岁幼儿听和说的能力，要丰富幼儿生活，尽可能扩大（　　）范围，适时地教会幼儿对应词语。（单选题）

  A. 认知和交往   B. 阅读

  C. 学习   D. 自理

3. 请谈谈组织幼儿谈话的重要性，在照护服务机构如何组织幼儿谈话？（简答题）

4. 根据25～36个月幼儿语言发展指导要点，设计一个语言发展亲子活动。（综合题）

参考答案

延伸阅读

1. 尤晓慧，郁曦.你说我听：婴幼儿早期语言发展［J］.教育家，2021（29）:66-68.

发展心理学家研究发现，在婴幼儿看似简单有限的能力中，其实蕴藏了很多语言学习的"秘密武器"。

2. 杨印，王慧.婴幼儿阅读活动的组织与实施：以早期教育指导机构和托育机构为例［J］.新阅读，2020（11）:21-23.

0～3岁处于婴幼儿语言发展的敏感期。0～3岁早期教育指导机构和托育服务机构组织的阅读活动可以为婴幼儿的语言发展提供专业指导，并能为家庭亲子阅读的开展提供科学支持。

3. 聂丽娟.0—3岁婴幼儿绘本阅读策略［J］.新阅读，2021（4）:76-77.

文章从绘本阅读的重要价值、如何选择高质量绘本、如何有效阅读等方面，提出0～3岁婴幼儿绘本阅读策略供家长、亲子教师及看护者参考。

婴幼儿认知发展亲子活动设计与指导

　　认知是指通过思维、经验和感知觉获得知识和理解的心理活动或过程，包括感知觉、记忆、思维、想象、注意、元认知和社会认知。①认知能力的许多发展和变化发生在婴幼儿时期，成人可通过与婴幼儿的游戏互动鼓励他们的好奇和探索行为，为其终身学习奠定坚实的基础。0～3岁婴幼儿认知发展具有怎样的规律和特点？设计什么样的活动能有效促进其认知发展？通过本模块学习，期望你能结合婴幼儿认知发展的特点及活动示例来设计和指导促进婴幼儿认知发展的游戏和活动。

学习导图

```
                                    ┌─ 7～12个月婴儿观察能力发展亲子活动设计与指导
                    ┌─ 7～12个月婴儿 ─┼─ 7～12个月婴儿注意力发展亲子活动设计与指导
                    │   认知发展亲子  └─ 7～12个月婴儿认知发展亲子活动示例
                    │   活动设计与指导
                    │
                    │                 ┌─ 13～24个月幼儿感知觉发展亲子活动设计与指导
 婴幼儿认知          │   13～24个月幼儿 ├─ 13～24个月幼儿注意力发展亲子活动设计与指导
 发展亲子活动 ───────┼─ 认知发展亲子   ├─ 13～24个月幼儿思维发展亲子活动设计与指导
 设计与指导          │   活动设计与指导 └─ 13～24个月幼儿认知发展亲子活动示例
                    │
                    │                 ┌─ 25～36个月幼儿感知觉发展亲子活动设计与指导
                    │   25～36个月幼儿 ├─ 25～36个月幼儿注意力发展亲子活动设计与指导
                    └─ 认知发展亲子   ├─ 25～36个月幼儿记忆力发展亲子活动设计与指导
                        活动设计与指导 ├─ 25～36个月幼儿思维发展亲子活动设计与指导
                                      └─ 25～36个月幼儿认知发展亲子活动示例
```

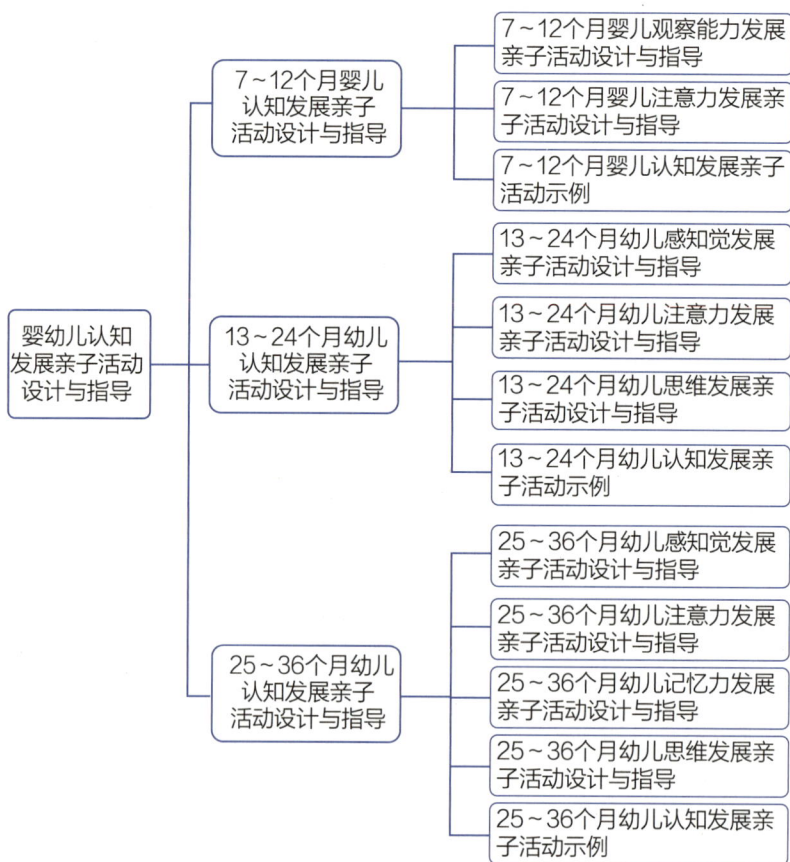

　　① 左志宏：《0—3岁婴幼儿认知发展与教育》，2页，上海，华东师范大学出版社，2020。

学习初体验

收集并调查照护服务机构在婴幼儿认知发展亲子活动方面的设计方案和指导过程。你认为婴幼儿认知发展活动的主要方式和类型有哪些？存在的问题有哪些？应该如何改进？请记录你的观察和结论。学习完本模块后再来看看最初的记录。

学习任务 1
7～12 个月婴儿认知发展亲子活动设计与指导

学习任务单

学习目标	通过完成本学习任务，你应该能够： ①设计 7～12 个月婴儿认知发展亲子活动。 ②指导开展 7～12 个月婴儿认知发展亲子活动。
学习要点	本学习任务的重点、难点： ①科学设计 7～12 个月婴儿观察能力、注意力发展亲子活动。 ②指导开展 7～12 个月婴儿观察能力、注意力发展亲子活动。
学习建议	学习前： ①完成本模块的学习初体验活动。 ②搜索 7～12 个月婴儿的相关视频，初步感知该年龄段婴儿认知发展水平。 学习中： ①结合已学知识理解与思考 7～12 个月婴儿观察能力、注意力发展亲子活动设计与指导。 ②掌握并运用常见的 7～12 个月婴儿观察能力、注意力发展亲子活动的指导要点，结合日常生活和游戏设计促进 7～12 个月婴儿认知发展的亲子活动。 学习后： ①完成本学习任务的相关检测题。 ②进行一次 7～12 个月婴儿认知发展亲子活动实践。 ③尝试撰写一份 7～12 个月婴儿认知发展亲子活动方案，在课堂上做交流展示。
学习运用	你觉得在哪些工作情境中可以运用到本学习任务所学内容？

续表

学习反思	请记录你在学习过程中的思考。

学习笔记

📚 **案例导入**

　　婴儿的注意多受外界事物的吸引和诱导。例如，婴儿在刚会爬行时，你是否会用玩具来引诱他朝着你所在的位置练习爬行呢？半岁后，婴儿醒觉时间增加，逐渐学会了独立的坐、爬行、站立，能用更长的时间去探索事物，进行社会交往，获得新信息。随着身体运动技能的成熟，他们注意的范围在不断扩大，逐渐发展出好奇、记忆、探索、问题解决、坚持和模仿等能力。

　　婴幼儿主要通过感知觉认识世界。例如，从出生到 1 岁，婴儿能通过观察来记忆各种信息，对移动的、颜色鲜艳的物体和人脸尤其感兴趣。在出生后 2～3 周，新生儿利用视觉或听觉的集中表现出对人脸的注视和对声音的倾听，也能识别熟悉和不熟悉的声音。

一、7～12 个月婴儿观察能力发展亲子活动设计与指导

（一）7～12 个月婴儿观察能力发展亲子活动的目标与内容

　　受思维发展的限制，婴儿尚未形成观察能力，只是对周边的事物感兴趣。他们通过眼睛、耳朵、舌头、手等感官来获得对事物的感性经验，再综合出对该事物的整体印象（图 10-1）。成人应通过让婴儿直接操作物品的方式，注重提高婴儿对某一物体的视觉集中注意力和多感官感知事物的能力，让婴儿喜欢通过观察了解周围事物或现象并掌握简单的观察技巧。

图 10-1　婴儿通过舌头和手感知物体

（二）7～12 个月婴儿观察能力发展亲子活动的指导要点

1. 提供色彩鲜艳、运动变换、大而清晰的物体和图像

　　在日常生活中，成人要观察婴儿对什么东西感兴趣，根据婴儿的兴趣有意识地引导婴儿对事物进行观察。成人要提供色彩鲜艳、运动变换、大而清晰的物体和图像，同时也要提供婴儿生活中一些常见的物体，引导婴儿进行观察，在婴儿观察的过程中要注意运用语言帮助他们全面理解事物。

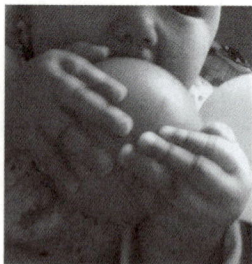

2. 充分调动婴儿多种感官参与观察能力发展亲子活动

在指导婴儿进行观察时，教师或家长要尽量调动婴儿的视觉、听觉、触觉、嗅觉等多种感官去感知事物各方面的特征。给婴儿足够的时间去看一看、摸一摸、闻一闻、尝一尝，使其加深对事物的认识，同时用鼓励和称赞回应婴儿的行为表现。

3. 创设观察机会和场所

在日常生活中，家长要为婴儿提供观察的条件，如接触大自然、社会（图10-2）。如果每天的活动范围有限，婴儿就难以接收外界信息，难以有兴趣去观察事物。在创设机会的同时，家长的语言提示和示范也非常重要，如运用语言提示婴儿看向某一物体，并对事物进行有序的描述，帮助婴儿获得观察的经验。

图 10-2　家长带孩子
参观动物园

二、7～12 个月婴儿注意力发展亲子活动设计与指导

（一）7～12 个月婴儿注意力发展亲子活动的目标与内容

注意力是人专心于某事物的能力，也叫专注力。1岁之前的婴儿注意稳定性较差，受自身经验的影响，其注意力发展最突出的表现是开始出现选择性注意。例如，3个月之前的婴儿通常把注意力集中在物体外部轮廓上，较少关注物体内部结构。注意的选择性还表现为他们对熟悉事物的注意多于对陌生事物。例如，7个月以后的婴儿对熟悉的面孔微笑、更喜欢注意母亲的举动等。成人要采用多样的策略让婴儿在日常生活中感知到多元的知识经验，以便激发和维持其选择性注意。

> **📖 关键术语**
>
> **有意注意**：又叫随意注意，是人所特有的一种心理现象，它是有目的、需要一定意志努力的注意。

（二）7～12 个月婴儿注意力发展亲子活动的指导要点

1. 营造适宜的环境，避免过多无关刺激的干扰

整洁、安静的环境能够让婴儿在探究时充满安全感。例如，要让婴儿在安静的地方看书，并且周围要避免摆放过多的玩具或者容易发出声响的东西。婴儿专心玩玩具时，成人不要急于指导或拿别的玩具逗他。当婴儿遇到困难需要支持或主动寻求帮助时，成人方可介入他们的活动。在与婴儿游戏的过程中，成人可以通过形象生动的动作加童谣吸引婴儿的无意注意，同时引导婴儿去模仿，发展其有意注意。

2. 成人要以身作则

婴儿每天都在观察成人的言行。成人的行为方式，会对婴儿的学习活动产生潜移默化的影响。因此，成人要努力发挥榜样示范作用，以身作则，平时做事要认真专注，跟婴儿一起进行亲子活动时要坚持善始善终。

> **💡 想一想**
>
> 当宝宝正在专心做一件事的时候，你正好有事叫他，你会怎么办？
>
> A. 大声叫他，让他过来
>
> B. 耐心地等待他做完
>
> C. 帮他一起快速完成手上的事
>
> D. 看事情的缓急再定，如果不紧急则耐心等待

三、7～12 个月婴儿认知发展亲子活动示例

活动一： 我的相册

活动名称：我的相册		适宜月龄：7～12 个月
活动目标	【家长指导目标】 ①了解 7～12 个月婴儿观察能力发展的特点。 ②了解 7～12 个月婴儿观察能力在游戏中的具体表现，能够通过观察婴儿的言行，培养婴儿的观察兴趣和能力。 ③跟随教师引导婴儿，且能在日常生活中通过游戏提升婴儿的观察水平。 【婴儿发展目标】 能够初步根据图片内容进行观察。	
活动准备	①舒适的环境。 ②婴儿有良好的情绪状态。 ③一本相册，每页只放一张照片，相册里包括婴儿自己、婴儿的父母、周围熟悉的人、家里的宠物、婴儿喜欢的玩具等。	
活动过程	【导入部分】 ①与家长进行活动前的交流，简述活动目标和内容，让家长对本次亲子活动建立初步的认识，以便更好地跟随教师的引导开展亲子活动，有目的地进行学习。 ②音乐导入：感受旋律《作认真状》（舒曼）。教师指导家长单手环抱婴儿，另一只手拉起婴儿的一只小手，跳一支舞，培养婴儿良好的情绪状态。 【基本部分】 ①引导家长向婴儿展示相册并告诉他们："宝宝，这是你的相册，我们一起看照片吧！"（图 10-3） ②鼓励婴儿翻相册，让其用手指出照片中的自己、自己最喜欢的玩具等。 ③对年龄大一些的婴儿，如接近 12 个月的婴儿，教师要引导家长提问："照片中的人是谁，照片中的××（物品）在哪里？来指一指吧。" 【结束部分】 总结与交流：教师就本次亲子活动的内容进行简单的总结，与家长就活动中的体验或疑惑进行交流。	 图 10-3 亲子一起看相册
活动延伸	【课后拓展】 在生活中见到婴儿熟悉的人时，家长可以告知婴儿怎么称呼他们，促进婴儿语言的发展。	

活动二： 伸出你的手

活动名称：伸出你的手		适宜月龄：7～12个月
活动目标	【家长指导目标】 ①了解7～12个月婴儿注意力发展水平。 ②了解7～12个月婴儿注意力在游戏中的具体表现，能够通过观察婴儿的言行，分析和判断婴儿的注意力发展水平。 ③跟随教师引导婴儿，且能在日常生活中通过游戏促进婴儿的注意力发展。 【婴儿发展目标】 能够初步有意识地注意成人的语言和动作。	
活动准备	①舒适的环境。 ②婴儿有良好的情绪状态。	
活动过程	【导入部分】 ①与家长进行活动前的交流，简述活动目标和内容，让家长对本次亲子活动建立初步的认识，以便更好地跟随教师的引导开展亲子活动，有目的地进行学习。 ②歌曲导入：《小手小手拍拍》。 【基本部分】 ①引导家长把婴儿抱在怀里或者与婴儿面对面坐着，和婴儿一起边做动作边说唱《手指谣》："伸出你的小手拍拍拍，伸出你的小手叮叮叮，伸出你的小手碰碰碰，伸出你的小手转转转。" ②引导婴儿模仿成人动作（图10-4）。 【结束部分】 总结与交流：教师就本次亲子活动的内容进行简单的总结，与家长就活动中的体验或疑惑进行交流。	 图10-4 .引导婴儿进行动作模仿
活动延伸	【课后拓展】 鼓励家长在日常生活中和婴儿开展手指谣游戏，边做动作边说唱《手指谣》，并引导婴儿模仿动作。	

🔍扩展阅读

7～12个月婴儿注意的发展特征

半岁以后，婴儿醒觉时间的增加是大脑成熟的标志。此时，婴儿有更多机会去玩耍和进行社会交往，他们常常处于警觉和积极探索的状态，注意的对象更加广泛，通过更多的感觉通道，在更多的活动方式中选择自己注意的对象。婴儿注意的选择性越来越受经验和知识的支配，如婴儿对熟悉的面孔微笑、对陌生面孔焦虑就是由经验支配的注意现象。①

---

① 周念丽、俞洁：《0～1岁婴儿注意异常的早期发现与干预》，载《中国计划生育学杂志》，2014，22（1）。

学习效果检测

1. 选择和改编婴儿认知游戏应采取（　　）和多感官参与的方法。（单选题）

　　A. 直接操作　　　　　　　　B. 间接操作

　　C. 看演示　　　　　　　　　D. 听讲解

2. 在婴儿成长环境中应避免过多无关刺激的干扰，这是为了婴儿以下哪个领域的发展？（　　）（单选题）

　　A. 语言领域　　　　　　　　B. 认知领域

　　C. 动作领域　　　　　　　　D. 社会领域

3. 根据 7～12 个月婴儿认知发展指导要点，任选一个认知发展领域设计一份亲子活动方案。（综合题）

参考答案

学习任务 2
13～24 个月幼儿认知发展亲子活动设计与指导

学习任务单

学习目标	通过完成本学习任务，你应该能够： ①设计 13～24 个月幼儿认知发展亲子活动。 ②指导开展 13～24 个月幼儿认知发展亲子活动。
学习要点	本学习任务的重点、难点： ①科学设计 13～24 个月幼儿感知觉、注意力、思维发展亲子活动。 ②指导开展 13～24 个月幼儿感知觉、注意力、思维发展亲子活动。
学习建议	学习前： ①回顾 7～12 个月婴儿认知发展亲子活动设计与指导。 ②搜索 13～24 个月幼儿的相关视频，初步感知该年龄段幼儿认知发展水平。 学习中： ①结合已学知识理解与思考 13～24 个月幼儿感知觉、注意力、思维发展亲子活动设计与指导。 ②掌握并运用常见的 13～24 个月幼儿感知觉、注意力、思维发展亲子活动的指导要点，结合日常生活和游戏设计促进 13～24 个月幼儿认知发展的亲子活动。 学习后： ①完成本学习任务的相关检测题。 ②进行一次 13～24 个月幼儿认知发展亲子活动实践。 ③尝试撰写一份 13～24 个月幼儿认知发展亲子活动方案，在课堂上做交流展示。
学习运用	你觉得在哪些工作情境中可以运用到本学习任务所学内容？
学习反思	请记录你在学习过程中的思考。

📚 案例导入

妈妈带 22 个月的轩轩去阿姨家做客,阿姨家的宝宝因为没能得到自己想要的东西,趴在地上哭闹不停。过了几天,当妈妈将轩轩想要的玩具收起来时,轩轩忽然趴在地上大声哭闹。妈妈感到很吃惊,因为她以前从来不会这样发脾气,妈妈想起在轩轩阿姨家的那一幕,认为轩轩受到了宝宝的影响。

其实,轩轩这一行为是典型的"延迟模仿"现象。幼儿会将日常生活中看到的行为通过表征储存在自己的记忆当中,但不会立即表现出来,而是在某个具体的相似情境出现时再现相同的行为。那么,在日常生活中,家长或教师该如何利用幼儿已有的经验去指导他们正确感知、探索事物呢?让我们一起来了解一下吧!

一、13~24 个月幼儿感知觉发展亲子活动设计与指导

(一)13~24 个月幼儿感知觉发展亲子活动的目标与内容

13~24 个月的幼儿已能认识一些基本的颜色,并能认识简单的几何图形,如圆形、三角形等。同时,无意感知是幼儿感知的主要特点,表现为其行为容易受到周围环境的影响。因此,成人应积极利用环境因素培养幼儿的感知能力,刺激幼儿感知兴趣,在了解幼儿个体差异的基础上以其最能接受的方式进行感知觉能力的培养。例如,这一阶段可以引导幼儿进行颜色辨认、声音辨认等活动。

(二)13~24 个月幼儿感知觉发展亲子活动的指导要点

1. 创设支持性条件,促进幼儿感知觉发展

成人要高度重视幼儿感知觉发展,注意创设支持性条件,引导幼儿通过视觉、听觉、触觉、嗅觉、味觉等多种途径认识和了解事物(图 10-5)。

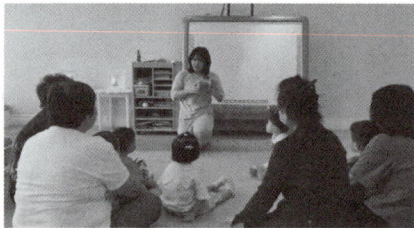

图 10-5 引导幼儿认识事物

2. 为幼儿提供丰富的环境刺激

幼儿感知觉的发展离不开外界环境中的丰富刺激。对这一年龄段的幼儿,成人不但要抓住教育契机,重视和针对幼儿生活中的事物进行充分交流,而且要为他们准备足够的玩具,满足其摆弄物体的需要,还要经常带他们外出,使其有机会接触丰富的外部环境(图 10-6)。此外,成人应为幼儿营造宽敞、明亮、有吸引力的活动空间,如在墙壁上贴一些有趣的卡片或图画,经常播放一些旋律轻快、悦耳的音乐等。

图 10-6 幼儿外出玩耍

实践运用

如何利用沙子发展幼儿的感知能力？

材料准备：沙子、塑料盆、小号的玩具沙铲、方形和圆形的塑料小盒。

指导策略：成人可以将装有沙子的塑料盆等放到地上或桌上开展活动。在保证安全和卫生的情况下，尽量让幼儿自己玩沙，不要打断他们正在做的事。成人亦可在幼儿旁边陪伴其玩耍。

幼儿喜欢沙子的质感，他们乐此不疲地重复装沙子和倒沙子的过程，也是用沙子和塑料小盒获得触觉感知和探索空间的过程。

二、13～24 个月幼儿注意力发展亲子活动设计与指导

（一）13～24 个月幼儿注意力发展亲子活动的目标与内容

好奇心和探索欲望是幼儿成长的原动力，也是他们能够保持专注的根本原因。1～2 岁的幼儿持续注意的时间较短，容易发生注意转移的现象。成人要做的就是保护幼儿的好奇心，支持他们的探索行为，从而保护他们的注意力（图 10-7）。

图 10-7　幼儿操作物体时
成人耐心等待

（二）13～24 个月幼儿注意力发展亲子活动的指导要点

1. 注重幼儿活动的连续性

不知你是否注意到现实生活中的一个普遍现象：幼儿在成人眼里就像玩具，人们常常忘记那个小家伙其实有自己的想法。在他们专心摆弄玩具时，成人喜欢突然出现在他们身边，跟幼儿闹一下，或要求幼儿去做另一件成人觉得更有趣的事。

假如成人希望幼儿具备很好的注意力，那么，只要能保证幼儿的安全，就不要轻易打断幼儿正在做的事。如果接下来有很重要的计划，不能任由幼儿沉浸在自己的事情里，成人可以跟幼儿约定一个时限，如再玩多长时间。在时限到来前的几分钟里，提醒幼儿时间快要到了，给幼儿一个转移注意力的缓冲期，让幼儿学习控制自己的注意力，而不是突然将其打断。

2. 沟通表达要清晰

在与幼儿对话时，成人如果表现出不耐烦的语气，幼儿只能感受到成人的情绪，而忽略对话的内容，他们往往感到无所适从。因此，成人要尽量使用温柔平静的语气，清晰地重复指令，并亲身示范给幼儿看。假如幼儿吃饭时把注意力集中在乱扔食物上，成人可以贴近幼儿，请他看着成人的眼睛，告诉他要把食物放进嘴里，请他看成人是怎样做的，帮他把注意力集中在正确的行为上。

学习笔记

3. 鼓励幼儿体验需要长时间专注的活动

教师或家长可以根据幼儿的实际发展水平，引导幼儿进行拼图、棋类等活动，并逐渐增加活动的难度。此外，通过提问、发布任务等方式训练幼儿集中注意力的能力，如在听故事前提出问题，让幼儿带着问题去听，专注于故事情节和内容。

三、13～24 个月幼儿思维发展亲子活动设计与指导

（一）13～24 个月幼儿思维发展亲子活动的目标与内容

思维是人脑对客观事物间接、概括的反映，主要体现为掌握概念、判断推理、理解和问题解决等活动。思维与感知觉有所不同。比如：幼儿看到一个红苹果，知道它是红色的、圆圆的，这是感知觉；而知道苹果是一种水果，这便是思维。幼儿在 2 岁左右发展出思维能力，并与其动作密不可分，因为这一时期的幼儿处于直觉行动思维阶段。比如，2 岁的幼儿在画画之前通常不知道自己想要画什么，在画完之后才说出绘画的内容（图 10-8）。成人要注重增强幼儿感知的深刻性，提升其精细动作的能力，鼓励幼儿积极表达，为其思维发展奠定良好的基础。

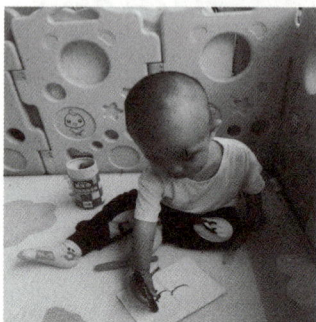

图 10-8　幼儿涂鸦

（二）13～24 个月幼儿思维发展亲子活动的指导要点

1. 扩大幼儿的感知范围

幼儿的思维过程以感知为基础，因此，教师或家长应提高幼儿对事物的感性认识。对这一阶段的幼儿，成人可以将幼儿认知范围从室内扩展到室外，给予幼儿多样的刺激。另外，在向幼儿呈现日常物品时，告诉他们物品名称，帮助幼儿建立概念，引导他们从不同角度认识事物，增强其感知的深入性。

2. 充分利用直观物体和动作促进幼儿思维发展

这一年龄段的幼儿主要通过动作来进行思维。因此，成人可以充分调动幼儿积极主动的行动或利用具体的事物，多角度训练幼儿的思维能力。例如：引导幼儿通过身体动作和事物的配合认识数字和数序；让幼儿随着走路的步伐数数，也可以给幼儿提供娃娃、鞋子、小皮包等生活中常见的物品，让其将物品与家人配对等。同时，成人还可以引导幼儿按照形状、颜色等对特征明显的事物进行分类。

实践运用

　　婴幼儿从会走路开始就不停地翻找物品、拆装玩具，见到抽屉就要拉开，要把抽屉里的东西都拿出来。每到这个时候，爸爸妈妈就会很头痛，觉得婴幼儿太淘气了。成人应如何正确引导婴幼儿探索事物呢？

　　第一，要树立正确的观念。这一阶段的婴幼儿对外界事物十分好奇，他们通过不断感知与探索，获取丰富的感性经验。因此，成人不应进行阻拦，而要在环境安全的前提下保护婴幼儿对事物的兴趣。

　　第二，成人应引导婴幼儿按一定的顺序或结构观察、分析事物的特点。比如，婴幼儿翻看物品，成人引导婴幼儿从颜色、形状上去认识物品，初步培养婴幼儿的观察与思维能力。

> **想一想**
>
> 　　此阶段的幼儿能否判断出"花裙子是妈妈的，玩具是宝宝的"？为什么？

四、13～24 个月幼儿认知发展亲子活动示例

活动一：探索大海

活动名称：探索大海		适宜月龄：13～24 个月
活动目标	【家长指导目标】 ①了解 13～24 个月幼儿感知觉发展水平。 ②了解 13～24 个月幼儿感知觉发展水平在游戏中的行为表现，能够通过观察幼儿的言行，分析和判断幼儿的感知觉发展水平。 ③跟随教师引导幼儿，且能在日常生活中通过游戏提高幼儿感知觉发展水平。 【幼儿发展目标】 ①知道水是可以流动的。 ②获得对水、泡泡的视觉、触觉体验，如感受海水的温度、认识海水的颜色，观察并识别海水颜色的变化。	
活动准备	①舒适的环境。 ②各种颜色的食用色素、大的密封袋一个、蓝色海水图片数张、无纺布蓝色帆船若干、水盆一个、水、A4 纸、沐浴露等。	
活动过程	【导入部分】 ①与家长进行活动前的交流，简述活动目标和内容，让家长对本次亲子活动建立初步的认识，以便更好地跟随教师的引导开展亲子活动，有目的地进行学习。 ②实物引入。家长在教师的引导下，拿出准备好的密封袋和水，进入游戏："宝宝，看一看我们今天来玩什么？" 【基本部分】 **游戏一：晃动的小船** ①教师引导家长给密封袋装满水，拿出裁剪好的无纺布蓝色帆船。家长引导幼儿观察密封袋中水的形态、感受水的温度，可以边晃动密封袋边说："水在晃动，还有泡泡呢！我们来拍一拍，凉凉的。"	

续表

活动过程	②体验水的晃动之后，家长在密封袋中滴入蓝色色素，使水变成蓝色的，并提问："水变成什么颜色了？""你在哪里见过蓝色的水？" "原来大海里的水是蓝色的。"（可以出示蓝色海水的图片，丰富幼儿认知，图10-9。） 引导幼儿摸一摸，感受晃动的、凉凉的海水："来，宝宝，我们摸一摸海水。" ③引导家长拿着帆船让幼儿感受船只在大海中航行："来，妈妈现在把帆船放入大海里，我们找一找，帆船去哪里了？"引导幼儿寻找帆船。  图10-9　呈现海水图片 **游戏二：蓝色的大海** ①引导家长用A4纸叠一只小帆船，把帆船放在盛满水的盆中。家长引导幼儿用手触摸帆船，然后将蓝色色素和沐浴露滴在水中，制作出蓝色海水和泡泡："来，再来一滴。哇，变成蓝色的海水了，还有好多泡泡呀！宝宝也来抓一抓。" 引导幼儿去触摸蓝色的海水和泡沫，丰富幼儿的感官刺激。家长可以询问幼儿摸完泡泡的感受。例如，引导幼儿说："泡泡白白的、软绵绵的，像棉花糖一样。" ②幼儿充分体验后，再滴入不同颜色的色素，引导幼儿自由探索："哇，看一看水又变成什么颜色了？宝宝摸一摸。" 【结束部分】 总结与交流：教师就本次亲子活动的内容进行简单的总结，与家长就活动中的体验或疑惑进行交流。
活动延伸	【课后拓展】 引导家长在生活中准备各种颜色的水果，让幼儿在纸上挤压水果，拍一拍、捏一捏、挤一挤，把水果的汁液挤出来，在纸面上形成各种交织的颜色，促进幼儿感知觉的发展。

活动二：闭眼听声

活动名称：闭眼听声	适宜月龄：13～24个月
活动目标	【家长指导目标】 ①了解13～24个月幼儿注意力发展水平。 ②了解13～24个月幼儿注意力发展水平在游戏中的行为表现，能够通过观察幼儿的言行，分析和判断幼儿的注意力发展水平。 ③跟随教师引导幼儿，且能在日常生活中通过游戏促进幼儿注意力的发展。 【幼儿发展目标】 ①在听完录音后能正确说出听到的内容。 ②能运用声音或动作进行模仿表演。

活动准备	①舒适的环境。 ②风吹树叶的声音、下雨声、青蛙叫声等录音。
活动过程	【导入部分】 ①与家长进行活动前的交流，简述活动目标和内容，让家长对本次亲子活动建立初步的认识，以便更好地跟随教师的引导开展亲子活动，有目的地进行学习。 ②语言导入。教师引导家长设置情境："宝宝，今天我们来玩一个听声音的游戏，看看你的小耳朵听得是不是认真、仔细？" 【基本部分】 ①教师引导家长让幼儿坐下来，闭上眼睛，提出要求："宝宝认真听，听完后请你说一说你听到了什么。" ②播放录音，如风吹树叶的声音、下雨声、青蛙叫声。 ③教师引导幼儿睁开眼睛，说一说听到了什么声音，用动作或声音进行模仿表演（图10-10）。  图10-10 集体活动场景 【结束部分】 总结与交流：教师就本次亲子活动的内容进行简单的总结，与家长就活动中的体验或疑惑进行交流。
活动延伸	【课后拓展】 家长可以带幼儿走进大自然去倾听各种声音。父母也可以邀请宝宝的爷爷、奶奶、姥姥、姥爷一起玩"听音识人"的游戏。

活动三：猜猜它是谁

活动名称：猜猜它是谁	适宜月龄：13～24个月
活动目标	【家长指导目标】 ①了解13～24个月幼儿思维发展水平。 ②了解13～24个月幼儿思维发展水平在游戏中的行为表现，能够通过观察幼儿的言行，分析和判断其思维发展水平。 ③跟随教师引导幼儿，且能在日常生活中通过游戏促进幼儿思维的发展。 【幼儿发展目标】 能够根据听到的声音判断并说出动物的名称。
活动准备	①舒适的环境。 ②幼儿熟悉的动物叫声。

续表

活动过程	【导入部分】 ①与家长进行活动前的交流，简述活动目标和内容，让家长对本次亲子活动建立初步的认识，以便更好地跟随教师的引导开展亲子活动，有目的地进行学习。 ②情境引入："宝贝们，今天我们来和动物园的小动物们做游戏，让我们一起来听听都有哪些动物吧。" 【基本部分】 ①引导家长发出不同动物的叫声，如公鸡的叫声、狗的叫声、猫的叫声等。 ②请幼儿猜一猜是什么动物的声音。 ③多次重复游戏后，请家长与幼儿换角色继续进行游戏。 【结束部分】 总结与交流：教师就本次亲子活动的内容进行简单的总结，与家长就活动中的体验或疑惑进行交流。
活动延伸	【课后拓展】 家长在生活中可以模仿幼儿没听过的动物声音，让幼儿猜一猜是什么动物。

学习效果检测

1. 阅读以下案例，案例中的琪琪是如何解决问题的？（案例分析题）

琪琪正坐在椅子上玩，铺着桌布的桌面上放着几个不同的玩具，有娃娃、积木、小皮球、小猪。琪琪看着放在最远处的小猪，挥动了一下手臂，但是没有拿到，她又努力探着身子向前伸胳膊，还是够不着。琪琪尝试着推开前面的玩具，可是玩具都推到了一边，仍然拿不到小猪。琪琪进行了新一次的尝试，她双手握住了桌子边缘，想要把桌子拉得离自己近一些，但是桌子纹丝不动。随后她轻轻拉了一下桌布，然后又用力拉了一下，小猪一下子就移到了琪琪的面前，她伸出手臂，成功拿到了小猪。

2. 请你为18个月的幼儿设计一个认知领域亲子活动，包括活动名称、活动目标、活动准备、活动过程和活动延伸。（综合题）

参考答案

学习任务 3
25～36 个月幼儿认知发展亲子活动设计与指导

学习任务单

学习目标	通过完成本学习任务，你应该能够： ①设计 25～36 个月幼儿认知发展亲子活动。 ②指导开展 25～36 个月幼儿认知发展亲子活动。
学习要点	本学习任务的重点、难点： ①科学设计 25～36 个月幼儿感知觉、注意力、记忆力、思维发展亲子活动。 ②指导开展 25～36 个月幼儿感知觉、注意力、记忆力、思维发展亲子活动。
学习建议	学习前： ①回顾 13～24 个月幼儿认知发展亲子活动设计与指导。 ②搜索 25～36 个月幼儿的相关视频，初步感知该年龄段幼儿认知发展水平。 学习中： ①结合已学知识理解与思考 25～36 个月幼儿感知觉、注意力、记忆力、思维发展亲子活动设计与指导。 ②掌握并运用常见的 25～36 个月幼儿感知觉、注意力、记忆力、思维发展亲子活动的指导要点，结合日常生活和游戏设计促进 25～36 个月幼儿认知发展的亲子活动。 学习后： ①完成本学习任务的相关检测题。 ②进行一次 25～36 个月幼儿认知发展亲子活动实践。 ③尝试撰写一份 25～36 个月幼儿认知发展亲子活动方案，在课堂上做交流展示。
学习运用	你觉得在哪些工作情境中可以运用到本学习任务所学内容？
学习反思	请记录你在学习过程中的思考。

学习笔记

案例导入

2 岁 10 个月大的晶晶生病了，她告诉妈妈自己想吃橘子。但这个季节没有橘子，于是妈妈告诉她："橘子还是绿色的，没有成熟，要变黄了才可以吃。"过了一会儿妈妈给晶晶拿来了菊花茶，她边喝茶边说菊花已经变黄了，是不是橘子也变黄了，可以吃了。这是 2 岁左右幼儿转导推理的一种表现，如果你是这位家长，你会如何回应孩子呢？

一、25～36 个月幼儿感知觉发展亲子活动设计与指导

（一）25～36 个月幼儿感知觉发展亲子活动的目标与内容

此阶段幼儿的视听感官发育逐渐成熟，身体感知与表现力进一步加强。因此，成人可以多带领幼儿接触大自然和社会，引导幼儿倾听与观察自然中的声音和各种现象，感知、熟悉日常生活中的常见物品，如水杯、椅子、桌子、台灯等的名称和用途。此外，成人平时要多和幼儿交流，为幼儿讲解如"一年有多少个季节？什么季节有什么自然现象？应该穿什么衣服？"等问题，鼓励幼儿探索和适应周围环境。

（二）25～36 个月幼儿感知觉发展亲子活动的指导要点

1. 提升幼儿的整体认知能力

首先，教师或家长可以提供同类物品，引导幼儿从颜色、大小、形状等某个特征上来寻找事物间的差异。例如，准备相同款式和颜色的玩具锅，引导幼儿比较其大小。其次，在提供刺激物的同时呈现声音、颜色或形状等多种感官刺激，加强幼儿对整合信息的认知理解能力。最后，激发幼儿感知自然环境中某些现象的兴趣。

2. 提供丰富的玩具和材料

在日常生活中，教师或家长要给幼儿提供丰富多样的玩具和材料，鼓励并引导幼儿利用视觉、听觉、触觉等对玩具和材料的形状、颜色、功能等特征进行直观的感知与探索。经常提醒幼儿记住生活中熟悉物品的固定位置、名称和用途，帮助幼儿感知上下、里外、前后等不同的方位。例如，在整理玩具和材料时，一边示范一边对幼儿说"把积木放到储物架上面"，让幼儿拿东西时可以说"小书包在宝宝房间里"等。

3. 多接触生活中的真实事物，引导幼儿辨别不同物体的特征

教师或家长要尽可能地让幼儿走进大自然和社会，触摸、感知周围事物的真实质感，认识与了解更多的人与事物（图 10-11）。例如：引导幼儿摸一摸软

图 10-11　成人与幼儿一起包饺子

软的沙发、硬硬的桌子，带幼儿到户外认识绿色的树叶，感受凉凉的流水等，让幼儿获得对事物最直接、最真实的体验。此外，教师或家长可采取控制变量的方式，如出示大小相同而形状不同或者颜色相同而大小不同的物体，让幼儿通过比较来感知物体的形状、大小、软硬、冷热等特征，也可以进行图形匹配等游戏。同时，要激发幼儿积极、自主地用感官探索周围环境的好奇心。

二、25～36个月幼儿注意力发展亲子活动设计与指导

（一）25～36个月幼儿注意力发展亲子活动的目标与内容

2～3岁幼儿注意力发展的突出表现是有意注意活动逐渐增加，持续注意时间进一步延长，能专注于和目标行为相关的事情，从而不易被其他事物所干扰。因此，成人要进一步培养幼儿围绕行为目标保持注意力集中的能力。

（二）25～36个月幼儿注意力发展亲子活动的指导要点

1. 激发幼儿对活动的兴趣和需要

兴趣和需要是幼儿活动的内在动力，是直接影响其注意力的情感系统。为维持幼儿对某一活动的持续兴趣，教师或家长应当选择难度适宜且与幼儿实际生活密切相关的内容开展活动。如果活动内容与幼儿的生活没有关联，他们缺乏相关活动经验，便很难激发起对活动的兴趣，从而失去对活动的注意。

2. 运用语言引导幼儿的注意

在幼儿能听懂语言之后，成人便可以用语言引导幼儿的注意。语言能够支配幼儿注意的选择性，当成人说出某个名词时，幼儿便会将注意集中于相应的物体上，不管这一物体是不是新异刺激、是不是他们感兴趣的。此外，言语的发展扩展了注意的范围。幼儿通过集中注意力听故事、看电视、念儿歌、看图书等活动，获得丰富、广阔和新鲜的信息与经验，从而促进注意力的发展和学习活动的进行。

> **扩展阅读**
>
> 　　怎样培养孩子的注意力呢？我想，关键就是要培养孩子的任务意识，有了任务意识和完成任务的意愿，她就会有目的、有意识地集中注意力去完成任务了。因此，我经常请她帮我"做事"。
> 　　一次，我将一盆杀好的鱼放在客厅的饭桌上，然后把妮妮从她的房间叫来，问她是否愿意帮妈妈做事，她说愿意。我接着说："这里有一盆鱼，妈妈想请你看好它，小心老猫来叼走它。你知道的，老猫最喜欢吃鱼了。"妮妮认真地对我说："妈妈，我会看好的。"然后她就静静地站在饭桌旁"看"鱼，我则进厨房烧菜。很快，我发现妮妮离开饭桌去玩了，我就有意在厨房问："妮妮，老猫有没有来叼鱼啊？"这等于在提醒妮妮，你还有任务呢，怎么离开了呢？妮妮急急忙忙过来看看饭桌，高兴地对我

说："老猫没来，我看着呢！" 我赶紧对她说："谢谢你，把鱼看得这么好。" 我继续烧饭。片刻后，我拿走了鱼，大声表扬了妮妮并谢谢她。①

三、25～36 个月幼儿记忆力发展亲子活动设计与指导

（一）25～36 个月幼儿记忆力发展亲子活动的目标与内容

3 岁以前婴幼儿的记忆以无意记忆为主，有意记忆开始萌芽，记忆保持时间也会受到周围环境、兴趣及情绪色彩的影响。在这一阶段，首先，成人要进一步提升幼儿记忆的有意性，如给他们提出明确的记忆任务，让他们有目的地去识记或回忆某些事件。其次，成人可以通过和幼儿一起复述经历过的事件帮助其增强记忆的持久性。最后，成人应有意识地引导幼儿运用分类、比较、归纳等方式掌握有效的记忆策略，提升记忆的精确度。

（二）25～36 个月幼儿记忆力发展亲子活动的指导要点

1. 增强事物本身的形象性、趣味性，以强化记忆效果

虽然此时幼儿的有意记忆开始发展，但还处于较低水平，无意记忆仍占据主导地位，幼儿记忆的效果取决于事物本身是否特点鲜明、生动。因此，教师或家长可以有针对性地选择形象生动、颜色鲜艳、造型新颖的玩教具来辅助幼儿记忆。例如，边唱儿歌边做动作、利用图片展现故事人物和主要情节等，不仅可以吸引幼儿的注意，也能强化其记忆效果。

2. 明确记忆的目的和任务

明确记忆的目的和任务对于提升识记效果具有重要的作用。随着幼儿语言的发展，有意记忆成为可能。因此，如果在识记之前成人运用语言给幼儿提出明确的任务要求，充分调动幼儿的记忆积极性，其记忆效果可能会更好。

四、25～36 个月幼儿思维发展亲子活动设计与指导

（一）25～36 个月幼儿思维发展亲子活动的目标与内容

2～3 岁的幼儿以直觉行动思维为主，其表现为思维过程建立在对事物的直接感知和实际行动基础之上。同时，具体形象思维逐渐发展，他们不仅依赖于外显动作解决问题，也能够通过事物的直观形象或在头脑中的表象进行思维活

---

① 倪敏：《培养妮妮的有意注意》，载《早期教育（家教版）》，2017（10）。

动。这一阶段，成人可以围绕分类、数字概念的理解与学习、排序、时间与空间、表征等思维培养的核心内容逐渐提升幼儿思维能力。

（二）25～36个月幼儿思维发展亲子活动的指导要点

1. 积极发现或创设问题情境，支持和鼓励幼儿主动探索

幼儿的思维是在问题情境中发生、发展的。因此，成人要善于观察，多利用幼儿在生活和游戏中遇到的困难情境，引导他们积极动手、动脑思考。一方面，要帮助他们发现问题，并弄清问题的实质；另一方面，要鼓励幼儿多看、多想、多问、多说、多做，引导他们有目的地去思考，有计划地去实践操作，在游戏中提升问题解决能力。例如：在幼儿吹肥皂泡时，可启发幼儿说出用"吹"的方法还能做哪些事；在幼儿搭积木时，引导幼儿思考怎样才能使物体保持平衡。

2. 重视幼儿语言发展

语言是思维的工具，二者相辅相成，在相互作用中促进幼儿全面发展。一方面，思维促进幼儿理解事物，从而产生相应的语言表达；另一方面，形象的思维需要通过语言来具体化。因此，成人要多给予幼儿主动表达的机会，逐渐丰富幼儿词汇，以此来提升其思维的流畅性、条理性。

五、25～36个月幼儿认知发展亲子活动示例

活动一：漂亮的花手绢

活动名称：漂亮的花手绢		适宜月龄：25～36个月
活动目标	【家长指导目标】 ①了解25～36个月幼儿感知觉发展水平。 ②了解25～36个月幼儿感知觉发展水平在游戏中的行为表现，能够通过观察幼儿的言行，分析和判断幼儿的感知觉发展水平。 ③跟随教师引导幼儿，且能在日常生活中通过游戏促进幼儿感知觉发展。 【幼儿发展目标】 能够用自然物印花来进行游戏，感知不同的颜色与形状。	
活动准备	纸做的花手绢、带有颜色的藕片和萝卜片。	
活动过程	【导入部分】 ①与家长进行活动前的交流，简述活动目标和内容，让家长对本次亲子活动建立初步的认识，以便更好地跟随教师的引导开展亲子活动，有目的地进行学习。	

活动过程	②情境引入。教师手拿制作好的花手绢与幼儿互动，吸引幼儿兴趣，进入游戏情境。 【基本部分】 ①教师在每张桌子上放一块纸做的花手绢，家长引导幼儿观察。可以借助语言："宝宝，你看桌子上是什么？都有什么颜色、什么形状呢？" ②引导家长将藕片上的颜色印在花手绢上，引起幼儿的兴趣。可借助语言："宝宝，你看妈妈用这个藕片制作了一个美丽的图案。" ③幼儿分别用藕片、萝卜片在花手绢上印出图案，印完一种颜色再换另一种颜色，不要把不同颜色混在一起。可借助语言："接下来请宝宝来试试制作花手绢吧，不过我们需要一种颜色一种颜色地轮流来印哟！" 【结束部分】 总结与交流：教师就本次亲子活动的内容进行简单的总结，与家长就活动中的体验或疑惑进行交流。
活动延伸	【课后拓展】 引导家长在家庭中提供不同物品供幼儿自主印花。

活动二：追踪星光

活动名称：追踪星光	适宜月龄：25～36个月
活动目标	【家长指导目标】 ①了解25～36个月幼儿注意力发展水平。 ②能够通过观察幼儿的言行，分析和判断幼儿的注意力发展水平。 ③跟随教师引导幼儿，且能在日常生活中通过追踪星光游戏来促进幼儿注意力的发展。 【幼儿发展目标】 ①能够初步理解成人的语言和指令。 ②能够通过追踪星光游戏来提高注意力。 ③能够模仿成人动作。
活动准备	①舒适的环境。 ②手电筒。
活动过程	【导入部分】 ①与家长进行活动前的交流，简述活动目标和内容，让家长对本次亲子活动建立初步的认识，以便更好地跟随教师的引导开展亲子游戏，有目的地进行学习。 ②语言导入："今天我们来玩一个追踪星光的游戏。"

续表

活动过程	【基本部分】 **游戏一：影子戏** ①教师引导家长在光线较暗的房间中亮起手电筒。家长面对墙壁站立，双手交叉做各种动作。家长提醒幼儿："宝贝，小眼睛仔细看，我的手要变魔法了！你觉得它像什么？" ②家长引导幼儿模仿动作。 **游戏二：追踪星光** ①教师引导家长亮起手电筒，把手电筒的光束照到墙壁上。 ②家长用手电筒随意照射一点引导幼儿追踪并拍打光点。 【结束部分】 总结与交流：教师就本次亲子活动的内容进行简单的总结，与家长就活动中的体验或疑惑进行交流。
活动延伸	【课后拓展】 家长可在家庭中通过加快手电筒光束移动速度来增加游戏难度，提高游戏趣味性。

活动三：找一找

活动名称：找一找		适宜月龄：25～36个月
活动目标	【家长指导目标】 ①了解25～36个月幼儿记忆力发展水平。 ②了解25～36个月幼儿记忆力发展水平在游戏中的行为表现，能够通过观察幼儿的言行，分析和判断其记忆力发展水平。 ③跟随教师引导幼儿，且能在日常生活中通过游戏促进幼儿的记忆力发展。 【幼儿发展目标】 ①能记忆图片或实物的具体特征并完成相应的任务。 ②能够进行一一对应。	
活动准备	①舒适的环境。 ②图书、杯子、小汽车的图片和实物。	
活动过程	【导入部分】 ①与家长进行活动前的交流，简述活动目标和内容，让家长对木次亲子活动建立初步的认识，以便更好地跟随教师的引导开展亲子活动，有目的地进行学习。 ②歌曲引入。伴随着轻音乐欢迎幼儿及其父母。 【基本部分】 **游戏一：找图片** ①引导家长把三张图片放在地板上，要求幼儿记住图片上的物体。	

活动过程	②家长让幼儿闭上眼睛，然后悄悄拿走一张图片，再让幼儿睁开眼睛看看，少了哪一张。 **游戏二：摸一摸、猜一猜** ①引导家长将图书、杯子、小汽车等物品摆出来，并向幼儿提问："宝宝你看，这是什么？" ②引导家长将物品放进布袋里，让幼儿伸出手摸一摸里面的东西，问"你摸到的是什么？"，并让幼儿说出答案和理由。 ③引导家长把布袋里的物品拿出来，让幼儿看。如果幼儿回答正确要及时鼓励。 **【结束部分】** 总结与交流：教师就本次亲子活动的内容进行简单的总结，与家长就活动中的体验或疑惑进行交流。
活动延伸	**【课后拓展】** 在家庭中，家长可根据幼儿的实际水平增加难度。 例如，在地板上按顺序摆放三张图片并让幼儿记住图片的位置，然后将图片扣在地板上并简单调换位置，再请幼儿找出指定的图片。游戏过程中可以逐渐增加图片的数量。

活动四：一一对应

活动名称：一一对应		适宜月龄：25～36 个月
活动目标	**【家长指导目标】** ①了解 25～36 个月幼儿思维发展水平。 ②了解 25～36 个月幼儿思维发展水平在游戏中的行为表现，能够通过观察幼儿的言行，分析和判断其思维发展阶段。 ③跟随教师引导幼儿，且能在日常生活中通过游戏促进幼儿的思维发展。 **【幼儿发展目标】** 观察、比较兔子和胡萝卜的大小，能够将不同大小的胡萝卜和兔子一一对应。	
活动准备	①舒适的环境。 ②大、中、小三种纸质兔子图片和胡萝卜图片。	
活动过程	**【导入部分】** ①与家长进行活动前的交流，简述活动目标和内容，让家长对本次亲子活动建立初步的认识，以便更好地跟随教师的引导开展亲子活动，有目的地进行学习。 ②歌曲引入。伴随着轻音乐欢迎幼儿及其父母。 **【基本部分】** ①教师或父母将准备好的兔子和胡萝卜图片拿到幼儿面前："宝宝，今天我们请来了可爱的兔子做客，看看它们长得一样大吗？"（它们有的大，有的小。）	

续表

活动过程	② "兔子最爱吃胡萝卜，我们看看胡萝卜一样大吗？胡萝卜也有大有小。怎么给兔子分胡萝卜才合适呢？"（大的胡萝卜送给大一点的兔子，小的胡萝卜送给小一点的兔子。） ③引导幼儿将胡萝卜和兔子一一对应分发。 【结束部分】 总结与交流：教师就本次亲子活动的内容进行简单的总结，与家长就活动中的体验或疑惑进行交流。
活动延伸	【课后拓展】 在家庭中可以给幼儿提供兔子图片，将兔子的尾巴和身体分成两半，引导幼儿观察兔子的身体和尾巴，进行配对。

实践运用

如何引导幼儿比多少？

成人可以在幼儿玩积木游戏时，和他们一起将积木拿出来，看一看谁拿得多，谁拿得少，帮助幼儿理解数量的多少。还可以准备大小不一样的塑料瓶和适量的水，让幼儿用小一点的瓶子盛水倒在大一点的瓶子里，在亲身操作中感受多与少。

学习效果检测

1. 以下哪种方式对于提高幼儿的感知能力没有帮助？（　　　）（单选题）

    A. 引导幼儿多看、多听、多摸

    B. 与幼儿玩比大小游戏

    C. 限制幼儿活动，以免出现危险

    D. 多带幼儿进行户外活动

参考答案

2. 请你以"推理判断、解决问题"为主题，围绕25～36个月幼儿思维发展的特点，设计一份亲子活动方案。（综合题）

3. 扫描二维码观看亲子活动视频，试用所学分析这一亲子活动的优点和不足，谈一谈可从哪些方面改进。（案例分析题）

视频资源

延伸阅读

1. 王兴华，王智莹.基于游戏的 2～3 岁婴幼儿认知发展评价［J］.学前教育研究，2019（7）：32-44.

本研究开发了《基于游戏的 2～3 岁婴幼儿认知发展评价表》，在北京市选取 142 名 2～3 岁幼儿创设自主游戏与亲子游戏的情境，从象征与表征、探索建构、问题解决、立体图形匹配、注意与参与五个维度评估儿童的早期认知发展。

2. 郭莲荣.婴幼儿心理学:0～8 岁科学育儿手册［M］.北京:西苑出版社，2021.

该书集理论和实际应用于一体，根据婴幼儿不同阶段的身心发展规律，提出教育目标，运用科学的教育方法，帮助父母掌握孩子的身体语言，解决教养难题，为孩子打好成长基础。

3. 左志宏.0－3 岁婴幼儿认知发展与教育［M］.上海:华东师范大学出版社，2020.

该书将晦涩难懂的理论知识结合生动的案例进行阐述，通俗易懂。每个月龄段均分为认知发展特点及教育活动指导两部分，将理论与实践密切结合。教育活动简单易操作，在家庭和机构均可操作。

学习模块十一
婴幼儿情感与社会性发展亲子活动设计与指导

相信每一位家长都会被婴儿的笑容萌到，也会因为孩子的哭闹而束手无策。家长期待孩子能成为一个自信、开朗的宝宝，能与家人和同伴友好相处。这些都和婴幼儿的情感与社会性有关。情感与社会性是一个丰富的话题，关乎婴幼儿的情绪、自我意识、社会交往和社会适应等，对婴幼儿的发展有着关键的促进作用。教师和家长该如何去支持婴幼儿发展情感与社会性呢？学习本模块内容后，相信你能设计出促进婴幼儿情感与社会性发展的亲子活动。

学习导图

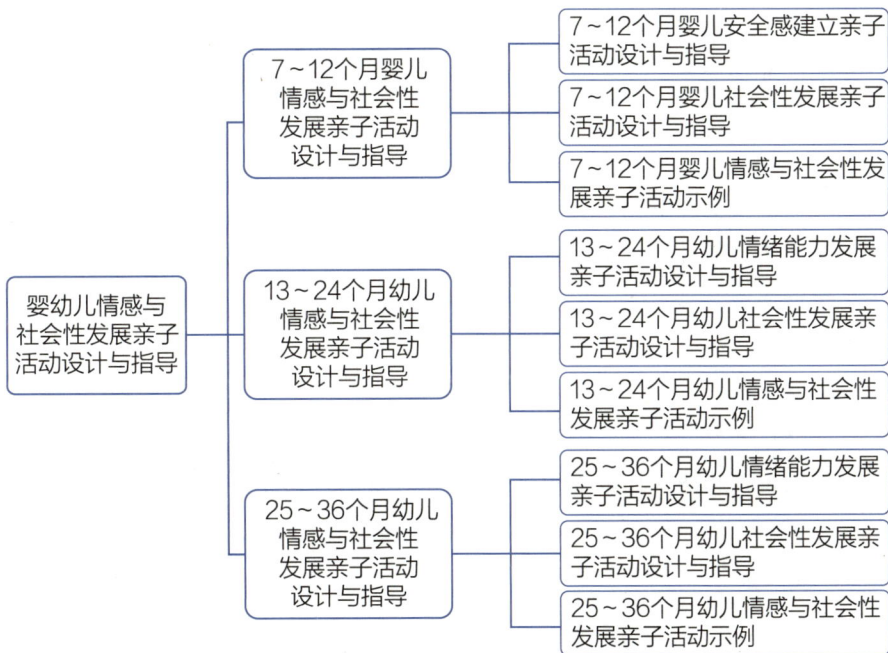

婴幼儿情感与社会性发展亲子活动设计与指导
- 7~12个月婴儿情感与社会性发展亲子活动设计与指导
  - 7~12个月婴儿安全感建立亲子活动设计与指导
  - 7~12个月婴儿社会性发展亲子活动设计与指导
  - 7~12个月婴儿情感与社会性发展亲子活动示例
- 13~24个月幼儿情感与社会性发展亲子活动设计与指导
  - 13~24个月幼儿情绪能力发展亲子活动设计与指导
  - 13~24个月幼儿社会性发展亲子活动设计与指导
  - 13~24个月幼儿情感与社会性发展亲子活动示例
- 25~36个月幼儿情感与社会性发展亲子活动设计与指导
  - 25~36个月幼儿情绪能力发展亲子活动设计与指导
  - 25~36个月幼儿社会性发展亲子活动设计与指导
  - 25~36个月幼儿情感与社会性发展亲子活动示例

学习初体验

调查社区、照护服务机构在婴幼儿情感与社会性发展亲子活动方面的设计和指导，婴幼儿情感与社会性发展的主要方式和活动有哪些？存在的主要问题有哪些？应该如何改进？请记录你的观察和结论。学习完本模块后再来看看最初的记录。

学习任务 1
7～12 个月婴儿情感与社会性发展亲子活动设计与指导

学习任务单

学习目标	通过完成本学习任务，你应该能够： ①了解 7～12 个月婴儿安全感建立亲子活动的目标与内容。 ②掌握 7～12 个月婴儿安全感建立亲子活动的指导要点。 ③了解 7～12 个月婴儿社会性发展亲子活动的目标与内容。 ④掌握 7～12 个月婴儿社会性发展亲子活动的指导要点。
学习要点	本学习任务的重点、难点： ①设计 7～12 个月婴儿安全感建立亲子活动。 ②设计 7～12 个月婴儿社会性发展亲子活动。
学习建议	学习前： ①完成本模块的学习初体验活动。 ②搜索 7～12 个月婴儿的相关视频，初步感知该年龄段婴儿情感与社会性发展水平。 学习中： ①结合已学知识理解与思考 7～12 个月婴儿情感与社会性发展亲子活动设计与指导。 ②掌握并运用常见的 7～12 个月婴儿情感与社会性发展亲子活动的指导要点，结合日常生活和游戏设计促进 7～12 个月婴儿情感与社会性发展的亲子活动。 学习后： ①完成本学习任务的相关检测题。 ②有条件的可以拜访一个家庭或者社区、照护服务机构，组织和实施 7～12 个月婴儿情感与社会性发展亲子活动。
学习运用	你觉得在哪些工作情境中可以运用到本学习任务所学内容？
学习反思	请记录你在学习过程中的思考。

📚 案例导入

浩浩是 10 个月大的男宝宝，他十分黏妈妈，喜欢和妈妈一起玩游戏、看图画书。妈妈也很疼爱浩浩，平时浩浩咿呀叫几下，妈妈总会马上回应他，一下子就能知道浩浩是渴了、饿了，还是有其他需求。同时，浩浩和其他人的关系也很好，妈妈总是带着浩浩去爷爷家玩，浩浩一看到爷爷，就冲着爷爷笑，爷爷看了也笑得合不拢嘴。

不难发现，浩浩与妈妈建立了安全的依恋关系。浩浩以妈妈为安全基地，能够与他人进行友好的互动。建立安全依恋关系是 7～12 个月婴儿情感与社会性发展的重要任务，对浩浩今后的发展起着奠基性的支持作用。

一、7～12 个月婴儿安全感建立亲子活动设计与指导

（一）7～12 个月婴儿安全感建立亲子活动的目标与内容

安全感的建立与巩固是婴幼儿早期的重要教育任务。在出生头几年，婴幼儿通过与主要看护者的互动建立起对周围环境的基本认识，并基于这种认识评估自身的安全状态。在心理学中，这种与主要看护者的积极互动关系被称为安全依恋。在婴儿头一年中，亲子活动的主要任务之一是主要看护者与婴儿建立安全的依恋关系，让婴儿在亲密、温暖和愉悦的亲子互动中形成对世界善意、正向的认识，培养充足的安全感，为后期的发展奠定心理基础。

（二）7～12 个月婴儿安全感建立亲子活动的指导要点

1. 正确解读婴儿的需求并恰当回应

养育中的敏感性是形成安全依恋的重要品质。敏感性是指主要看护者对婴幼儿信号的及时察觉、准确解读和恰当回应。在亲子活动中，教师自身不仅需要敏锐发觉并有效回应婴幼儿的信号，更重要的是培养家长的养育敏感性，指导家长学习捕捉婴幼儿发出的信号，准确理解信号背后的需求，并以积极的方式回应婴幼儿。这并不是件简单的事情，尽管婴儿还不能说话和行走，但是他们能发出的信号相当丰富，有吸吮、吞咽、出汗等生理信息，也有哭、微笑、恐惧等情感信息，还包括注视、倾听、转头等感官活动。这些信号的背后都蕴含着婴儿生理和心理的需求，需要成人依据心理发展知识以及婴儿个人特质，结合当下情境进行分析、识别和回应。

2. 与婴儿进行温暖、愉悦的情感互动

温暖、愉悦的情感互动让婴儿体验到了丰富的积极情绪，正是在这种积极

了解和辨别婴幼儿的情绪安全状态对于教师和家长开展亲子活动很重要。结合你所学的知识，回想一下平时看到的婴幼儿，安全感充足的婴幼儿会有哪些表现呢？

情绪中婴儿得以建立对周围环境的正向认识，认为周围的人和物是值得信任的，自己是安全的。教师应常向婴儿发起积极的互动，并建议家长多与婴儿进行温柔的肢体接触，如拥抱和抚摸等，常常用语言或表情向婴儿表达关爱，跟随婴儿的兴趣发起亲子游戏等（图11-1）。

图 11-1 父亲与婴儿
情感互动

3. 营造积极的家庭氛围

相互关爱、相互尊重和相互支持的家庭氛围有助于婴儿形成并保持安全感。家庭是婴儿生活的主要环境，婴儿对世界的初步认识建立在对家庭环境的理解上。如果家庭成员之间的相处是和睦、温暖的，家中常常欢声笑语，充满爱意，这会让婴儿相信周围的环境是温馨和安全的，自己可以自在地探索与学习。因此，教师除关注家长的养育行为之外，还应让家长意识到积极的家庭氛围的重要性。

二、7～12 个月婴儿社会性发展亲子活动设计与指导

（一）7～12 个月婴儿社会性发展亲子活动的目标与内容

图 11-2 婴儿在照护服务机构中学习如何与人交往

社会性发展是一个丰富且漫长的过程。7～12 个月婴儿能达到的水平看似微不足道，但实则是地基性的进步与发展。在 7～12 个月中，婴儿开始初步感知自己的存在，手脚并用地去探索周围的环境，满足自己的兴趣和需求。在这时，成人应支持和引导婴儿不断探索和了解自己，这是婴儿发展自尊和自信的前提，是激发婴儿主体性的基础。在这一阶段，婴儿逐步建立起对他人的基本认识，能够分辨哪些是熟悉的人和物，开始对陌生情境产生焦虑。对此，成人应引导婴儿认识他人，帮助婴儿应对陌生情境，让婴儿从中感知应如何与人交往（图11-2）。

（二）7～12 个月婴儿社会性发展亲子活动的指导要点

1. 支持婴儿探索自我，促进自我意识的形成

成人的支持对于婴儿的自我探索十分重要。未满 1 岁的婴儿能力有限，成人的介入可以为婴儿提供丰富和适宜的刺激，让婴儿尽可能多地获得正向反馈，有助于婴儿形成积极的自我意识。对此，教师可以示范和引导家长学习如何支持婴儿不断探索自我。例如：提供适宜和丰富的游戏材料，激发婴儿的探索兴趣，引起游戏行为，在探索的过程中感知自己的能力；用简单的语言帮助婴儿认识自我；适当上手帮助婴儿进行深入探究，让婴儿能达到更高的探究水平，从而对自我建立起积极的认知。

扩展阅读

点红实验

20 世纪 70 年代，比拉·阿姆斯特丹设计了点红实验来揭示婴幼儿自我意识的发生。实验开始时，主试在婴幼儿的鼻子上涂了一个红点，观察婴幼儿照镜子时的反应（图 11-3）。如果婴幼儿能注意到自己鼻尖上的红点，并试着摸它，表明婴幼儿能辨认自己的面部，这可以作为自我意识的萌芽。在分析了 88 名婴幼儿的反应后，阿姆斯特丹总结，在 1 岁以后，幼儿开始出现朦胧的自我意识，2 岁左右，对自我的认识开始明晰。

图 11-3 幼儿观察
镜子中的自己

2. 带领婴儿认识家庭成员，建立对他人的初步认知

在出生第一年，主要看护者对他人的态度和反应是婴儿认知他人的重要参照，也就是说，婴儿需要通过父母去认识周围的人。在值得信赖的父母的引导下，婴儿与家庭成员进行安全和愉悦的互动，尝试理解自己与家庭成员的关系，建立对家庭成员的初步认识。教师在进行家长指导时，应提醒家长，他们是婴儿认识世界的"窗户"，应给予婴儿充分的机会去认识周围的人。家长平时应多带领婴儿与家庭成员互动，尽量保证互动的愉悦与舒适，用简单的语言向婴儿介绍家庭成员，示范和指导婴儿应如何与他们进行互动。

3. 帮助婴儿应对陌生的人和环境

在七八个月后，婴儿逐渐能够辨别环境的熟悉度，开始对陌生的人或环境产生焦虑，这种紧张感会抑制婴儿探索与学习的欲望。在这种情况下，成人的及时安抚和有效引导能够缓解婴儿的不安感，引发婴儿在陌生情境中的学习兴趣和行为。教师可以通过语言说明或示范指导等方式让家长了解如何支持在陌生情境中的婴儿，如用平和的语气安抚婴儿、温柔地抚摸婴儿、始终陪伴在旁、与婴儿共同探索等。

三、7～12 个月婴儿情感与社会性发展亲子活动示例

活动一：我和爸爸做游戏

活动名称：我和爸爸做游戏		适宜月龄：7～12 个月
活动目标	【家长指导目标】 ①了解积极亲子互动的特点，即游戏性、有趣性和适宜性。 ②在教师的指导下，开展能增进亲子关系的游戏。	

学习笔记

活动目标	【婴儿发展目标】 ①感受亲子活动的愉悦和有趣。 ②通过亲子活动建立起对爸爸的喜爱与信任。
活动准备	舒适、熟悉的环境。
活动过程	【导入部分】 与家长进行活动前的交流，简述活动目标和内容，让家长对本次亲子活动建立初步的认识，以便更好地跟随教师的引导开展亲子活动，有目的地进行学习。 【基本部分】 **游戏一：飞呀飞** ①在孩子情绪愉快时，爸爸将孩子仰卧置于双臂上，然后把孩子从爸爸身体的左侧向右上方举起。 ②反复4～5次换一个方向。可以边举边说："飞呀！飞呀！飞高喽！"爸爸与妈妈性格、角色不同，对宝宝的发展具有不可代替的作用。 **游戏二：骑大马** ①爸爸边走边说："嗒、嗒、嗒……大马、大马跑得快。" ②爸爸在做举起和放下的动作时，注意动作要轻，将孩子扶稳，千万不要做抛起和接住的动作，以免失手让孩子受惊或受伤。 【结束部分】 总结与交流：教师总结本次亲子活动的内容，答疑解惑。
活动延伸	【课后拓展】 家长可以在家中进行以下情感互动，以增进亲子关系。 ①多抱一抱孩子、摸一摸孩子。 ②常与孩子一起游戏。 ③就孩子感兴趣的人或物多与孩子进行对话。

活动二：同小朋友一起玩耍

活动名称：同小朋友一起玩耍		适宜月龄：7～12个月
活动目标	【家长指导目标】 ①了解同伴交往的重要性。 ②在教师的指导下，训练孩子的交往能力。 【婴儿发展目标】 ①感受同伴一起互动的愉悦和有趣。 ②通过活动建立同伴交往的倾向。	

续表

活动准备	①舒适、熟悉的环境。 ②气球等婴儿喜欢的玩具。
活动过程	【导入部分】 与家长进行活动前的交流，简述活动目标和内容，让家长对本次亲子活动建立初步的认识，以便更好地跟随教师的引导开展亲子活动，有目的地进行学习。 【基本部分】 ①家长面对面围坐一圈，孩子坐在家长前面，也面对面地围坐一圈。教师和家长引导婴儿与其他小朋友打招呼。 ②教师将五彩气球放在中间，家长引导孩子爬着去拿气球，如果孩子拿到的气球是其不喜欢的颜色的，鼓励孩子尝试与小朋友换气球。 ③教师将其他玩具放在中间，重复上述游戏。 【结束部分】 总结与交流：教师总结本次亲子活动的内容，答疑解惑。
活动延伸	【课后拓展】 家长可以在社区进行以下活动，以锻炼孩子的交往能力： ①多带孩子在社区寻找同伴，共同玩耍。 ②参加社区开展的亲子活动。

学习效果检测

1. 关于培养婴儿安全感的方法，下面描述正确的是哪一项？（　　　）（单选题）

    A. 控制婴儿的活动场地，不让他们随意移动

    B. 让婴儿只和妈妈交流

    C. 不要把成人的不满情绪发泄到婴儿身上，更不能冷落甚至打骂婴儿

    D. 对婴儿的一切要求都要满足

2. 关于 7~12 个月婴儿社会性发展亲子活动的目标，以下描述正确的是哪一项。（　　　）（多选题）

    A. 帮助和引导婴儿应对陌生情境

    B. 激发婴儿的同伴交往意愿

    C. 指导家长与婴儿进行温馨、愉悦的亲子游戏

    D. 指导家长给婴儿制定生活规则

参考答案

3. 以下家长的做法是否合理？假设你是一位照护服务机构的教师，你会如何给这位家长提建议呢？（案例分析题）

8个月的明明是一位敏感的宝宝。陌生的人或事、饭菜不合口、够不到玩具……这一切都有可能让他又哭又闹。对此，明明妈妈觉得孩子太娇气了，不能惯着他。每次明明哭闹时，明明妈妈都置之不理，觉得孩子哭累了自然就不哭了。

4. 根据本学习任务的内容，设计一个能促进7～12个月婴儿情感与社会性发展的亲子活动。（综合题）

学习任务 2
13～24 个月幼儿情感与社会性发展亲子活动设计与指导

学习任务单

学习目标	通过完成本学习任务，你应该能够： ①了解 13～24 个月幼儿情绪能力发展亲子活动的目标与内容。 ②掌握 13～24 个月幼儿情绪能力发展亲子活动的指导要点。 ③了解 13～24 个月幼儿社会性发展亲子活动的目标与内容。 ④掌握 13～24 个月幼儿社会性发展亲子活动的指导要点。
学习要点	本学习任务的重点、难点： 设计 13～24 个月幼儿情感与社会性发展亲子活动。
学习建议	学习前： ①回顾 7～12 个月婴儿情感与社会性发展亲子活动设计与指导。 ②搜索 13～24 个月幼儿的相关视频，初步感知该年龄段幼儿情感与社会性发展水平。 学习中： ①结合已学知识理解与思考 13～24 个月幼儿情感与社会性发展亲子活动设计与指导。 ②掌握并运用常见的 13～24 个月幼儿情感与社会性发展亲子活动的指导要点，结合日常生活和游戏设计促进 13～24 个月幼儿情感与社会性发展的亲子活动。 学习后： ①完成本学习任务的相关检测题。 ②有条件的可以拜访一个家庭或者社区、照护服务机构，组织和实施 13～24 个月幼儿情感与社会性发展亲子活动。
学习运用	你觉得在哪些工作情境中可以运用到本学习任务所学内容？
学习反思	请记录你在学习过程中的思考。

案例导入

香香1岁8个月了，最近总是发脾气。没有喜欢的食物，就会噘着嘴。妈妈没有买心仪的玩具，就会哭闹着不肯走。到睡觉时间了，香香就站在客厅犟着不动。对此，妈妈苦恼得很，心里清楚这样下去肯定不行，但不知到底该怎么办才好。

其实，香香发脾气不是件坏事，这说明香香开始形成自主意识，想按照自己的想法做事情了。但香香显然没能使用合适的方式展现自主意识，遇到不顺心的事情不能独自调节消极情绪，只会哭闹。这正是妈妈需要教育香香的内容，也是13～24个月幼儿情感与社会性发展的内容。

一、13～24个月幼儿情绪能力发展亲子活动设计与指导

（一）13～24个月幼儿情绪能力发展亲子活动的目标与内容

13～24个月幼儿的情绪、情感能力较之前已经有质的变化。他们开始出现更为复杂的情绪，如害羞和骄傲等。他们开始意识到自己的情绪变化，主要通过表情和动作表达情绪，逐渐具备用语言表达情绪的意识和能力。面对情绪变化，幼儿往往"不知所措"，需要成人的帮助。基于13～24个月幼儿的情绪能力水平，教师应设计相关的亲子活动，指导家长的育儿行为，帮助幼儿进一步提升情绪能力，让幼儿能够命名自己的情绪，识别他人的基本情绪，用简单的语句表达情绪，在成人的支持下缓解消极情绪。

（二）13～24个月幼儿情绪能力发展亲子活动的指导要点

1. 带领幼儿识别自己和他人的情绪

情绪识别是基本的情绪能力，是进行情绪表达和情绪调节的基本前提。在1岁之后，幼儿逐渐分化出众多情绪。对于这些繁杂的情绪，如果没有成人的解释与引导，幼儿难以准确分辨和识别。成人对幼儿情绪反应的说明能够帮助幼儿更好地理解自己的行为和情绪，发展自我意识。与此同时，幼儿开始觉察他人的基本情绪，如快乐或难过。在此基础上，成人可以进一步命名并解释他人的情绪，以提升幼儿对他人情绪的理解能力。以上种种，都是家长应采取的养育方式，教师需加以重视并给予相应的指导。

2. 示范和引导幼儿合理表达自己的情绪

家长是婴幼儿学习如何表达情绪的榜样和指导者。在初期，婴儿只能用表情和动作表达自己的情绪，且常常是在没有觉察自身情绪的情况下。在13～

24 个月时，幼儿语言能力逐渐发展，家长应抓住这一教育机会，帮助幼儿逐渐转向用语言表达情绪。教师需要鼓励家长多使用语言和幼儿交流情绪，用简单的语句命名幼儿的情绪行为，让幼儿逐渐习得语言表达方式。

3. 帮助幼儿尝试调控情绪

对于 13～24 个月的幼儿来说，要他们独自应对消极情绪是十分困难的，如果放任不管，将会不断强化幼儿的挫败感与无助感，不利于培养其情绪调节能力。对此，教师应建议家长及时介入，发起互动或游戏，与幼儿共同调节情绪，让幼儿通过模仿成人的行为逐渐习得情绪调节策略，如转移注意力、向成人求助等。

二、13～24 个月幼儿社会性发展亲子活动设计与指导

（一）13～24 个月幼儿社会性发展亲子活动的目标与内容

13～24 个月的幼儿自我意识和独立意识逐渐萌芽，并具备了基本的动作能力，能够开始自主地完成一些事情，这正是培养幼儿自主性的良好时机。另外，这一阶段的幼儿对熟悉的成人有明显的偏好，更愿意在熟悉成人的陪伴下进行活动。成人在与幼儿的互动中应有意识地示范积极的交往方式，促使幼儿习得基本的社会交往技能。此外，13～24 个月幼儿的认知能力和行动能力增强，会发起一些不合乎社会规范的行为，此时应开始培养幼儿初步的规则意识。

（二）13～24 个月幼儿社会性发展亲子活动的指导要点

1. 鼓励和支持幼儿独立自主地活动

独立完成一些力所能及的事情有助于幼儿发展自我意识，培养幼儿的自尊与自信。13～24 个月的幼儿已经能够自如地行走，较为灵活地使用手和脚，家长应适当地给予幼儿独自活动的条件和机会，鼓励他们尝试自主完成一些生活事项，如自己喝水、洗手、收拾玩具等。教师须提醒家长的是，13～24 个月幼儿的能力有限，完成基本的生活事项需要不小的努力，此时家长应给予充分的耐心，等待孩子成长，在孩子遇到难以独自解决的困难时，适时提供帮助。

2. 与幼儿进行积极互动，示范合理的社会交往方式

在 13～24 个月时，与成人的互动是幼儿发展社交能力的重要方式。尽管 13～24 个月的幼儿开始对同伴表现出兴趣，但与成人的交往仍是这一阶段的主要社会互动。在与成人的互动中，幼儿学习如何与人进行交往，形成一套初始的社会交往模式。因此，在这一阶段，家长和教师应主动示范合理的社会交往

💡 想一想

有的家长认为，13～24 个月的幼儿还很小，没必要这么早开始培养规则意识，他爱乱扔东西，就让他扔吧，爱打人，就让他打吧。你怎么看待这种想法呢？你认为有必要在这个阶段培养规则意识吗？和同学们一起讨论你的想法吧。

方式，遵守基本的礼仪，尽可能保证互动的愉悦和舒适。这将会给幼儿与他人的互动提供重要的示范，以引导幼儿进行良好的社会交往。

3. 制定简单的生活规则

对于13～24个月的幼儿来说，培养初步的规则意识是有必要的，这需要教师和家长在照护服务机构或家中制定和执行简单的规则。1岁多的幼儿已经具备了理解和执行简单规则的能力，且开始表现出一些不合理甚至危险的行为，有必要开始树立规则意识。但同时，家长在制定规则时也应考虑幼儿的能力水平，不应制定太难的规则。此外，幼儿的控制能力有限，当他们不能完全遵守规则时，家长应包容与理解。

▼ 三、13～24个月幼儿情感与社会性发展亲子活动示例

活动名称：情绪识别		适宜月龄：18～24个月
活动目标	【家长指导目标】 ①知道18～24个月的幼儿能识别一些基本情绪。 ②在教师的指导下，学会如何增强幼儿情绪识别能力。 【幼儿发展目标】 ①能够识别基本情绪：快乐、难过、生气、害怕。 ②能够模仿成人或图片表现一些基本情绪。	
活动准备	①关于哭、笑、生气、害怕的图片。 ②家长带来孩子笑、哭、生气、害怕的若干张照片。 ③绘本《脸，脸，各种各样的脸》。	
活动过程	【导入部分】 唱跳儿歌《如果感到开心你就拍拍手》，活跃气氛。教师带着家长和幼儿一起哼唱儿歌，并跟着儿歌一起做动作。"如果感到开心你就拍拍手""如果感到开心你就踩踩脚""如果感到开心你就伸伸腰"。 【基本部分】 ①读绘本。 教师带领家长和幼儿一起读绘本《脸，脸，各种各样的脸》，根据绘本中的脸认识不同的表情，鼓励家长给幼儿示范表情。 ②找图片。 从书中找或自制关于笑、哭、生气、害怕四种表情的图片，让家长带着幼儿分辨。鼓励幼儿模仿以上四种表情。	

续表

活动过程	③讨论照片。 教师带领家长一起讨论带来的照片背后的故事，跟幼儿一起回忆他为什么笑、哭、生气或害怕。 【结束部分】 总结与交流：教师总结本次亲子活动的内容，答疑解惑。
活动延伸	【课后拓展】 家长可通过以下活动提升幼儿的情绪识别能力： ①平时多向幼儿描述他的情绪以及家庭成员的情绪。 ②多与幼儿阅读和情绪有关的绘本，在共读过程中认识情绪。 ③与幼儿进行一些情绪游戏，让幼儿模仿基本情绪。

学习效果检测

1. 关于13～24个月幼儿情绪能力发展亲子活动的目标，以下哪一项是合理的？（　　）（单选题）

　　A. 幼儿能够自主调节消极情绪

　　B. 幼儿能够表达情绪产生的原因

　　C. 指导家长支持幼儿调节情绪

　　D. 指导家长支持幼儿认识简单图形

2. 关于13～24个月幼儿的家庭规则，以下哪一项是合理的？（　　）（单选题）

　　A. 要求幼儿自己叠好衣服，放进柜子里

　　B. 幼儿在家长的提醒下，愿意收拾玩具

　　C. 幼儿不能在家里乱涂乱画

　　D. 幼儿不能在家里哭闹

3. 最近班里的家长们都面临"孩子情绪失控时怎么办"的困惑，作为一名教师，请你设计一份海报发放给家长，说明13～24个月幼儿情绪的特点以及家长帮助孩子调节情绪的支持策略。（简答题）

4. 根据本学习任务的内容，设计一个能促进13～24个月幼儿情感与社会性发展的亲子活动。（综合题）

参考答案

学习任务 3
25~36 个月幼儿情感与社会性发展亲子活动设计与指导

学习任务单

学习目标	通过完成本学习任务，你应该能够： ①了解 25~36 个月幼儿情绪能力发展亲子活动的目标与内容。 ②掌握 25~36 个月幼儿情绪能力发展亲子活动的指导要点。 ③了解 25~36 个月幼儿社会性发展亲子活动的目标与内容。 ④掌握 25~36 个月幼儿社会性发展亲子活动的指导要点。
学习要点	**本学习任务的重点、难点：** 　　设计 25~36 个月幼儿情感与社会性发展亲子活动。
学习建议	**学习前：** ①回顾 13~24 个月幼儿情感与社会性发展亲子活动设计与指导。 ②搜索 25~36 个月幼儿的相关视频，初步感知该年龄段幼儿情感与社会性发展水平。 **学习中：** ①结合已学知识理解与思考 25~36 个月幼儿情感与社会性发展亲子活动设计与指导。 ②掌握并运用常见的 25~36 个月幼儿情感与社会性发展亲子活动的指导要点，结合日常生活和游戏设计促进 25~36 个月幼儿情感与社会性发展的亲子活动。 **学习后：** ①完成本学习任务的相关检测题。 ②有条件的可以拜访一个家庭或者社区、照护服务机构，组织和实施 25~36 个月幼儿情感与社会性发展亲子活动。
学习运用	你觉得在哪些工作情境中可以运用到本学习任务所学内容？
学习反思	请记录你在学习过程中的思考。

案例导入

3 岁的亮亮搭了一个小房子，他的小房子搭到了木木过家家的操场上。木木拿着玩具小车，一下就冲到亮亮的小房子上，把它撞坏了。"你撞坏了我的小房子！"亮亮几乎咆哮起来。"可你过了界线！"木木也非常愤怒，两个孩子就这样打了起来。

在本案例中，木木没有意识到自己不应该撞倒别人的玩具，亮亮也没能控制住房子被撞倒后的愤怒情绪，两人选择用打架的方式来解决冲突。2 岁以后，幼儿开始更频繁地与同伴交往，但由于社会性发展不足，幼儿在进行同伴交往时不免会遇到各种各样的问题。同伴交往需要注意哪些规则，如何处理互动中的情绪变化，如何与同伴建立友好关系……这些都是 2 岁多的幼儿需面临的成长课题，也是教师和家长应重点关注的教育任务。

一、25～36 个月幼儿情绪能力发展亲子活动设计与指导

（一）25～36 个月幼儿情绪能力发展亲子活动的目标与内容

2 岁以后，幼儿情绪能力又上了一个台阶。首先，这一阶段幼儿的情绪理解能力进一步提高，能够初步了解情绪产生的前因后果。其次，2 岁多的幼儿已经能说不少简单句，甚至是复杂句，这时应锻炼幼儿用语言表达情绪的能力。最后，情绪调节能力是这一阶段幼儿情绪能力发展的重要任务。幼儿应该能在成人的支持下调整好情绪，并尝试模仿成人的情绪调节策略安抚自己。

（二）25～36 个月幼儿情绪能力发展亲子活动的指导要点

1. 引导幼儿理解情绪产生的前因后果

对于 2 岁多的幼儿来说，识别自己和他人的基本情绪并不困难，但分析其前因后果就不简单了。因此，教师应指导家长向幼儿解释情绪产生的因果关系，或带领幼儿一起去推测和讨论情绪产生的原因及其可能引发的后果。这不仅可以帮助幼儿发展分析与推理能力，而且有利于他们更好地进行情绪调节，发展同理心。

2. 带领幼儿学习如何用语言合理表达情绪

25～36 个月是幼儿语言表达能力飞速发展的时期，在这一阶段，成人应积极引导幼儿用语言准确且适宜地表达情绪。成人可以通过示范和引导的方式发展幼儿的情绪表达能力。例如，家长在日常生活中清晰且完整地表达情绪及其背后的原因："我觉得我有点难过，因为今天早上我找不到我的杯子了。"这可以为幼儿的情绪表达提供榜样示范。教师可以直接用语言引导幼儿表达情绪："你看起来真开心，你能说说这是为什么吗？"

3. 教导幼儿情绪调节策略，鼓励自主调节情绪

25～36 个月的幼儿具备了初级的调控能力，这时成人应带领幼儿学习一些符合其能力水平的情绪调节策略，并鼓励幼儿模仿成人的情绪调节策略以实现自我调节，包括转移注意力、寻找安抚物等。需要注意的是，对于 2 岁多的幼儿来说，情绪调节仍是一个困难的课题，成人不可对幼儿要求过严、期待过高，当看到幼儿的尝试与努力时，应给予肯定。

⚲ 扩展阅读

如何处理孩子的情绪与感受？

①认真地倾听孩子的感受，对孩子的感受表示认同与理解，"嗯，是的""我知道"。

②用语言帮助孩子理解他们的感受，"我知道，你现在有点委屈"。

③适当满足孩子的情绪需求，"是的，我也觉得爸爸应该向你道歉，我会和爸爸说的"。

④尊重和理解孩子的情绪，但要限制不合理的行为，"我知道你现在很生气，但是你不能因此打人"。

二、25～36 个月幼儿社会性发展亲子活动设计与指导

✎ 学习笔记

（一）25～36 个月幼儿社会性发展亲子活动的目标与内容

25～36 个月幼儿的语言理解和表达能力得到了明显的提升，幼儿能够借助语言与他人展开丰富的互动，在你来我往的互动中不断提升社交能力。此外，这一阶段幼儿的自我意识进一步发展，建立起了对自身能力的了解与信心。当然，规则意识的培养同样必不可少，这是幼儿适应社会的基本能力，有助于今后更好地完成入园适应。

（二）25～36 个月幼儿社会性发展亲子活动的指导要点

1. 营造交往机会，示范和指导交往技巧

与他人交往互动是幼儿发展社交能力的主要方式。成人应多为幼儿创造交往机会，在交往中引导其学习社交技能。一方面，成人应多与孩子互动，在互动的过程中示范积极的交往方式，如轮流、协商、合作、分享等；另一方面，成人应多为孩子提供与同伴一起玩耍的机会。在交往过程中，成人可适当介入他们的玩耍，指导孩子如何与同伴互动，如分享玩具和食物、合作进行游戏等（图 11-4）。

2. 提供自主探索的情境和机会

自主探索不仅是幼儿认识世界的方式，也是幼儿展现自身能力、建立自我概念的机会。在亲子互动中，家长可以适当地让幼儿自主探索，鼓励幼儿尝试丰富和复杂的游戏活动，让幼儿在其中体验自我情绪的变化，感知自己的能力。当然，自主探索并不意味着成人完全不介入，成人可以适当地提供支持和引导，从而能让幼儿收获正向反馈，建立积极的自我概念。

图 11-4　同伴一起玩耍

3. 制定和落实规则

规则意识的培养有赖于规则的制定及有效执行。一方面，不管是教师制定照护服务机构的活动规则，还是家长制定家庭内的生活规则，都应考虑规则是否符合幼儿的发展水平，以及是否符合实际情况。太复杂的规则使幼儿难以理解和遵守，违背实际情况的规则会增加幼儿遵守规则的难度。另一方面，在确保规则合理的前提下，成人应严格落实规则，让幼儿在执行规则的过程中逐渐养成规则意识。

(×) 实践运用

如何应对"恐怖"的 3 岁？

成成妈妈最近对于如何教育成成很是困惑。她向黄老师咨询："成成特别难管，倔头倔脑的，要他这样，偏要那样，一不顺心还要发脾气。比如说，他自己吃饭吃得满身都是，我就想喂他吃，结果一拿过饭碗，他就发脾气，不肯吃饭。可愁死我了。"

如果你是这位黄老师，你会如何给家长提建议呢？

三、25～36 个月幼儿情感与社会性发展亲子活动示例

活动名称：我与朋友一起玩		适宜月龄：25～30 个月
活动目标	【家长指导目标】 ①了解幼儿同伴交往的特点与价值。 ②在教师的指导下，学习如何支持幼儿的同伴交往，引导其掌握基本的社会交往技能。 【幼儿发展目标】 ①感受与同伴玩耍的愉悦和趣味。 ②学习一些基本的交往技能，即轮流和分享。	
活动准备	①轻松柔和的音乐。 ②火车积木。	
活动过程	【导入部分】 与家长进行活动前的交流，向家长介绍这一阶段幼儿同伴交往的特点与价值。 【基本部分】 ①萝卜蹲。 教师带领幼儿自我介绍，并通过游戏萝卜蹲让幼儿记住其他小朋友的名字。 组织幼儿和家长两两一起玩游戏，点到名字就蹲下。例如，"亮亮蹲完小明蹲"。 ②积木游戏。 让幼儿两两一起玩积木游戏搭火车。分给其中一名幼儿火车头和轮子，另一名幼儿车厢。提醒家长引导孩子合作搭建积木，并有意识地示范轮流和分享的交往技能。 【结束部分】 总结与交流：教师总结本次亲子活动的内容，答疑解惑。	
活动延伸	【课后拓展】 ①创造条件让孩子认识更多的小朋友。 ②在同伴交往中，家长示范和指导交往技能。	

学习效果检测

1. 关于家长如何支持 25～36 个月幼儿情绪能力发展，以下做法正确的是哪一项？（　　）（单选题）

　　A. 家长之间用粗暴的方式进行情绪表达

　　B. 家长向幼儿解释难过情绪产生的原因

　　C. 家长忽视幼儿的消极情绪

　　D. 家长要求幼儿停止哭闹

2. 了解婴幼儿情感与社会性发展水平对于设计适宜的婴幼儿亲子活动很重要，以下做法不正确的是哪一项？（　　）（单选题）

　　A. 向家长发放相关问卷，收集婴幼儿的发展信息

　　B. 将婴幼儿单独带到封闭安静的空间，向婴幼儿询问相关信息

　　C. 与家长交流讨论，了解婴幼儿的表现

　　D. 通过与婴幼儿的互动进行观察和分析

3. 有位家长咨询如下内容，你作为一名教师会如何解答呢？（案例分析题）

欣欣（2 岁半）最近总是很霸道，一不顺心就打人，一点都不懂得体谅他人，更别谈帮助别人、分享玩具了。该怎么培养幼儿的同情心，让他们愿意帮助他人呢？

4. 根据本学习任务的内容，设计一个能促进 25～36 个月幼儿情感与社会性发展的亲子活动。（综合题）

参考答案

延伸阅读

1. 李丹，陆文婧. 0～3 岁儿童社会情绪与社会行为发展的研究综述 [J]. 上海师范大学学报（基础教育版），2008，37（3）:8-14.

文章着重回顾了 0～3 岁婴幼儿在情绪沟通、移情能力、自我控制行为、亲社会行为等方面发展的研究成果，强调了早期社会情绪、社会行为对婴幼儿未来发展的重要作用。

2. 洪秀敏，姜丽云，李晓巍. 0～3 岁婴幼儿社会性发展评估工具的分析与启示 [J]. 幼儿教育，2017（12）:18-23.

文章综述了国内外常用的婴幼儿社会学发展评估方法，包括基于量表的评估、基于实验室观察的评估和基于游戏的评估，指出综合运用多种评估工具对婴幼儿社会性发展进行多元评价是未来研究的趋势之一。